Prozessästhetik

Board of
International
Research in
Design, BIRD

Mitglieder:
Michael Erlhoff
Wolfgang Jonas
Gesche Joost
Claudia Mareis
Ralf Michel

Advisory Board:
Gui Bonsiepe
Nigel Cross
Alain Findeli
Kun-Pyo Lee
John Maeda
Shutaro Mukai
Pieter Jan Stappers
Susann Vihma

Johannes Lang

Prozess-ästhetik

Eine ästhetische Erfahrungstheorie des ökologischen Designs

Birkhäuser
Basel

INHALTSVERZEICHNIS

Vorwort BIRD	007
Vorwort	009
Einleitung	011
Ökologie und Nachhaltigkeit	011
Produkttechnologie und Produktästhetik	014
Methodik und Forschungsstand	017

Die Materialgeschichte

Einleitung	024
Materialwahrnehmungen	025
Natürliche Materialien	028
Gebrauchte Materialien	032
Von der Materialgerechtigkeit zur Materialgeschichtlichkeit	038

Die Produktionsgeschichte

Einleitung	056
Die Produktionsspur	058
Der Produktionsprozess	063
Vom Reproduktionsmittel zum Produktionsprozess	069

Die Gebrauchsgeschichte

Einleitung — 090

Langlebigkeit durch Individualisierung — 092

Produkterfahrung durch Selbermachen — 097

Produkterfahrung durch Gebrauch — 114

Ästhetische Reflexionen

Prozessästhetik als sinnliche Reflexion natürlicher Prozesse — 139

Normative und instrumentelle Ansätze des Ästhetischen — 142

Anhang

Endnoten — 150

Literaturverzeichnis — 164

Bildnachweise — 168

Produktverzeichnis — 170

VORWORT BIRD

Ökologisches Design wird bisher meist normativ verhandelt und betrieben, überwiegend aus natur- bzw. ingenieurwissenschaftlicher und wirtschaftlicher Perspektive, mit dem Ziel eines material- und energieeffizienten Ressourceneinsatzes sowie der Verwendung biologisch verträglicher Stoffe, jeweils bezogen auf den gesamten Lebenszyklus eines Produktes. Der aktuelle *Cradle-to-Cradle*-Hype ist Ausdruck dieser vereinfachten Denkweise. In einem etwas weiter gefassten Verständnis bezieht ökologisches Design Nutzungs- und Lebensweisen, Wohlstandsmodelle und Konsummuster mit ein und kommt schnell zu Forderungen nach Reduktion, Sharing und Modellen von Post-Wachstumsökonomien und globaler Umverteilung.

In dieser moralisch hoch aufgeladenen und ideologisch verengten «5-vor-12-Stimmung» mit ihrer zuweilen angstgetriebenen Dringlichkeit ist eine nichtnormative, geisteswissenschaftliche Perspektive geeignet, den Blick wieder etwas zu weiten, die zugrundeliegenden impliziten und expliziten Annahmen zu reflektieren, blinde Flecken des Diskurses aufzuzeigen und damit schließlich neue Möglichkeitsräume eines ökologischen Designs zu erschließen. Nehmen wir also an, es sei «5 nach 12», und wir haben die Muße zur Reflexion.

Johannes Lang beobachtet und analysiert die Entwicklung des ökologischen Designs unter erfahrungsästhetischen und bewusstseinsgeschichtlichen Gesichtspunkten. Es geht nicht um die Operationalisierung ökologischer Prinzipien für die Praxis, sondern um das Aufdecken und Erkennbar-Machen neuer Produkterfahrungen, die vor dem Hintergrund ökologischer Denk- und Designansätze entstehen. Untersucht wird die ästhetische Gestaltung von Produkten im Kontext des wachsenden Bewusstseins für ökologische Zusammenhänge, in Abgrenzung zum stark sozial konnotierten Begriff der Nachhaltigkeit.

Der Autor will nachweisen, dass die Berücksichtigung ökologischer Gesichtspunkte im Design nicht nur zu neuen Technologien führt, sondern auch zu einer neuen Ästhetik, die er schließlich als *Prozessästhetik* charakterisiert. Dabei werden weder die faktische noch die ästhetische Seite des Produktes isoliert aufgefasst, sondern in ein Verhältnis gesetzt, das weder deterministisch (im Sinne eines «form follows function») noch arbiträr (im Sinne einer «Produktsprache»), sondern vielmehr reflexiv ist.

Anhand zahlreicher Beispiele werden die für ökologische Zusammenhänge relevanten Prozesse der Materialgeschichte, der Produktionsgeschichte und der Gebrauchsgeschichte ästhetisch reflektiert. Der Begriff der «Prozessästhetik» wird greifbar: Er umfasst jene sinnlichen Reflexionen, in denen die *natürlichen Prozesse* der Produktgeschichte zu einem Teil der Produkterfahrung werden.

Das Buch bereichert den Designdiskurs um eine designästhetische Position und trägt so dazu bei, den Gegenstandsbereich des Designs weiter ins Blickfeld der Geisteswissenschaft zu rücken.

Wolfgang Jonas

VORWORT

Dieses Buch entspringt dem Bedürfnis, einen geisteswissenschaftlichen Ansatz für die Designwissenschaft fruchtbar zu machen. Bezogen auf das ökologische Design stellt sich dieser Versuch als besondere Herausforderung dar, da die ökologische Entwicklung bisher kaum unter kulturellen Gesichtspunkten beleuchtet wurde, sondern fast ausschließlich unter naturwissenschaftlichen, technologischen und ökonomischen. Aus der Kunstwissenschaft und der Philosophie kommend, ist es geradezu verblüffend zu sehen, wie wenige wissenschaftliche Publikationen aus diesen beiden Disziplinen zu den uns umgebenden Gebrauchsdingen entstehen. Daher möchte ich mit diesem Buch dazu beitragen, sowohl die Designwissenschaft um einen geisteswissenschaftlichen Blick zu bereichern, als auch andererseits die Geisteswissenschaft um den Gegenstandsbereich des Designs zu erweitern. Hierbei verfolge ich zwar den Anspruch, eine systematische, gegenstandsbezogene und historisch verankerte Theorie ästhetischer Gestaltung bezogen auf ökologisches Produktdesign vorzulegen, jedoch damit nicht zugleich auch eine Anleitung für ökologische Gestaltung. Denn ebenso wie die Kunstwissenschaft nicht unmittelbar als Methode verwendet werden kann, um gute Kunst zu machen, sondern den Blick schärft für künstlerische Phänomene, so versteht sich auch diese designwissenschaftliche Untersuchung als Mittel, den Blick zu schärfen und das Verständnis zu bereichern für die ästhetischen Entwicklungen, die sich vor dem Hintergrund ökologischer Reflexionen innerhalb des Designs ereignen.

Wie bei den meisten Dingen im Leben, so wäre auch dieses Buch ohne die Unterstützung vieler Personen nicht zustande gekommen. An erster Stelle möchte ich deshalb Prof. Dr. Michael Lüthy danken, durch dessen Vertrauen und Unterstützung das diesem Buch zugrundeliegende Forschungsprojekt am Sonderforschungsbereich 626 «Ästhetische Erfahrung im Zeichen der Entgrenzung der Künste» der Freien Universität Berlin überhaupt erst möglich wurde. Er stand mir darüber hinaus stets beratend und gesprächsbereit zur Seite. Dr. Sylvia Zirden hat mit ihrem ausgezeichneten Lektorat viel zur Leserlichkeit dieses Buches beigetragen und Prof. Dr. Wolfgang Jonas danke ich für die Kommentierung des Manuskripts. In vielen Gesprächen konnte der ein oder andere Gedanke dieses Buches diskutiert werden. Hierfür danke ich ganz besonders Lotte Everts, Dr. Bernhard Schieder, Dr. Thomas Hilgers, Gregor Siber, Thomas Kupke, Alex Tischbirek, Ketan Bhatti, Anna Kreuzträger und Fabian Schäfer. Für ihre Hilfen bei der Titelfindung danke ich Prof. Dr. Michael Lüthy und Christopher Doering. Die vielen Abbildungen verdanke ich der bereitwilligen Unterstützung der Designer, Designbüros und verschiedener Institutionen. Für die finanzielle Unterstützung dieser Publikation danke ich dem Sonderforschungsbereich 626 der Freien Universität Berlin und der Deutschen Forschungsgesellschaft.

Weimar, Dezember 2014

EINLEITUNG

Das wachsende Bewusstsein für ökologische Zusammenhänge und die Erkenntnisse über die Auswirkungen der materiellen Kultur, ihr Produzieren, Verbrauchen und Gebrauchen auf ökologische Systeme oder die Natur im Allgemeinen hat nicht nur unser Konsumverhalten sowie Produktionsweisen und Entsorgungsverfahren verändert, sondern auch die ästhetische Gestaltung von Produkten beeinflusst. Die ersten Publikationen, die eine Einbindung ökologischer Gesichtspunkte schon in den Entwurf eines Produktes einforderten, erschienen bereits in den frühen Siebzigerjahren. Dazu gehören *Design for the real world* von Victor Papanek[1], die Aufsätze von Jochen Gros, die sich mit einer «alternativen Produktkultur» beschäftigen,[2] und die vereinzelten Schriften des Designers und Umweltaktivisten Bernd Löbach.[3] Bis heute hat sich die Integration ökologischer Gesichtspunkte in die Produktgestaltung in solchem Maße etabliert, dass mit «Ecodesign», «ökologischem Design», «sustainable Design» oder «nachhaltigem Design» ein eigener Gestaltungsansatz entstanden ist. Zahlreiche Bildbände versammeln unter diesen Bezeichnungen Produkte, die weder nach bestimmten stilistischen noch nach bestimmten ästhetischen Kriterien ausgewählt wurden, sondern aufgrund der angenommenen oder nachweislichen Berücksichtigung im weitesten Sinne nachhaltiger Gesichtspunkte durch den Designer.[4] Die ästhetische Verfasstheit der Entwürfe und Produkte wird weder eigens reflektiert noch scheint sie wesentlich für die Bestimmung des «ökologisch» oder «nachhaltig» genannten Designs zu sein.

Es ist das Ziel dieses Buches, aufzuzeigen und nachzuweisen, dass die zunehmende Berücksichtigung ökologischer Gesichtspunkte im Design von den Siebzigerjahren bis heute nicht nur zu einer technologischen Veränderung der ökologischen Verträglichkeit von Produkten, sondern auch zu einer neuen Ästhetik geführt hat, die sich als Prozessästhetik charakterisieren lässt. Da sich diese neuen Formen des Ästhetischen weniger im Kommunikations- und Modedesign, sondern insbesondere im Feld des Produktdesigns entwickelt haben, steht dieses im Zentrum der Untersuchung.

Ökologie und Nachhaltigkeit

Nach welchen Kriterien kann ein Produkt sinnvollerweise dem Gegenstandsbereich «ökologisches Produktdesign» zugeordnet werden? Welche Artefakte sollen in den Blick genommen werden, wenn von «ökologischem Produktdesign» die Rede ist? Um diese Fragen zu beantworten, sind zunächst die Begriffe «Ökologie» und «Nachhaltigkeit» zu unterscheiden. Obwohl die Prädikate «ökologisch» und «nachhaltig» alltagssprachlich häufig synonym verwendet werden, bedeuten sie doch nicht dasselbe. Mit dem Terminus «Ökologie» benannte Ernst Haeckel eine Wissenschaft, die die Wechselwirkungen zwischen Organismen und ihrer Außenwelt untersucht. Er war also zunächst deskriptiv gemeint.[5] Erst mit der sich seit den Sechzigerjahren entwickelnden ökologischen Bewegung bildete sich das Prädikat «ökologisch» heraus, das nun nicht mehr deskriptiv, sondern normativ gefasst ist. Es besagt, dass die Verhaltensweise eines Organismus – wie die produzierenden und gebrauchenden Handlungen des Menschen – nur solche stofflichen Wechselwirkungen erzeugt, die für die langfristige Erhaltung und Selbsterhaltung ökologischer Zusammenhänge als unverfänglich oder kaum schädlich beurteilt werden.[6] Der Terminus der «Nachhaltigkeit» kommt ursprünglich aus der Forstwirtschaft, in der er eine vorsorgende Bewirtschaftung bezeichnet, welche die natürliche Regenerationsfähigkeit des Waldes erhält.[7] Seine gegenwärtige Bedeutung erhielt der Begriff jedoch maßgeblich durch den sogenannten Brundtland-Bericht von 1987. Darin wurde er zur Kennzeichnung einer bestimmten Form der gesellschaftlichen Entwicklung verwendet, nämlich einer «nachhaltigen Entwicklung», innerhalb derer «die gegenwärtige Generation ihre Bedürfnisse befriedigt, ohne die Fähigkeit der zukünftigen Generation zu gefährden, ihre eigenen Bedürfnisse befriedigen zu können».[8] Diese nachhaltige Entwicklung berücksichtigt nicht nur gesellschaftliche, sondern auch natürliche Bedingungen.[9] Damit schließt das Konzept der Nachhaltigkeit ökologische Aspekte ein. Unter dem Begriff der Nachhaltigkeit werden also sowohl ökologische als auch soziale Verhältnisse, die sich aus politischen, wirtschaftlichen und kulturellen Zusammenhängen ergeben, reflektiert. Ziel dieser Reflexion ist es, Handlungsschritte zu identifizieren, die notwendig sind, um diese Zusammenhänge zwar nicht unveränderlich, jedoch dynamisch zu erhalten.[10] In dieser Bedeutung ist der Begriff der Nachhaltigkeit völlig ungeeignet, um an ihn charakteristische Formen des Ästhetischen anzuschließen, da er die zukunftsfähige Entwicklung der Menschheit insgesamt in Wechselwirkung mit dem Ökosystem meint.

Die Prädikate «ökologisch» und «nachhaltig» können einfach, aber effektiv dahingehend unterschieden werden, dass «ökologisch» auf *natürliche Prozesse* reflektiert, die hinsichtlich ihrer Auswirkung auf die dauerhafte Existenz organischer Systeme, das heißt von Lebenszusammenhängen beurteilt werden, während «nachhaltig» darüber hinaus auch auf *soziale Prozesse* reflektiert, die hinsichtlich ihrer Auswirkungen auf die dauerhafte Existenz sozialer Systeme beurteilt werden. Diese Unterscheidung zwischen natürlichen und sozialen Prozessen ist nicht deckungsgleich mit der tradierten Unterscheidung von Natur und Kultur, denn mit Ersteren sind hier alle Prozesse gemeint, die wesentlich sind für den Lebenserhalt von Organismen, zu denen also auch der Körper des Menschen gehört, und mit Letzteren sind nur solche Prozesse gemeint, die gemeinschafts- und identitätsbildend sind. In diesem Sinne wäre ein «nachhaltiges» von einem «ökologischen» Produkt zumindest in faktischer, das heißt nichtästhetischer Hinsicht dahingehend zu unterscheiden, dass Ersteres sowohl *soziale* wie auch *natürliche* Prozesse begünstigt, während Letzteres den Fokus auf *natürliche* Prozesse legt. Wenn Victor Papanek ein Design für Entwicklungsländer fordert, beispielsweise durch die Gestaltung eines lokal zu produzierenden Radios,[11] das Kommunikations- und Bildungsprozesse unterstützen soll, dann ist das etwas völlig anderes, als wenn er auf der anderen Seite für Recyclingprodukte plädiert.[12] Hat er im ersten Fall soziale Prozesse im Blick, so im zweiten Fall natürliche Prozesse, zum Beispiel den der Rohstoffentnahme aus der Natur und den der Einwirkung von Entsorgungsprozessen auf die Natur. Die Ästhetik dieser unterschiedlichen Produkte unter demselben Nenner abzuhandeln, eine Ästhetik des «nachhaltigen Produktdesigns» also, ist ein wenig erfolgversprechendes Unterfangen. Unter diese Ästhetik würde jedes Produkt fallen, das in irgendeiner Form den Anspruch erhebt, ein in sozialer und ökologischer Hinsicht sinnvolles Produkt zu sein, und dieses Sinnvoll-Sein, was auch immer das heißen würde, in die Ästhetik des Produktes hinträgt.[13]

Gegen diese systematische Unterscheidung der Prädikate «ökologisch» und «nachhaltig», die unter den Begriff der Ökologie nur *natürliche* und nicht auch *soziale* Prozesse fasst, scheinen zwei Einwände berechtigt. Erstens könnte eingewendet werden, dass bereits die *Thematisierung* ökologischer Zusammenhänge ein soziales Phänomen ist, und zweitens, dass die *ökologischen Zusammenhänge* selbst ein soziales Phänomen sind, da sie erst vor dem Hintergrund ihrer sozialen Auswirkungen problematisch werden, dass also «Ökologie» gar nicht von dem Begriff der Nachhaltigkeit zu trennen ist. Zum ersten Einwand ist zu sagen: Jeder Diskurs und jede öffentliche Thematisierung ist ein soziales Phänomen, was aber noch nicht heißt, dass auch der Gegenstand dieses Diskurses das Soziale ist. Zum zweiten Einwand ist zu sagen: Zwar werden anhand der sozialen Auswirkungen der Klimaveränderung und der Umweltverschmutzung auf die Gesellschaft diese Veränderungen bewusst, sie sind aber nur der Anstoß, die Motivation, um die Zusammenhänge natürlicher Prozesse zum Thema werden zu lassen. Obwohl bei der Thematisierung ökologischer Zusammenhänge dann auch Soziales zum Thema wird – beispielsweise soziale Strukturen, die sich problematisch auf ökologische Zusammenhänge auswirken –, so setzt doch diese Thematisierung des sozialen Verhaltens die ökologischen Zusammenhänge als eigenständiges Thema voraus. Denn erst das Erkennen natürlicher Prozesse macht es möglich zu erkennen, welche sozialen Prozesse sich in welcher Weise auf diese auswirken und wie die sozialen Prozesse zu gestalten wären, um mit den natürlichen Prozessen in einer für die ökologischen Zusammenhänge verträglichen Weise umzugehen. So ist zwar die Einführung der Mülltrennung zum Zwecke effizienten Recyclings beispielsweise ein initiierter sozialer Prozess, der jedoch zur Voraussetzung hat, dass uns etwa die natürlichen Prozesse zwischen Müllverbrennungsanlagen sowie einem exzessiven Rohstoffabbau und den ökologischen Zusammenhängen bewusst geworden sind. Die ökologische Betrachtungsweise ist also grundsätzlich auf den Zusammenhang natürlicher Prozesse gerichtet, und nur *weil* sie dies tut, kann sie darauf aufbauend eine gesellschaftskritische Position entwickeln oder generell einen neuen Blick für soziale Prozesse, der dann aber eben die sozialen Prozesse zum Gegenstand hat und nicht mehr die natürlichen.

Der Gegenstandsbereich dieses Buches kann also zunächst eingegrenzt werden auf Produkte, deren Entwurf natürliche Prozesse, das heißt stoffliche und energetische Prozesse bezogen auf ihre Wechselwirkungen mit organischen Systemen berücksichtigt. Es geht hier also zunächst um all jene Produkte, die wir gemeinhin «ökologische Produkte» nennen.

Produkttechnologie und Produktästhetik

Publikationen zu ökologischem Produktdesign, die nicht zwischen den Prädikaten «nachhaltig» und «ökologisch» unterscheiden, müssten ihrem Gegenstandsbereich theoretisch alle Produkte zurechnen, die soziale und natürliche Prozesse in als wünschenswert empfundener Weise in Anspruch nehmen und beeinflussen. Demgegenüber hat die hier getroffene Unterscheidung den Vorteil, dass sie den Gegenstandsbereich des ökologischen Produktdesigns auf solche Produkte eingrenzt, die primär *natürliche* Prozesse berücksichtigen, was auch als ökologische Verträglichkeit verstanden werden kann. Es zeigt sich allerdings, dass nicht nur zwischen nachhaltigen und ökologischen Produkten unterschieden werden muss, sondern dass über die faktische Verfasstheit eines Produktes hinausgegangen werden muss, wenn nicht nur *Produkttechnologien,* sondern auch die *Produktästhetik* thematisiert werden soll. Denn nach ökologischen Kriterien entworfene und produzierte Produkte müssen keine gemeinsame Ästhetik aufweisen, sodass anhand des faktischen Kriteriums «ökologisch» nicht auf eine bestimmte Ästhetik geschlossen werden kann.

Die Empirie spricht dagegen, dass die Realisierung ökologisch verträglicher Produkte gewissermaßen automatisch eine gemeinsame Ästhetik zutage fördert, auch wenn eine solch deterministische Ästhetik sich anhaltender Beliebtheit erfreut. So schreibt Stuart Walker: «The definition of form and the detailing of shape and surface are both constrained and largely determined by the overall production system. Therefore, we should not be attempting to find a new style which we might characterize as some form of ‹sustainable aesthetic›. Rather, we should be developing products and restructuring our manufacturing systems so they are conceptually and pragmatically aligned with sustainable principles. As we do so, new types of products will emerge whose aesthetics go deeper than shape and surface and which start to embody ethics and to reflect these new sensitivities and understandings.»[14] Diese deterministische Auffassung des Ästhetischen wird in diesem Buch noch als Fortschreibung der Semper'schen Vorstellung erläutert werden, die Stilformen der Artefakte hätten sich allein aus den Materialeigenschaften, den Bearbeitungstechniken und den Zwecken entwickelt. Um diese deterministische Vorstellung zu widerlegen, genügt jedoch ein Blick auf die Empirie. Denn dafür, dass kein notwendiger Zusammenhang zwischen den faktischen Bedingungen und Eigenschaften eines Produktes und dessen Ästhetik bestehen kann, sind die verschiedenen Ökosiegel der beste Beweis. Es ist eben nicht zwangsläufig so, dass ökologische Produktionsbedingungen auch zu einer anderen Ästhetik führen, sonst könnten wir uns eine entsprechende Kennzeichnung der Produkte getrost sparen, ihre abweichende Ästhetik würde ihre ökologische Produktion hinreichend erkennbar machen.

Aus diesem Grund reicht die Bestimmung von ökologischem Design nach faktischen Gesichtspunkten wie «Recycling», «Materialreduktion und Produktzerlegung», «Komponentendesign», «Reduzierung der Maße» oder «Monomaterial und ‹Bio›-Material»[15] nicht aus. Diese faktische Seite der Produkte ist zwar durchaus charakteristisch für ökologische Verfahren und Techniken, aber nicht auch notwendig für ihre ästhetische Gestaltung, denn trotz Verwendung gleicher oder ähnlicher Techniken können Produkte ästhetisch höchst unterschiedlich erscheinen.

Diese Beobachtung führt Daniela Triebel in einer Art marketingorientierten Untersuchung zu einer Annahme, die derjenigen Stuart Walkers genau entgegengesetzt ist, nämlich die ökologische Produktästhetik als eine «Produktsprache»[16] aufzufassen, die der faktischen ökologischen Verfasstheit des Produktes willkürlich gegenüberstehe: «Ordnungsversuche ökologischer Produktästhetik erfolgen weitgehend aufgrund optisch wahrnehmbarer Kennzeichen, die jedoch nichts bzw. nur sehr wenig darüber aussagen, ob das Produkt den qualitativen Anforderungen eines ökologieorientierten Designs entspricht.»[17] Diese «wahrnehmbaren Kennzeichen» seien «ökologisch anmutende Gestaltungsmittel»[18] wie «organische Materialien», «gebrochene Farben», «organische Formen», «erkennbare Recyclingspuren» oder «Pflanzenornamente».[19] Entscheidend für die Produktästhetik sei nicht, «ob ein Produkt ökologisch *ist,* sondern ob es auf den Produktnutzer ökologisch *wirkt*».[20]

Zunächst ist zu bemerken, dass die Kennzeichen für eine ökologische Produktästhetik, die Triebel anführt, bloß sinnliche Merkmale sind, die noch nicht das Ästhetische ausmachen können. Wie sie selbst schreibt, handelt es sich um Gestaltungsmittel, die verschieden eingesetzt werden können, weshalb sich auch erst in der Art und Weise, *wie* sie die Wahrnehmung organisieren und dieser erscheinen, das Ästhetische zeigen kann. Als bloße sinnliche Eigenschaften mit assoziativer Signalwirkung verbleiben sie noch unterhalb der Schwelle des Ästhetischen.[21] Des Weiteren ist die mit «Ökologie» assoziierte sinnliche Wirkung ein diffuses, subjektives und wenig hilfreiches Kriterium, um die Ästhetik des ökologischen Designs zu bestimmen. Durch Nutzerbefragung, also eine wahrnehmungssoziologische Untersuchung, könnte zwar statistisch spezifiziert werden, welche sinnlichen Merkmale im Betrachter einen ökologischen Eindruck erzeugen, was aber «ökologisch» in diesem Zusammenhang zu heißen hätte, müsste ungeklärt bleiben. Denn «ökologisch» ist kein Terminus, der sinnvoll auf sinnliche oder ästhetische Phänomene angewendet werden kann. Oder was sollte man beispielsweise unter «ökologischer Farbe», einer «ökologischen Form» oder eben einer «ökologischen Ästhetik» verstehen?

Der Gegenstandsbereich des ökologischen Produktdesigns lässt sich also weder bloß nach faktischen Kriterien bestimmen, da diese sich nur auf die technische Seite der Produkte beziehen und damit alle Formen des Ästhetischen, die im Verbund mit jener Technik auftreten, dem ökologischen Produktdesign zuzurechnen wären. Noch lässt er sich nach rein sinnlichen Kriterien bestimmen, da auf diese Weise das Prädikat «ökologisch» seinen Sinn verliert und der Gegenstandsbereich des ökologischen Produktdesigns also gar nicht erst zu bestimmen ist.

Die Lösung dieses Problems kann nur darin liegen, weder die faktische noch die ästhetische Seite des Produktes isoliert aufzufassen, sondern zwischen beiden Seiten eine Beziehung herzustellen, die weder deterministisch noch arbiträr ist. Denn weder folgt ästhetische Gestaltung notwendig den faktischen Bedingungen des Produkts, muss sich also mit dem begnügen, was die technische Seite des Produktes an Ästhetischem von selbst hervorbringt, noch entsteht ästhetische Gestaltung in einem aseptischen Raum, der von der technischen Seite des Produktes nichts weiß. Sowohl die technische Seite des Produktes als auch seine ästhetische Seite sind Resultat von Gestaltung. Ihre gemeinsame Wurzel haben die technologische wie die ästhetische Gestaltung in einer bestimmten Betrachtungsweise, die im ökologischen Produktdesign die Reflexion auf den Zusammenhang natürlicher Prozesse bedeutet. Die technologische ökologische Verträglichkeit von Produkten ist ja keine Naturgegebenheit, sondern gründet in einer Reflexion auf die natürlichen Prozesse, die die Warenwelt mit der belebten Umwelt verbinden. Für die ökologische Bewegung trifft es am wenigsten zu, dass sie durch eine technologische Entwicklung angestoßen und hervorgerufen wurde. Vielmehr haben sich umgekehrt alle faktischen Änderungen im Umgang mit Ressourcen, ihrer Verarbeitung und ihres Gebrauchs durch eine Änderung der Betrachtungsweise natürlicher Zusammenhänge entwickelt. Ein neues Bewusstsein und neue Erkenntnisse über ökologische Systeme und über das Verhältnis unserer Produktionsprozesse zur Natur führten und führen erst zu einer bewussten technologischen Umgestaltung als auch zu neuen ästhetischen Gestaltungen, deren Triebfeder nicht Technologien sind, sondern für beide Gestaltungsformen gemeinsam eine andere Betrachtungsweise der Dinge. Deshalb klärt sich das Verhältnis von Produktästhetik und Produkttechnologie, wenn wir nicht versuchen, das eine aus dem anderen abzuleiten, sondern ihren Zusammenhang in einem gemeinsamen Bezugspunkt suchen, nämlich bestimmten Aspekten der Wirklichkeit, mit denen das Produkt zusammenhängt. Diese werden unter bestimmten Bewusstseinsbedingungen – hier den ökologischen – zum Gegenstand des Gestaltungsinteresses.

Im ökologischen Produktdesign bezieht sich das Gestaltungsinteresse auf die natürlichen Prozesse, die das Produkt mit Lebenszusammenhängen verbindet. Wird dieses Gestaltungsinteresse Ausgangspunkt *technologischer* Gestaltung, so resultiert es in einer Veränderung dieser natürlichen Prozesse zu solchen, die in

Hinblick auf den Zusammenhang von Lebewesen als wünschenswert beurteilt werden. Diese instrumentelle Veränderung der natürlichen Prozesse ist das, was wir eine *ökologische Technologie* nennen können. Wenn dieses Gestaltungsinteresse dagegen zum Ausgangspunkt *ästhetischer* Gestaltung wird, so werden diese natürlichen Prozesse nicht verändert, sondern zu einem reflexiven Moment der Wahrnehmung, sie werden sinnlich artikuliert. Dieser sinnlich-reflexive Umgang mit den natürlichen Prozessen des Produktes ist das, was erst eine *ökologische Produktästhetik* genannt werden könnte, im Laufe dieses Buches aber als *Prozessästhetik* oder als eine Ästhetik natürlicher Prozesse entwickelt werden wird.

Sowohl die *Technologie* als auch die *Ästhetik* des ökologischen Produktdesigns gehen also mit etwas Drittem in je unterschiedlicher Weise gestaltend um, nämlich den natürlichen Prozessen, in die das Produkt involviert ist. Diese werden zwar erst vor dem Hintergrund einer ökologischen Betrachtungsweise der Dinge bewusst, sind aber jedem Produkt eigen, sofern es stofflich ist, ob es nun eine ökologische Technologie aufweist oder nicht. So äußert sich also die ökologische Reflexion auf natürliche Prozesse und ihre Wechselwirkungen sowohl faktisch in der Technologie des Produktes als auch wahrnehmbar in dessen Ästhetik. Weder die Technologie noch die Ästhetik müssen den natürlichen Zusammenhang des Produktes erst herstellen, sondern dieser existiert ohnehin, wird allerdings erst durch die ökologische Bewegung bewusst und nun sowohl faktisch verändert als auch ästhetisch reflektiert. Aus diesem Grund ist nicht jedes Produkt, das sich durch eine ökologische Technologie auszeichnet, unbedingt auch Beispiel einer ökologischen Produktästhetik, und umgekehrt weist nicht jedes Produkt, das sich durch eine ästhetische Reflexion natürlicher Prozesse auszeichnet, immer auch eine ökologische Technologie auf.[22]

Dem Gegenstandsbereich der ökologischen Produktästhetik sind also all jene Produkte zuzurechnen, in denen die natürlichen Prozesse, in die ein Produkt involviert ist und die erst im Zuge einer ökologischen Betrachtungsweise der Dinge bewusst werden, ästhetisch reflektiert werden. Die Tatsache, dass die meisten dieser Produkte auch in technologischer Hinsicht mit diesen Prozessen umgehen, ist für eine *Ästhetik* des ökologischen Produktdesigns nicht wesentlich, während sie es für eine *Technikwissenschaft* des ökologischen Produktes tatsächlich wäre. Nicht selten jedoch geht die ästhetische mit der technischen Gestaltung Hand in Hand, wodurch sich auch faktisch *transformiert,* was ästhetisch *reflektiert* wird.

Methodik und Forschungsstand

Da die Ästhetik des ökologischen Produktdesigns auf den ökologischen Wirklichkeitszusammenhang des Produktes reflektiert, der erst durch die ökologische Betrachtungsweise bewusst wird, nähere ich mich ihr von einer Charakterisierung des ökologischen Blickwechsels auf das Produkt her. Hierdurch wird sichergestellt, dass die Auswahl der Beispiele nicht anhand ihrer Technologien oder anhand klischeehafter Vorstellungen von ökologischer Produktästhetik erfolgt. Stattdessen werden die ästhetischen Reflexionsformen erst aus einer Charakterisierung des ökologischen Bewusstseins und der Dimensionen des Produktes, die durch dieses erkannt werden, entwickelt. So nimmt die Arbeit eine für das ökologische Bewusstsein typische Perspektive ein, indem sie in drei großen Kapiteln den Lebenszyklus des Produkts von seinen Materialien über seine Produktion bis hin zu seinem Gebrauch verfolgt und aufzeigt, welche Ästhetiken sich an diesen Blick anschließen. Dabei charakterisieren die drei Teile zunächst die ökologische Perspektive auf die entsprechende Produktdimension, um dann anhand von Beispielen die produktspezifische Äußerung dieser Betrachtungsweise in ästhetischer Hinsicht zu konkretisieren und schließlich jeweils in einem zusammenfassenden Teil die verbindenden ästhetischen Reflexionsformen theoretisch zu fundieren. Dazu wird in den ersten beiden Teilen die Ästhetik des ökologischen Produktdesigns in ein Verhältnis zu ästhetischen Bestrebungen des modernen Produktdesigns gesetzt, um die ästhetische Veränderung durch das ökologische Produktdesign plastisch werden zu lassen. Es wird sich in diesem Vergleich zeigen, dass nicht nur das ökologische Produktdesign, sondern auch das der historischen Moderne durch eine *reflexive* Ästhetik gekennzeichnet ist. So ist die ökologische Betrachtungsweise der Dinge gewissermaßen der methodische Leitfaden der Arbeit, während die Erscheinungsweise einzelner Produkte ihren eigentlichen Untersuchungsgegenstand bildet.

Die Forschungsliteratur zu ökologischem Produktdesign ist verschwindend gering. So gibt es von kunsthistorischer oder kunstwissenschaftlicher Seite meines Wissens keine Publikation zum ökologischen Produktdesign, weder in Hinblick auf seine Geschichte noch in Bezug auf seine Ästhetik. Ein Versuch, die Ästhetik des ökologischen Produktdesigns umfassender zu charakterisieren, findet sich in der bereits zitierten betriebswirtschaftlichen Arbeit von Daniela Triebel.[23] Da ihre Ästhetik jedoch nicht über das Auflisten einzelner sinnlicher Merkmale, die offenbar als ökologisch empfunden werden, hinausreicht, mag sie unter markttechnischen Gesichtspunkten hilfreich sein, jedoch nicht im Rahmen einer ästhetischen Untersuchung. Ähnliches gilt für die Publikation *Konsumgut Nachhaltigkeit* von Moritz Gekeler.[24] In ihr werden verschiedene, vor allem produktübergreifende Strategien der Kommunikation von «Nachhaltigkeit» untersucht, die als instrumentelle Sinnlichkeit Teil einer Kommunikationstechnik sind, aber nicht der Produktästhetik.[25] Ebenso bezieht sich der oben angeführte Aufsatz von Stuart Walker weder auf konkrete Produkte, noch führt er aus, was die Ästhetik des ökologischen Produktdesigns auszeichnen könnte. Stattdessen begnügt er sich mit dem Verweis, dass sich an die Realisierung ökologischer Verfahren auch eine Ästhetik des ökologischen Produktdesigns anschließen werde.[26] In Bezug auf die Bedeutung der Ästhetik für die Langlebigkeit von Produkten gibt es einige Aufsätze, die Eingang in den dritten Teil der Arbeit finden. Bernd Löbach wiederum weist zwar darauf hin, dass der Frage nachgegangen werden könnte, «durch welche ästhetische Ausformung der Produktgestalt die Umweltverträglichkeit eines Produktes sichtbar gemacht werden kann»,[27] führt als Beispiele jedoch bloß die Sichtbarkeit einzelner für ökologische Produkte typischer technologischer und sinnlicher Merkmale und gar Ökosiegel an.[28] Die Ausführungen von Jochen Gros hingegen stehen ganz unter dem Eindruck der Postmoderne und sind von der Idee geleitet, ein niedriges Konsumniveau durch mehr Sinnlichkeit zu kompensieren.[29] Er sieht diese neue Sinnlichkeit zeitgemäß in einem «Buchstabenornament»[30] realisiert und in einer Umwertung ästhetischer Wertvorstellungen, die in dem Slogan «billig ist schön»[31] münden. Abgesehen von der zweifelhaften Annahme, dass ökologische Produkte zwangsläufig qualitativ weniger wertvoll seien und dieser Wertverlust durch Betonung von Sinnlichkeit kompensiert werden müsse, bleibt erstens fraglich, was genau unter einer betonten Sinnlichkeit zu verstehen ist, und zweitens, welcher ästhetische Zusammenhang zwischen stärkerer Sinnlichkeit oder einem Buchstabenornament und ökologischem Design besteht. Dieser Ansatz lässt sich als Versuch charakterisieren, sich mit den ästhetischen Reflexionsformen des postmodernen Produktes dem ökologischen Design zu nähern. Und ähnlich wie das ornamentierte Massenprodukt des frühen 20. Jahrhunderts zwar die ökonomische und mechanische Betrachtungsweise der Moderne technologisch in das Produkt eingehen lässt, aber ästhetisch noch den Reflexionsformen des Handwerks verhaftet ist, zeichnet sich der theoretische Ansatz von Jochen Gros zwar in technologischer Hinsicht durch eine ökologische Betrachtungsweise aus, ist aber in ästhetischer Hinsicht durch eine postmoderne Sichtweise gekennzeichnet. Diese historisch wichtigen, aber für das ökologische Produktdesign in ästhetischer Hinsicht wertlosen Ausführungen konnten deshalb keinen Eingang in die Untersuchung finden.[32]

Die weitaus meisten Publikationen zum ökologischen Produktdesign beschäftigen sich mit technologischen oder wirtschaftlichen Gesichtspunkten, also der Frage, wie sich die ökologische Verträglichkeit von Produkten erhöhen und ihr ökonomischer Erfolg steigern lässt und wie und warum der Designer diese Fragen schon im Entwurf berücksichtigen kann und sollte.[33] So weisen auch die Schriften des wohl wichtigsten Pioniers des ökologischen Produktdesigns, Victor Papanek, zwar eine Vielzahl innovativer Ideen zu ökologischen und sozial relevanten Technologien auf und ebenso zahlreiche Argumente und Gründe, warum der Designer soziale und ökologische Verantwortung übernehmen sollte.[34] Der Frage, ob sich an das ökologische Produktdesign auch eine eigene Ästhetik anschließen könnte, geht er jedoch nicht nach.[35]

Dieser auffällige Mangel an theoretischer Auseinandersetzung mit dem ökologischen Produktdesign jenseits seiner technologischen und ökonomischen Seite wird verständlich vor dem Hintergrund, dass einerseits das Interesse der Designer gerade auf die faktische Veränderung und Berücksichtigung ökologischer Zusammenhänge zielt und andererseits das Ästhetische, zumindest in den Anfängen der ökologischen Bewegung, unter dem Generalverdacht steht, bloß ökonomischen Interessen zu dienen, die tatsächlichen sozialen und ökologischen Zusammenhänge zu verschleiern und dem Konsumenten bloß etwas vorzuspielen, ihn zu verführen.[36] So kritisiert Papanek: «Die meisten Designer akzeptieren ihre Rolle als Meister-Stilist; nie stellen sie ihre Tätigkeit, mit der sie einem ausbeuterischen System Hilfe leisten und das ganze Volk betrügen, in Frage. Sie machen sich nicht klar, dass ihre Arbeit entscheidend dazu beiträgt, unsere Klassenstruktur zu verhärten.»[37] Und er fordert stattdessen: «Die reinen Formprobleme haben wir gelöst, eine Rückkehr zu den Inhalten ist längst überfällig.»[38]

Ökologische Gestaltung wurde und wird bis heute also tendenziell ohne Berücksichtigung ästhetischer Fragestellungen praktiziert und theoretisiert, ihr Sinn wird nahezu ausschließlich in dem Realisieren ökologischer Technologien gesehen.[39] Unter dem ökologischen Blick, der seine Aufmerksamkeit auf die faktischen stofflichen und energetischen Wechselwirkungen von Produkt und Umwelt richtet, musste das mit dem Charakter des Scheins behaftete Ästhetische zum problematischen Gegenpol der nun eingeforderten Authentizität und Ehrlichkeit avancieren. So wird sich im Laufe des Buches zeigen, wie Strategien des Aufzeigens, Offenlegens und Dokumentierens zum bestimmenden Merkmal ökologischer Gestaltung wurden, ohne dass sogleich bewusst wurde, dass sie nicht bloß die faktische Verfasstheit des Gegenstandes im Hinblick auf seine ökologische Verträglichkeit, sondern auch die Produktwahrnehmung betreffen und damit prinzipiell zu Momenten des Ästhetischen werden können.

Es ist also sehr wohl möglich, dass Produkte gerade in Absehung von ästhetischen Fragestellungen gestaltet werden und sich dennoch gewissermaßen unter der Hand charakteristische Formen des Ästhetischen entwickeln. Dieses Buch versteht sich weder als Seismograph des ökologischen Diskurses im Feld des Produktdesigns noch als eine Abhandlung über dessen historische Entwicklung, weder als eine Untersuchung ökologischer Technologien oder deren ökonomischer Bedingungen noch als eine normative Theorie dessen, was ökologisches Produktdesign sein sollte, sondern als Versuch, die ästhetischen Phänomene zu verstehen und systematisch zu beschreiben, die sich vor dem Hintergrund einer ökologischen Betrachtungsweise der Dinge im Produktdesign entwickelten und entwickeln.

Die Material-
geschichte

EINLEITUNG

Die wohl charakteristischste Erkenntnis für das ökologische Bewusstsein Ende der Sechzigerjahre und Anfang der Siebzigerjahre betraf die Endlichkeit der Ressourcen und damit die absehbaren Grenzen sowohl des Wirtschaftswachstums als auch des Wachstums der menschlichen Population. Die Natur war kein unerschöpflicher Brunnen mehr, aus dem folgenlos Energien und Stoffe geschöpft werden konnten, sondern erhielt Grenzen. Wohl kein Bild hat diese Erkenntnis von der Endlichkeit der Ressourcen wirkmächtiger gefasst als das von Buckminster Fuller 1969 popularisierte Bild vom «Raumschiff Erde».[40] So wie die Besatzung eines Raumschiffs mit den an Bord befindlichen Ressourcen haushalten muss, so muss auch die Erde «zum Zwecke dauerhafter Leistungsfähigkeit als Ganzes begriffen und bedient werden».[41] Die Vorstellung, dass die Ressourcenkapazitäten der Natur dem exponentiell steigenden Ressourcenverbrauch der Menschheit unterliegen könnten, erhielt ihre Zuspitzung durch die 1972 veröffentlichte Studie *Die Grenzen des Wachstums*[42] und das 1975 erschienene Buch *Ein Planet wird geplündert*[43] von Herbert Gruhl.

Entscheidend für das Produktverständnis vor diesem Hintergrund ist, dass Materialien nicht mehr nur unter dem Gesichtspunkt ihrer verwertbaren Eigenschaften betrachtet, sondern auch nach ihrer Herkunft befragt und als ein Teil der Natur aufgefasst werden, in der sie eine bestimmte Rolle innerhalb eines bestimmten Zusammenhangs natürlicher Prozesse spielen. Es wird erstens bewusst, dass Materialien eine Herkunft haben, dass wir, indem wir produzieren und konsumieren, Natur verbrauchen. Zweitens wird deutlich, dass Rohstoffe endliche Kapazitäten aufweisen und ihre Entnahme die Lebenszusammenhänge von Organismen immer zumindest beeinflusst oder in ihrer Erhaltung sogar empfindlich zu beeinträchtigen vermag.

Dieses neue ökologische Bewusstsein dafür, dass Produzieren nicht nur heißt, etwas Neues, etwas, das noch nicht da ist, herzustellen, sondern auch etwas, das schon da ist, zu verbrauchen oder doch zumindest in seiner Daseinsform zu verändern, erweitert das Material- und Produktverständnis um eine historische Dimension. Produkte sind nicht mehr nur gegenwärtige Gegenstände oder in die Zukunft weisende Handlungsmittel, sondern auch Dinge mit einer Vergangenheit. Diese vergangene Dimension des Produktes, seine ökologische Geschichte, gliedert sich in seine *Materialgeschichte*, die alle natürlichen Prozesse im Zusammenhang mit den Materialien umfasst, bevor diese zum eigentlichen Produkt verarbeitet wurden, seine *Produktionsgeschichte*, zu der alle natürlichen Prozesse gehören, die mit der Entstehung des Produktes zusammenhängen, und schließlich seine *Gebrauchsgeschichte* als alle natürlichen Prozesse, die mit dem fertigen Produkt interagieren. Gegenstand dieses Teils der Arbeit ist die Materialgeschichte des Produktes und deren ästhetische Reflexion, während die beiden folgenden Teile die Produktionsgeschichte und die Gebrauchsgeschichte sowie ihre jeweilige ästhetische Reflexion behandeln.

MATERIALWAHRNEHMUNGEN

Um sich dem gestaltenden Umgang des ökologischen Designs mit dem Material[44] zunächst in einer grundsätzlichen Weise zu nähern, sei ein Beispiel von Jurgen Bey herangezogen, die *Tree Trunk Bench* von 1998 (Abb. 1), die exemplarisch drei Formen der Materialwahrnehmung verhandelt und hierbei die Abhängigkeit unseres Materialverständnisses von unserer Wahrnehmung zum Bewusstsein bringt. Das Produkt besteht aus einem mehrere Meter messenden massiven Baumstamm, der auf dem Boden liegt. Drei Bronzeabgüsse von Stuhllehnen in barocker Formensprache sind offenbar mit ihren spitzen Bronzeenden wie Nägel in den Baumstamm hineingeschlagen worden.

Zunächst zum Baumstamm, dem Sitzelement. So, wie er daliegt, ist er uns vertraut von umgestürzten Bäumen im Wald oder von am Wegrand gelagerten Baumstämmen.[45] Dieses Bild evoziert er umso mehr, als er nicht entrindet wurde und Verwitterungsspuren an der einen hier sichtbaren Schnittstelle aufweist. Er muss also schon eine Weile ungeschützt dem Wetter ausgesetzt gewesen sein. Der Kontext, aus dem wir solche liegenden Baumstämme kennen, sind also Wälder und nicht städtische Räume oder gar ein Innenraum, in dem wir ihm hier begegnen. Außerdem legt die verwitterte Schnittstelle nahe, dass der Baum nicht eigens zum Zwecke einer Bank gefällt und zersägt wurde, sondern bereits in diesem Zustand vorgefunden und ausgewählt wurde. Beide Aspekte, die Kontextverschiebung und das Auswählen, legen hier das Verfahren des Readymades nahe. Ungeachtet der vielen Formen des Readymades in der Kunst und der ebenso zahlreichen Beschreibungs- und Definitionsversuche scheint mir eine Erklärung dieses Verfahrens, wie sie Marcel Duchamp 1917 in *The Blind Man* gab, für meine Fragestellung völlig ausreichend. Nachdem bei einer juryfreien Ausstellung in New York das von ihm unter dem Pseudonym Richard Mutt und unter dem Titel *Fountain* eingereichte Urinal abgelehnt wurde, schrieb er: «Ob Mr. Mutt die Fontäne mit eigenen Händen gemacht hat oder nicht, ist unwichtig. Er WÄHLTE sie aus. Er nahm einen gewöhnlichen Artikel des Lebens, stellte ihn so auf, dass seine nützliche Bedeutung verschwand hinter dem neuen Titel und Standpunkt, schuf einen neuen Gedanken für dieses Objekt.»[46]

Während bei *Fountain* die «nützliche Bedeutung» des Urinals durch das Auswählen und die Kontextveränderung verschwindet und stattdessen eine ästhetische Reflexion eingeleitet wird, provoziert das Verfahren des Readymades beim Baumstamm der *Tree Trunk Bench* erst die nützliche Bedeutung. Bei diesem Vorgang kann nicht die Herstellung für den Bedeutungswandel verantwortlich gemacht werden, da diese dieselbe geblieben ist. Stattdessen wird sich der Betrachter bewusst, dass es die durch die Kontextveränderung erzeugte Wahrnehmungsweise ist, die diesen Bedeutungswandel einleitet.

Bei der *Tree Trunk Bench* werden gleich mehrere Wahrnehmungsweisen provoziert. Zunächst sehen wir die *Tree Trunk Bench* (bei vorübergehendem Absehen von den bronzenen Lehnen) als einen Baumstamm, der vielerlei Spuren trägt. Verwitterungsspuren, die auf längeres Lagern im Freien hindeuten, Sägespuren, die das Fällen durch Waldarbeiter nahelegen, schließlich die charakteristische Struktur der Rinde und die Baumringe, die sich wie die Spur eines jahrzehntelangen Wachstums lesen. Wenn wir also das Material bezogen auf den Zusammenhang betrachten, dem es entstammt, fassen wir seine Formen als Spuren ebendieses Zusammenhangs auf. Es sind die Spuren natürlicher Prozesse wie bestimmter Wachstums- und Verwitterungsprozesse, die uns den Baumstamm als ein Produkt der Natur erscheinen lassen.

Sobald wir jedoch, angeregt durch die bronzenen Lehnen und den Ort des Objektes, den Baumstamm als Teil einer Bank auffassen, ändert sich dessen Wahrnehmung fundamental. Seine Formen werden nun hinsichtlich ihrer Brauchbarkeit betrachtet: Lässt es sich auf der gewölbten Oberfläche des Stammes und dessen schroffer Rinde auch angenehm sitzen? Macht man sich nicht schmutzig? Alle Formen des Baumstammes, die wir vorher noch als Spuren natürlicher Prozesse wahrgenommen haben, werden nun im Hinblick auf einen bestimmten Zweck betrachtet. Sie werden an ihm gemessen und erscheinen entsprechend als geeignet oder ungeeignet. Mit den Worten von Gernot Böhme heißt dies für die Wahrnehmung der Dinge in Anlehnung an Heidegger: «Könnten ihre Eigenschaften als solche noch Manifestationen ihres Daseins sein, so sind sie gesehen als Merkmale für eine Dienlichkeit nur Absprung in einen abstrakten oder zukünftigen Raum, nämlich den Raum möglicher Handlungen mit den Dingen und möglicher Verwendungen der Dinge.»[47]

Nun zu den Lehnen. Auch sie gründen auf dem Readymade-Verfahren des Auswählens, an das sich allerdings ein bestimmtes Produktionsverfahren anschloss. Bereits existierende Stuhllehnen wurden ausgewählt, um von ihnen Abgüsse zu nehmen, statt sie eigens zu entwerfen. Durch das Verfahren des Bronzeabgusses transponiert sich nur die Form der ursprünglichen Lehnen in die gegenwärtige Betrachtung, während ihre ehemalige Materialität hinter der Form verschwindet. Dieser Eindruck wird noch dadurch verschärft, dass mit dem Bronzeguss ein klassisches künstlerisches Verfahren zum Einsatz kommt, das wie kaum ein anderes von der traditionellen Vorstellung der Vorherrschaft der Form über das Material zeugt. Nicht auf den Gips oder Ton des Modells kommt es an, sondern auf die bloße Form, die sich durch den Vorgang des Abdrucks vom Material scheiden und in einem dauerhaften Material verewigen soll. Statt eines Readymade-Verfahrens ist es bei den Stuhllehnen ein klassisches Abgussverfahren der Kunst, das uns dazu anregt, die Formen des Materials einmal als bloße Darstellung von Stuhllehnen und ein anderes Mal als Gebrauchsformen einer Bank wahrzunehmen. Jurgen Bey provoziert also für beide Bestandteile der *Tree Trunk Bench* einen Wechsel in der Materialwahrnehmung.

Nehmen wir die Formen des Baumstamms als Spuren wahr, so ist das Material kein bloßes Mittel, das sich jeglichem Gebrauchs- oder Forminteresse fügt, sondern es ist noch Teil der Natur mit jenen Formen, die sich durch die Prozesse der Natur ergaben. Erst indem wir mit ihm eine Handlungsintention, einen Zweck verbinden, wird es zum Mittel für einen Gebrauch, und seine Formen wandeln sich zu Formen seiner Brauchbarkeit. In den Lehnen schließlich wird die Herkunft des Materials ganz verschwiegen, und die Materialwahrnehmung schwankt zwischen dem Material als Mittel für einen Gebrauch und dem Material als Medium einer Darstellung, die einen ehemaligen Gebrauchsgegenstand mittels Abgussverfahren naturgetreu darstellt und nur kraft dieser naturgetreuen Darstellung auch zu gebrauchen ist.

Die so provozierten unterschiedlichen Wahrnehmungen des Materials machen dessen alleinige Bestimmung durch physikalisch-chemische Gesetze unmöglich. Denn naturgesetzlich ändert sich an den Materialien nichts, ob wir sie nun als Teil der Natur, als Mittel des Gebrauchs oder als Medium der Darstellung betrachten. In ihrer Wahrnehmung scheint sich jedoch alles verändert zu haben. Wir können sogar so weit gehen zu sagen, dass erst anhand dieser qualitativen Dimension zwischen dem Material als Teil der Natur und dem Material als Teil eines Verwendungszusammenhangs unterschieden werden kann. Das heißt, dass das Gebrauchen der Natur nicht bloß im physikalisch-chemischen Verändern der Materialien besteht, sondern in einem Wechsel der Materialwahrnehmung gründet, indem nämlich in den Materialien der Natur etwas anderes gesehen wird – eine funktional relevante oder eine darstellende Form – als die natürlichen Zusammenhänge, wovon die Materialformen eine Spur sind.[48]

Die *Tree Trunk Bench* verhandelt geradezu exemplarisch, wie sich das Materialverständnis eines Objektes ändert, je nachdem, in welcher Weise wir es wahrnehmen. Meine These ist, dass mit diesen Wahrnehmungsweisen des Materials im ökologischen Produktdesign bewusst gearbeitet wird, und zwar im Sinne einer Synthese. Das Interesse dabei scheint zu sein, die Herkunft der Materialien auch für die Produktwahrnehmung zu erhalten und thematisch werden zu lassen.

NATÜRLICHE MATERIALIEN

Die wohl am weitesten verbreitete Vorstellung von ökologischem Design sieht in diesem die Verwendung natürlicher Materialien oder gar die Verwendung ganzer Naturfragmente, deren ehemalige Gestalt in natürlichen Zusammenhängen am Produkt noch deutlich erkennbar ist. Zu denken ist hier an Binsenkörbe, die Verwendung von Knüppelholz als Garderobenständer, Kleiderhaken und Ähnliches. Durch die Integration ganzer Naturfragmente scheint man sich der nichtindustriellen Herkunft der Materialien und einer bloß rudimentären und damit schadstoff- und energiearmen Bearbeitung zu vergewissern. Und was die Natur selbst herstellt, scheint ihr umgekehrt auf dem Weg der Entsorgung dieser Materialien wiederum nicht schaden zu können.

Aber was ist eigentlich mit «natürlichen Materialien» gemeint? Auf der Grundlage des vorangegangenen Kapitels können wir sagen, dass es in stofflicher und in physikalisch-chemischer Hinsicht keinen Sinn macht, den Ausdruck «natürlich» auf Materialien anzuwenden. Als Kriterium für natürliche Materialien kann nicht ihr stofflicher Ursprung in der Natur dienen, denn jedes Material, so vielfältigen chemischen und physischen Verarbeitungsprozessen es auch unterliegen mag, hat letztlich seinen Ursprung in der Natur. Ein natürliches stoffliches Verhalten ist als Kriterium für natürliche Materialien ebenso ungeeignet, denn jedes Material, so künstlich es auch scheinen mag, verhält sich nie anders als naturgesetzlich. Und was wäre in diesem Zusammenhang unter «natürlich» anderes zu verstehen als «naturgesetzlich»? Dieses Definitionsproblem löst sich auf, wenn wir das Natürlich-Sein von Materialien nicht als ein stoffliches Merkmal auffassen, sondern als ein Charakteristikum seiner Wahrnehmung. Als natürlich erscheinen uns Materialien genau dann, wenn sie eine Wahrnehmungsweise begünstigen und provozieren, in der die Formen des Materials als Spuren natürlicher Prozesse aufgefasst werden.[49]

Dieses Verständnis von natürlichen Materialien hat den Vorteil, dass selbst stark verarbeitete Materialien wieder als natürlich wahrgenommen werden können, nämlich dann, wenn sie beispielsweise durch Verwitterungsprozesse Formen annehmen, die wir als Spuren natürlicher Prozesse auffassen, wie beispielsweise verrostetes Metall, geschmolzener Kunststoff und Ähnliches. Phänomene dieser Art werde ich im letzten Teil dieses Buches, «Die Gebrauchsgeschichte», untersuchen. Hier lege ich den Fokus auf den Umgang des ökologischen Designs mit Materialien, deren Formen nicht auf Prozesse verweisen, die dem Produkt im späteren Verlauf seiner Geschichte begegneten, sondern auf Prozesse, die für die Entstehung des Materials in der Natur verantwortlich waren. Der terminologischen Einfachheit halber werde ich diese gewissermaßen naturwüchsigen Formen des Materials im Folgenden «Materialspuren» nennen. Sie sind vorerst zu unterscheiden von Verwitterungsspuren, Bearbeitungsspuren und Gebrauchsspuren, da sie auf Prozesse der Materialerzeugung verweisen und nicht auf Prozesse der Materialverarbeitung oder Materialverwendung.

Der Umgang des ökologischen Designs mit natürlichen Materialien zeichnet sich nicht einfach durch die Verwendung von spurenträchtigem Material aus, sondern dadurch, dass die Wahrnehmung des Materials, die in diesem Spuren seiner Erzeugung entdeckt, mit den anderen Arten der Materialwahrnehmung, die in diesem ein Mittel und ein Medium sieht, vermittelt wird. Dieser Vermittlungsprozess unterschiedlicher Wahrnehmungen des Materials, den ich im Folgenden anhand von Beispielen näher ausführen werde, ist eine gestalterische Reaktion auf die Wahrnehmung von Materialspuren oder allgemein die Spurwahrnehmung.[50] Indem wir die Formen eines Materials als Spuren wahrnehmen, in ihnen lesen, versuchen wir gewissermaßen den Zusammenhang zu rekonstruieren, der diese Formen erzeugte und hinterließ. Während also die Formen des Materials gegenwärtig sind, verweisen sie als Spuren doch stets auf einen Zusammenhang, der nicht gegenwärtig, sondern vergangen ist. Beispielsweise verweisen die Materialspuren organischer Materialien auf den Organismus, dem das Material entstammt, der als solcher aber nicht mehr anwesend, sondern vergangen ist. Um diese vergangenen Zusammenhänge zu einem gegenwärtigen Moment der Produktwahrnehmung werden zu lassen, werden einerseits die Materialspuren mit zweckgebundenen Formmomenten des Produktes identifiziert, wodurch sie formal integriert werden. Andererseits wird die Produktform so gestaltet, dass sie repräsentativ oder auch darstellend für die Zusammenhänge wird, denen das Material entstammt und die die charakteristischen Materialspuren hinterließen.

Der *S-Chair* von Tom Dixon (Abb. 2) und der sowohl als Hocker wie auch als Beistelltisch erhältliche *Backenzahn* von Philipp Mainzer (Abb. 3) sind gute Beispiele für eine Gestaltung, in der die Produktform repräsentativ wird für den Organismus, auf den die Materialspuren verweisen. Beide Produkte verwenden Materialien, deren strukturelle Formmomente prädestiniert sind, als Spuren der materialerzeugenden Prozesse wahrgenommen zu werden. Der *S-Chair* nutzt Sumpfstroh, das um ein Eisengestell geflochten in einer s-förmig geschwungenen Form Sitzfläche und Rückenlehne zugleich bildet und noch deutlich die Spuren seines organischen Ursprungs trägt. Der *Backenzahn* wurde ursprünglich aus Verschnittholz der Tischbeine eines anderen Möbelstücks von e15 hergestellt.[51] Da er nun aus Kernholz besteht,[52] das aufgrund leichter Rissbildung in der Möbelherstellung kaum verwendet wird, provoziert er umso mehr, dass sein Material im Modus der Spurwahrnehmung betrachtet wird. Andererseits nehmen wir das Material beider Produkte jedoch auch als Träger einer Form wahr, die in Ähnlichkeitsrelationen zu der Form jener Organismen steht, auf die die Materialspuren als ihren Ursprung verweisen. Der *S-Chair* nimmt die vegetabile Form eines Blattes an und repräsentiert so ein formales Moment des Sumpfstrohs im Zusammenhang der Natur. Der *Backenzahn* hingegen hat die Gestalt eines Baumstumpfes – evoziert durch den sukzessiven, wurzelartigen Übergang der Hockerbeine in den Hockerkorpus –, also jenes Organismuselements, das in der Natur übrig bleibt, nachdem das Material entnommen wurde. Das Material beider Produkte wird somit jeweils auf zweifache Weise wahrgenommen. Während wir auf der einen Seite um eine Rekonstruktion der erzeugenden Prozesse anhand der Materialspuren bemüht sind, arbeitet das Material als Darstellungsmedium diesem Wahrnehmungsinteresse entgegen und verbildlicht Momente ebender Organismen, auf die die Spuren zwar als ihre Ursache verweisen, die sie jedoch nicht zu repräsentieren vermögen.

Diese Art der Naturdarstellung über die Produktform ist deutlich zu unterscheiden von herkömmlichen Verfahren, wie sie beispielsweise von Ronan und Erwan Bouroullec mit ihrem für Vitra entworfenen Stuhl *Vegetal* eingesetzt werden (Abb. 4). Auch dieser Stuhl wurde nach ökologischen Gesichtspunkten entworfen: Er besteht aus Polyamid, das zu hundert Prozent recyclingfähig ist.[53] Entscheidend ist, dass die Formen des Produktes im Unterschied zum *S-Chair* und zum *Backenzahn* zwar auch vegetabile Organismen der Natur darstellen, die Art des Materials für diesen Bezug aber unwesentlich ist. Das Material wird als bloßes Medium wahrgenommen, wodurch alle Materialformen, die als Spuren natürlicher Prozesse erscheinen könnten, der Wahrnehmung entzogen werden. Bei der Betrachtung des *S-Chair* und des *Backenzahns* hingegen bleiben die Materialformen als Spuren ihrer organischen Erzeugung noch in der Produktform als Ganzem erhalten, wodurch die vegetabilen Formen des Produktes sich nicht mehr nur auf die Natur im Allgemeinen beziehen, sondern auf den geschichtlichen Hintergrund ihres eigenen Mediums. So kehrt sich das Verhältnis von Medium und Darstellung um: Nicht mehr das Material als Medium ordnet sich dem, was es darstellt, unter, sondern die Darstellung steht im Dienst ihres Mediums und lässt Momente jener Organismen präsent werden, denen das Medium entstammt und auf die es in seinen Materialspuren verweist.[54]

Eine andere Strategie der Integration von Materialspuren in die Produktwahrnehmung, die sich nicht durch die Vermittlung der Materialwahrnehmung als Spur mit der Wahrnehmung als Repräsentation, sondern mit der Wahrnehmung als Mittel für einen Zweck auszeichnet, verfolgt das Studio Lex Pott mit der Entwurfsserie *Fragments of Nature* (Abb. 5 und 6). Astgabeln mitsamt Teilen des Stammes werden rudimentär so bearbeitet, dass sowohl die Verzweigung als auch Fragmente der Rinde erhalten bleiben, und so eingesetzt, dass sie zu konstruktiven, also funktionalen und zweckgebundenen Elementen der Produkte werden. Wichtig ist nun, dass nicht bloß die Wahrnehmung von Materialspuren provoziert wird, sondern dass diese Formen zugleich zu Formen der konstruktiven Elemente des Produktes, das heißt zu einem konstitutiven Moment eines funktionalen Zusammenhangs werden. Dieses Identifizieren der Materialspuren mit Formen der Produktkonstruktion führt nun nicht dazu, dass beide Formen ununterscheidbar wären, sondern wir können sehr wohl zwischen den Materialformen als Spuren vegetabiler Prozesse und als zweckgebundene Formen der Produktkonstruktion unterscheiden. Diese Unterscheidbarkeit wird nicht zuletzt durch die erkennbare Differenz von Bearbeitetem und Unbearbeitetem, aber vor allen Dingen durch die bloße Annäherung der Materialspuren an die zu erwartenden Formen der Produktkonstruktion ermöglicht.

Im Unterschied zum *S-Chair* und zum *Backenzahn* wird der Organismus, auf den die Materialspuren verweisen, nicht repräsentiert und vergegenwärtigt. Die Materialspuren werden bloß formal integriert, indem ein Identifikationsprozess ihrer Formen mit Formen der Produktkonstruktion angestoßen wird. Deutlich wird dies auch daran, dass die Zwecke, auf die die Konstruktionsformen verweisen und die sie als ihren funktionalen Sinn ermöglichen, geradezu in einem Widerspruch zu jenem Organismus stehen, auf den die Materialspuren verweisen. So steht die Funktion des Stützens, die die Äste am Produkt übernehmen, im Widerspruch zu ihrer ehemaligen organismusimmanenten Funktion des Tragens der Blätter und Äste, und auch die statische Ausrichtung der Äste als Teil der Produktkonstruktion ist diametral ihrer Ausrichtung als Teil des Organismus Baum entgegengesetzt. Es gibt jedoch auch Beispiele, bei denen die Materialspur nicht nur formal mit den funktional relevanten Formen des Produktes identifiziert wird, sondern auch die Zwecke und Funktionen, auf die die Formen des Produktes verweisen, gleichsam sprechend für den Organismus werden, dem das Material entstammt.

Ein überdeutliches und vielleicht auch etwas plakatives Beispiel für diesen Umgang mit den Materialspuren sind der Zettelhalter *Pinch* von Jos van der Meulen (Abb. 7) sowie, dezenter und schlichter, der Garderobenständer *Split Bamboo* von Jin Honglin (Abb. 8). Beide verwenden das Material in einer Weise, dass es sich sukzessive von einer Spur eines Organismus in ein Mittel für einen Zweck und ein Medium der Darstellung zu verwandeln scheint. Weist der Zettelhalter am Fuß und am Ständer noch Spuren eines vegetabilen Organismus auf, so wird die Klammer unter dem Blickwinkel ihres funktionalen Sinns betrachtet, und in Verbindung mit dem Notizzettel, den die Klammer hält, wird der gesamte Zettelhalter schließlich zu einem Medium der Darstellung, das einen laubtragenden Ast repräsentiert. Für den Garderobenständer *Split Bamboo* wurde der schnell nachwachsende Rohstoff Bambus, der in einer bestimmten Wachstumsphase eine ausreichende Flexibilität aufweist, um ihn unter Druck zu verformen,[55] mittels minimaler Einschnitte bearbeitet. Das Material verwandelt sich wahrnehmbar sukzessive von einer Spur eines Gewächses zu Formen, die als Ständer und Träger eine funktionale Relevanz erhalten und zugleich als Repräsentation von Wurzeln und Ästen eines Baumes fungieren. Im Unterschied zu den *Fragments of Nature* werden nicht nur die funktional relevanten Formen beider Produkte formal mit den Materialspuren identifiziert, sondern auch ihre Funktionen werden repräsentativ für die organismusimmanenten Funktionen der Gewächse, denen sie entstammen: In der Funktion des Notizzettelhaltens aktualisiert sich die Laubproduktion des Baumes, und was bei *Split Bamboo* an Wurzeln und Äste erinnert, geht zugleich eine funktionale Ähnlichkeitsrelation mit diesen ein, indem es diese nicht nur verbildlichen, sondern wie beim Bambus, so auch am Produkt, die Funktion des Stützens und des Tragens erfüllen.

Diese Beispiele zeigen, wie im ökologischen Design nicht nur die Wahrnehmung des Materials beziehungsweise der Materialspuren forciert wird, also nicht nur «natürliche Materialien» eingesetzt werden, sondern wie das Produkt etwas von dem geschichtlichen Hintergrund des Materials, auf den seine Spuren verweisen, wahrnehmbar vermittelt.

GEBRAUCHTE MATERIALIEN

Die Erkenntnis der Endlichkeit der Ressourcen und der konstitutiven Rolle, die Materialien in ökologischen Zusammenhängen spielen, stößt nicht nur einen bewussten Umgang mit der Herkunft der Materialien an, sondern führt auch zu einer Wiederverwendung von Materialien, die bereits für bestimmte Zwecke eingesetzt wurden. Ähnlich wie die Natur keinen Abfall kennt, da alles, was sie produziert, wieder zum Ausgangspunkt neuer Prozesse wird, so wird auch für die der Natur entnommenen Materialien gefordert, dass sie nach Gebrauch wieder den Produktionskreisläufen zugeführt werden.[56] Diese Form der Materialverwendung hat sich unter dem Begriff des «Recyclings» einen Namen gemacht und ist zu einem festen Bestandteil ökologischer Technologien geworden. Grob könnte man das Verfahren des Recyclings unterscheiden in ein Direktrecycling und ein Materialrecycling. Während das Materialrecycling gebrauchte Materialien zerkleinert oder verflüssigt, um sie auf vielfältige Weise einer Weiterverarbeitung zugänglich zu machen, zeichnet sich das Direktrecycling durch die Übernahme ganzer Produktteile aus, denen ihr vormaliger Gebrauchszusammenhang auch in ihrer weiterverarbeiteten Form in einem neuen Produkt meist noch deutlich anzusehen ist. Ich werde mich in diesem Kapitel auf einige Beispiele des gestalterischen Umgangs mit dem Direktrecycling beschränken, da sich an diesen besonders gut eine Art der ästhetischen Reflexion der Materialgeschichte demonstrieren lässt. Das Materialrecycling wird an späterer Stelle untersucht werden, und zwar als ein Verfahren, das für die ästhetische Reflexion der Produktionsgeschichte bedeutsam wird.

    Auch für gebrauchte Materialien gilt, was bereits für natürliche Materialien gesagt wurde: «Gebraucht» ist ein Material nie in stofflicher Hinsicht, denn stofflich oder auch chemisch-physikalisch ist nicht zu entscheiden, ob Veränderungen am Material durch einen Gebrauch oder andere Prozesse verursacht wurden. Ob wir ein Material als gebraucht auffassen, hängt deshalb davon ab, ob wir seine Formen als Spuren vergangener Gebrauchsprozesse auffassen, es ist also eine Frage seiner Wahrnehmung und nicht eine Frage seiner faktischen Eigenschaften. Im Unterschied zu Materialien, die wir als natürlich auffassen, wurden gebrauchte Materialien allerdings bereits für einen bestimmten Zweck eingesetzt. Sie sind deshalb dazu prädestiniert, nicht nur im Hinblick auf Spuren betrachtet zu werden, sondern auch im Hinblick auf Formen, die auf vergangene Gebrauchszwecke und Funktionen hinweisen. Der Vermittlungsprozess von Produkt- und Materialwahrnehmung bezieht sich damit sowohl auf Spuren der Materialerzeugung als auch auf Formen einer vormaligen Bearbeitung und der Zwecke, auf die sie verweisen. Anhand weniger Beispiele werde ich diese Art der Integration gebrauchter Materialien in neue Gebrauchszusammenhänge erläutern.

    Die ersten Versuche in Richtung eines Designs, das konsequent Recyclingüberlegungen in die Produktgestaltung einbezog, unternahm in Deutschland die

Gruppe Des-In (Kürzel für «Design-Initiative»), die sich 1974 unter der Leitung des Dozenten Jochen Gros an der HfG Offenbach gründete.[57] Ihre Mitglieder waren zunächst die Studenten Philine Bracht, Bernd Brockhausen, Irmtraud Hagmann, Michael Kurz, Lothar Müller und Michael Walz;[58] im Laufe der folgenden Jahre schlossen sich weitere Studenten an.[59] Die Design-Initiative Des-In ging aus einer Arbeitsgruppe hervor, die sich im Rahmen eines Seminars zu den «Grenzen des Wachstums» von Dennis Meadow[60] gebildet hatte.[61] Die eigentliche Gründung erfolgte aber erst im Zuge der Teilnahme an dem Wettbewerb «Produkt und Umwelt», den das Internationale Designzentrum IDZ 1974 ausgeschrieben hatte.[62]

Das bekannteste und wohl auch provokativste Produkt der Gruppe Des-In ist das *Reifensofa* aus dem Jahr 1974 (Abb. 9), ausgestellt auf der Ausstellung des IDZ «Neues Gewerbe und Industrie» 1977. Die konstruktiven Elemente wie Rückenlehne, Armlehnen und Körper sind aus alten Autoreifen zusammengefügt, die Spuren ihres vormaligen Gebrauchs tragen, während die Polsterung aus dem nachwachsenden Rohstoff Jute besteht und mittels eines einfachen Seils und Ösen an den Autoreifen befestigt ist. Welche weiteren Elemente an der Konstruktion des Sofas beteiligt sind, geht aus der vorhandenen Literatur nicht hervor und ist anhand des verfügbaren Bildmaterials nicht auszumachen.

Die ursprünglichen Zweckformen der Reifen werden mit den funktional relevanten Formen des Produktes wie der Rückenlehne, den Armlehnen und der Sitzfläche identifiziert. Dadurch, dass die Reifen nur rudimentär modifiziert wurden, sehen wir das Material abwechselnd mal als Teil eines gegenwärtigen und mal als Teil eines vergangenen Funktionszusammenhangs. Während also in Bezug auf die Form eine Brücke zwischen der ehemaligen Gestalt des Materials und seiner gegenwärtigen Verwendung geschlagen wird, erzeugen die Zwecke, auf die die Formen verweisen, eine Unvereinbarkeit und Widersprüchlichkeit, da der vergangene und der gegenwärtige Verwendungszusammenhang, also die rastlose Welt des Verkehrs und die sesshafte Ruhe des Wohnzimmers, nur in sprunghafter Diskontinuität, wie in einem Kippbild, sich wechselseitig ausschließend präsent werden. Aber gerade weil das Material sich nicht widerstandslos in die Produktwahrnehmung integrieren lässt, in ihr weder als ausschließliches Mittel für einen gegenwärtigen Gebrauch noch als Medium einer Darstellung verschwindet, bleibt die produktunabhängige Geschichtlichkeit des Materials gewaltsam bewusst. Die Vorstellung von einem geschichtslosen, reinen Material muss aufgegeben werden zugunsten einer Materialwahrnehmung, die diesem bereits eine produktunabhängige Geschichte zuspricht.

Während bei der Betrachtung des *Reifensofas* noch ein Bruch zwischen der Vergangenheit des Materials und seiner gegenwärtigen Verwendung erfahren wird, versucht ein anderes Produkt der Gruppe Des-In, diese zeitliche Kluft zu schließen und den Eindruck zu erzeugen, als setzte sich die Geschichte des Materials kontinuierlich in die Gegenwart eines neuen Produktes fort. Es handelt sich um eines der von Des-In aus Teekistenbrettern konstruierten Möbelstücke, deren genaue

Datierung nicht vorliegt, die jedoch zwischen den Jahren 1975 und 1977 entstanden sein müssen.[63] Als Beispiel dieser Möbel sei ein Schrankexemplar herangezogen, das ich, da kein Titel vorliegt, *Teekistenschrank* nenne (Abb. 10). Seine flächigen Elemente wie Türen, Seitenteile, Rückwand, Böden und Decke bestehen aus mehreren Brettern gebrauchter Teekisten, die mit einem Skelett aus Holzrahmen zusammengehalten werden. Die Teekistenbretter weisen einerseits durch Schablonentechnik aufgesprühte Schriftzeichen auf, aber auch im Verlauf des ursprünglichen Verkehrs vorgenommene weiße Kennzeichnungen.

Das Gruppenmitglied Lothar Müller beschreibt in seiner Diplomarbeit, welche Überlegungen für den Entwurf dieser Produkte eine Rolle gespielt haben: «Die Informationen, die im ersten Gebrauchsdurchgang der Teekisten praktische Bedeutung hatten, werden in dieser Form nicht mehr gebraucht. Doch ihre neue Wirkung ist nicht nur ästhetisch. Sie verweisen über die Art des Aufdrucks, über ihre Oberflächenbeschaffenheit und auch über die Ware, die in ihnen transportiert wurde, auf eine bestimmte Produktionsweise, auf einen sinnvollen Nichtperfektionismus und auf Ruhe und Ausgeglichenheit, die das Teetrinken verspricht.»[64] Offenbar ging es Des-In nicht nur um eine ressourcenschonende Wiederverwendung gebrauchter Materialien, sondern darüber hinaus wurde angestrebt, die Zusammenhänge, in die das Material einst eingebunden war, konstitutiv in die Produktwahrnehmung eingehen zu lassen.

Diese Integration des ursprünglichen Verwendungszusammenhangs der Teekisten in den neuen des Schrankes wird durch zwei Aspekte forciert. Auf der einen Seite besteht eine formale Ähnlichkeit zwischen der kubischen Form der Teekisten und der kubischen, rechtwinkligen Form des Schrankes. Beide Objekte weisen einen Innenraum auf, und die Außenseite der Teekistenbretter bildet auch die Außenseite des Schrankes. Auf der anderen Seite besteht eine Vergleichbarkeit in Bezug auf die Zwecke. Waren die Bretter ursprünglich Teil eines portablen Aufbewahrungsbehälters für Tee, so bilden sie als Teil des Schrankes ein stationäres Aufbewahrungsbehältnis für Kleider oder Ähnliches. Diese Verschränkung ist so deutlich, dass sogar der Aspekt der Portabilität der Teekisten sich auf den Schrank zu übertragen scheint, ihm etwas von seinem stationären Charakter nimmt, um den Eindruck eines studentischen, mobilen und temporären Wohnens zu vermitteln.

Anders als das *Reifensofa*, das eine bloß formale Identifikation der funktional relevanten Formen des Materials mit denen des Produktes erreicht, bei dem ehemaliger und aktueller Zweck des Materials aber gerade unvereinbar und gegensätzlich sind, wird bei dem *Teekistenschrank* auch eine Vermittlung des vergangenen Verwendungszusammenhangs des Materials mit jenem des gegenwärtigen Produktes ermöglicht. Auf diese Weise werden nicht nur ursprüngliche Formen des gebrauchten Materials konstitutiv für das neue Produkt, sondern auch der ehemalige Gebrauchszusammenhang des Materials affiziert den gegenwärtigen. Umgekehrt wird in dem funktionalen Zusammenhang des Schrankes etwas von der ehemaligen Verwendung des Materials thematisch.

Anders steht es nun mit jenen Materialformen, die wir weniger als funktional relevante Formen eines vormaligen Gebrauchs auffassen, sondern vielmehr als Spuren bestimmter Prozesse, die der ehemalige Gebrauch an ihnen hinterließ: so die Verwitterungsspuren und die weißen Markierungen, die sich im Verlauf bestimmter Lagerungs- und Transportprozesse am Material ergaben. Es sind ebendiese Formmomente, die uns erst dazu verleiten, das Material als ein gebrauchtes aufzufassen. Deutlich wird die Rolle der Spur für die Wahrnehmung der Produktmaterialien als gebrauchte auch im Vergleich mit dem Hocker *220 Mezzadro* der Brüder Per Giacomo und Achille Castiglioni, einer Ikone des Readymade-Designs (Abb. 11).

Auch hier werden die funktional relevanten Formen des Materials in einem anderen Gebrauchskontext mit den Formen eines Hockers identifiziert, und auch hier besteht eine Identifikation der Zwecke, wodurch sich nun der Gebrauchszusammenhang eines Fahrzeugs der Agrikultur irritierend mit jenem des Hockers verbindet. Da die Formen des Materials allerdings nicht als Spuren gedeutet werden, wird das Verhältnis von Material und Produkt auch nicht als ein zeitliches wahrgenommen. Der Traktorsitz wird nicht zum Teil der Geschichte des Materials, die der Produktion vorausgeht, sondern er ruft kraft seiner Form einen Kontext auf, dessen zeitliche Verortung irrelevant ist. Bei der Betrachtung von *220 Mezzadro* werden weder die zeitliche Dimension des Produktes noch das Material in seiner geschichtlichen Eigenständigkeit wahrgenommen, vielmehr wird der generelle Umstand, dass in die Wahrnehmung des Produkts schon immer der Verwendungszusammenhang involviert ist, bewusst. Es wird die Wahrnehmungsweise des Materials bewusst, die in diesem schon immer ein Mittel für einen Zweck sieht, wohingegen die Wahrnehmungsweise, welche in diesem Spuren seiner Geschichte entdeckt, gerade unterbunden wird.

Der *Teekistenschrank* hingegen zeigt vielerlei Spuren eines vormaligen Gebrauchs der Materialien, und anders als die minimalen Gebrauchsspuren an den Autoreifen des *Reifensofas,* die bloß als Indikator für einen vormaligen Gebrauch fungieren und am Produkt nicht gestaltbildend sind, werden die Materialspuren des *Teekistenschranks* zu einem formalen Bestandteil seiner Oberflächentextur. Unterstrichen wird diese Integration der Materialspuren in die Produktform dadurch, dass sie durch die Holzrahmung wie ein Bild präsentiert werden. Ihre Struktur, die sich weder einem Entwurf noch der Produktion verdankt, sondern einer vorgängigen Materialgeschichte, wird zum bestimmenden Formmoment des Schrankes, das jedes Exemplar als Einzelstück ausweist. In diesem Prozess der Ästhetisierung bleiben allerdings die Geschehnisse, auf die die Materialspuren verweisen, wie Verwitterung und Abläufe des Teehandels, für die Wahrnehmung unthematisch. Die Spuren werden nur in formaler Hinsicht integriert, ohne die Prozesse, auf die sie verweisen, mit Prozessen des neuen Gebrauchs zu identifizieren.

Um diese Form der Identifikation zu verdeutlichen, sei ein populäres Beispiel herangezogen: die sogenannten *Freitag-Taschen* von Daniel und Markus Freitag

(Abb. 12 und 13). Ihre ersten Taschen entwickelten die Brüder 1993,[65] sicherlich nicht in Unkenntnis der beliebten Fahrradtaschen der 1982 gegründeten Firma Ortlieb, die zu dieser Zeit noch aus neuen Lkw-Planen gefertigt wurden. Im Unterschied zu den Fahrradtaschen bestehen die *Freitag-Taschen* aus gebrauchten Lkw-Planen, weisen je nach Taschenart zusätzlich mit einem gebrauchten Fahrradschlauch vernähte Ränder auf oder im Fall der Umhängetaschen eine Trageschlaufe aus gebrauchten Sicherheitsgurten.[66] Auch bei diesen Produkten geht der ursprüngliche Funktionszusammenhang der Materialien konstitutiv in die Wahrnehmung ein. Alle drei Materialien entstammen der Welt des Verkehrs: die Lkw-Plane dem Güterverkehr, der Fahrradschlauch dem muskelbetriebenen Personenverkehr, der Sicherheitsgurt dem motorisierten Personenverkehr. Alle drei Elemente hatten ehemals entscheidende, sicherheitsrelevante Funktionen zu erfüllen, einmal den Wetterschutz der transportierten Ware, den Schutz der Felgen vor Schlägen und den Schutz des Autofahrenden bei einem eventuellen Aufprall. Ihre neue Funktion als Tasche erfüllen diese Materialien aufgrund ihres alten Verwendungszusammenhangs mit einer gewissen Überdeutlichkeit, sowohl faktisch als auch thematisch. Wind und Wetter vermag dem Tascheninhalt auch unter extremsten Bedingungen nichts mehr anzuhaben, Stöße jeglicher Art werden die Kanten nicht in Mitleidenschaft ziehen, und wenn der Tragegurt ehemals ganze Personen vor dem Aufprall geschützt hat, wird ein Reißen des Gurtes wegen überfüllter Tasche nicht zu befürchten sein. Es sind einerseits die faktischen Eigenschaften der Materialien, die aufgrund ihrer technologischen Gestaltung für die ehemaligen Verwendungszwecke nun auch das gegenwärtige Produkt zu einem Schutzraum werden lassen. Anderseits lässt erst die Wahrnehmung, dass die Materialien einem anderen Funktionszusammenhang entstammen, diese Resistenz gegenüber äußeren Einflüssen thematisch werden. Ebenso affiziert die Mobilität, der die Materialien einst dienten, die Wahrnehmung der Tasche: Wer sie trägt, scheint ständig in Bewegung oder «auf Achse» zu sein. Haben wir es hier mit einer Identifikation ehemaliger Gebrauchszwecke des Materials und gegenwärtiger Gebrauchszwecke des Produktes zu tun, so entfaltet die Textur der Tasche gerade dadurch ihren Reiz, dass sie in grafischen und typografischen Fragmenten zwar die Formen eines ehemaligen Kommunikationsmittels zur Textur werden lässt, deren Botschaft jedoch, als mit dem neuen Produkt tendenziell unvereinbar, undeutbar und uneinholbar zurückgelassen wird (Abb. 13).

Für die Wahrnehmung der Tasche unter Aspekten des Schutzes und der Mobilität sind jedoch nicht nur die ursprünglichen Verwendungszusammenhänge der Materialien und die damit einhergehende Funktionalität von Bedeutung, sondern gerade die Spuren, die die Materialien als gebraucht erscheinen lassen. Wenn wir die *Freitag-Taschen* genauer betrachten, bemerken wir, dass die Lkw-Planen dunkle, ja beinahe schwarze Spuren aufweisen, die unmöglich durch den Gebrauch als Tasche entstanden sein können. Alle materiellen Bedingungen in der ehemaligen Verwendung des Materials haben in der einen oder anderen Weise ihre Spuren hinterlassen, sich in das Material eingegraben – Abgase während endloser Autobahnfahrten, Wetterbedingungen zu jeder Jahreszeit und womöglich auch mechanische Einwirkungen von Zweigen und Ähnlichem. Ebendiese Spuren signalisieren dem ökologiebewussten Nutzer einen vorangegangenen Gebrauch der Materialien. Wäre dies schon alles, so fungierten sie bloß als ein besseres Siegel für recycelte Materialien. Das Wahrnehmen wäre ein bloßes Konstatieren der Gebrauchsspur und diese nur ein Erkennungsmerkmal für einen faktischen Zusammenhang, wie beispielsweise die Spuren des *Reifensofas*. Bei den *Freitag-Taschen* werden diese Materialspuren aber nun auch konstitutiv in die Produktwahrnehmung eingebunden.

Diese Einbindung vollzieht sich in zweifacher Weise. Einerseits werden die Materialspuren in formaler Hinsicht identifiziert und überblendet mit den Spuren, die sich im Zuge des Produktgebrauchs ergeben und ergeben würden. So scheint es keinen Zustand des Produktes zu geben, in dem es als ungebraucht erscheinen kann. Andererseits scheinen sich die Prozesse, auf die diese Spuren verweisen, mit den gegenwärtigen Prozessen des Produktgebrauchs zu vermitteln. Auch der gegenwärtige Produktgebrauch erscheint im Modus exzessiver Mobilität und robuster Unabhängigkeit, auf welche die Spuren doch zunächst nur als ihre Vorgeschichte hinweisen, die sich aber nun bis in die Gegenwart des Produktes fortzusetzen scheint.

VON DER MATERIALGERECHTIGKEIT ZUR MATERIALGESCHICHTLICHKEIT

Die ästhetische Reflexion der mechanischen Materialeigenschaften

Um die Veränderung des Materialverständnisses und des Materialeinsatzes durch das ökologische Produktdesign zu präzisieren, werde ich diesen Ansatz im Folgenden mit einem anderen materialästhetischen Ansatz kontrastieren, der sich unter dem Schlagwort der «Materialgerechtigkeit» in der zweiten Hälfte des 19. Jahrhunderts herausbildete. Zunächst werde ich zentrale Aspekte dieses Konzeptes herausarbeiten, um in einem zweiten Schritt zu untersuchen, ob die Materialverwendung unter ökologischen Gesichtspunkten in ästhetischer Hinsicht nicht deutlich von dem früheren Konzept der «Materialgerechtigkeit» unterschieden werden muss.

Der Begriff der «Materialgerechtigkeit», der zu einem leitenden Begriff des Werkbundes[67] wurde und an den technischen und künstlerischen Hochschulen teilweise bis heute verwendet wird, ist erstmals 1902 nachweisbar.[68] Allerdings bilden sich die dem Begriff korrespondierenden Vorstellungen schon mit Beginn der Industrialisierungsgeschichte aus. Günter Bandmann verortete diese Vorstellungen in einem von ihm «materialistisch» genannten ästhetischen System, das sich neben dem bis dato vorherrschenden «idealistischen» ästhetischen System im 19. Jahrhundert entwickelte. Während das «idealistische» ästhetische System das Material primär als Formträger verstand, der die in der Form verkörperte Idee trübte und beeinträchtigte, betrieb das «materialistische» ästhetische System eine sinnliche Aufwertung des Materials, indem es ihm Ausdrucksqualitäten und Charaktereigenschaften zusprach, die in die Gestaltung konstitutiv eingehen sollten.[69] Die Materialaufwertung in allen Gebieten der Gestaltung vom 19. Jahrhundert bis weit in das 20. Jahrhundert hinein soll hier jedoch nicht im Mittelpunkt des Interesses stehen.[70] Stattdessen möchte ich versuchen zu klären, was mit dem Begriff der «Materialgerechtigkeit» und den ihm korrespondierenden und vorausgehenden Vorstellungen gemeint sein könnte.

Die Betonung der Rolle des Materials und seiner Eigenschaften für das Ergebnis der Gestaltung scheint mit einem Blickwechsel auf die produktionsästhetische Seite des Gestalteten zusammenzuhängen. So schreibt Goethe schon 1788 in dem Aufsatz *Material der bildenden Kunst:* «Kein Kunstwerk ist unbedingt, wenn es auch der größte und geübteste Künstler verfertigt: er mag sich noch so sehr zum Herrn der Materie machen, in welcher er arbeitet, so kann er doch ihre Natur nicht verändern. Er kann also nur in einem gewissen Sinne und unter einer gewissen Bedingung das hervorbringen, was er im Sinne hat, und es wird derjenige Künstler in seiner Art immer der trefflichste sein, dessen Erfindungs- und Einbildungskraft sich gleichsam unmittelbar mit der Materie verbindet, in welcher er zu arbeiten hat.»[71] Dieser Blickwechsel auf das Gestalten als konkreter Arbeitsprozess, der in Interaktion mit dem Material stattfindet, scheint auch notwendig einen anderen Blick auf das Material mit sich zu bringen: Dieses ist nun etwas, das selbst Eigenschaften hat und damit wesentliche Bedingungen für die Gestaltung mitbringt.

Gottfried Semper erweitert diese praktischen, durch das Material gegebenen Bedingungen des Gestaltens noch um solche des «*materiellen Dienstes* oder *Gebrauches*» und der «*Werkzeuge* und *Prozeduren*», die er zur Grundlage seiner Theorie der Stilentwicklung macht.[72] Er unterteilt die Rohstoffe hinsichtlich ihrer mechanischen Eigenschaften in vier Kategorien[73] und ordnet diesen jeweils eine Klasse der «technischen und tektonischen Künste» zu: «1) textile Kunst, 2) keramische Kunst, 3) Tektonik (Zimmerei), 4) Stereotomie (Maurerei etc.)».[74] Diesen gehöre nun erstens wieder «ein gewisses Gebiet im Reiche der Formen eigen an, deren Hervorbringung gleichsam die natürlichste und ursprünglichste Aufgabe dieser Technik ist. Zweitens ist jeder Technik ein bestimmter Stoff gleichsam als Urstoff eigen, der zu der Hervorbringung der zu seinem ursprünglichen Bereiche gehörigen Formen die bequemsten Mittel bietet.»[75] Es ist charakteristisch für Sempers Theorie der Stilentwicklung, dass die Stilformen von den mechanischen Eigenschaften eines bestimmten ursprünglichen Materials ausgehen, diese dann aber durch Materialwechsel auch in andere Kunstgebiete fortgesetzt werden, ja dass er «die eigentliche Kunst erst bei der Übertragung der Formen auf ein anderes Material wirksam sieht. Dann wird die ursprünglich naive Stoffkundgebung zum Abbild, eben zur Kunst.»[76]

Was Semper für die darstellenden Künste begrüßt, die Übertragung ursprünglich materialgebundener Formen in andere Materialien,[77] bewertet er für die «technischen und tektonischen Künste» signifikant anders. Er postuliert: «Das Produkt soll sich als eine Konsequenz des Stoffes sichtlich darlegen.»[78] Sein evolutives Konzept der *Stilentwicklung* und sein normatives Konzept der *Stilanwendung* stehen sich also unvereinbar gegenüber. Denn das Konzept der Stilanwendung impliziert, dass sich der Stil durchaus nicht automatisch als «Konsequenz des Stoffes» entwickelt, ansonsten wäre es überflüssig, diese Konsequenz einzufordern. Diese normative Wendung in Sempers Theorie bildete in der Folge den eigentlichen Boden für die Begriffe der «Materialgerechtigkeit» und des «Materialgemäßen» und bot die Möglichkeit, ihnen den Charakter von Werturteilen zu geben.

Die normative Wendung schließt jedoch, wenn sie irgendeinen Sinn ergeben soll, eine ästhetische Dimension mit ein. Denn werden Eigenschaften des Materials bloß als natürliche Bedingungen aufgefasst, denen sich Gestaltung notwendig zu fügen hat, wie Goethe es beschreibt, oder als Bedingungen, unter denen sich im Verbund mit der bearbeitenden Technik die naheliegendsten Formen entwickeln, wie bei Semper, dann müsste alles, was überhaupt hergestellt werden kann, dem Material «gerecht» werden, da es ja ausschließlich unter Berücksichtigung der Materialeigenschaften zu realisieren ist. Auf dieses tautologische Moment in der Forderung nach materialgemäßer Gestaltung scheint auch Wilhelm Michel anzuspielen: «Wenn die Gesetze der Natur es mir ermöglichen, dass ich dem Holze seine ‹materialgemäße› Starre nehme und es durch Dämpfe und Schienen in anmutig geschweifte Formen nötige, wer will mir mit Recht verbieten, dass ich das auch ausführe?»[79] Ebenso August Endell: «Man fordert laut eine dem Material entsprechende Behandlung – als ob eine andere überhaupt ausführbar wäre!»[80]

Die ästhetische Dimension, die in der Forderung nach Materialgerechtigkeit eingeschlossen zu sein scheint, kann jedoch durchaus aus manchen Texten der Verfechter einer «materialgerechten» Gestaltung extrahiert werden. So schreibt Karl Kumm über die Entasis der griechischen Säule: «Wir sind der Ansicht, dass die Anschwellung ganz hätte unterbleiben sollen, denn sie widerspricht dem Wesen des festen, durch Druck nicht veränderten Steines».[81] Natürlich widerspricht die Entasis nicht faktisch den Eigenschaften des Steines und schon gar nicht seinem Wesen, sonst hätte sie in diesem nicht realisiert werden und sich bis heute erhalten haben können. Diese Bemerkung scheint nur sinnvoll zu sein, wenn sie als ästhetische Beobachtung verstanden wird. Das Material ist so bearbeitet, dass es den Eindruck erzeugt, als käme ihm noch eine weitere Eigenschaft zu, nämlich sich unter Druck plastisch zu deformieren. Es ist also eine ästhetische Suggestion, der ästhetische Schein, der dem Material eine Eigenschaft nahelegt, die es faktisch nicht besitzt. William Morris, der schon Mitte des 19. Jahrhunderts die Forderung «truth to material» erhob und dem die Architektur die Kunst war, «mit angemessenem Material angemessen zu bauen»,[82] scheint etwas ganz Ähnliches im Sinn zu haben, wenn er einem unverputzten Bau aus rohem Stein attestiert: «Man kann in der Tat die Knochen und die Struktur des Gebäudes erkennen. Aber es ist noch mehr als das, man kann tatsächlich das Leben des Gebäudes erkennen, wenn man seine Mauern studiert».[83] Hier sind es also die statischen Eigenschaften des Materials, die nicht nur faktisch, sondern sichtbar in die ästhetische Gesamtwirkung des Gebäudes eingehen sollen.

Wie wenig allerdings den Verfechtern einer «materialgerechten» und «materialgemäßen» Bau- und Produktionsweise das von ihnen Geforderte als ästhetisches Problem bewusst war, geht aus einem Artikel von Heinrich Seipp in der Zeitschrift *Deutsche Bauhütte* von 1902 hervor. Nach einer Beschreibung der «Materialstimmung» als allen «Baustoffen Anhaftendes»[84] attestiert er dem Architekten «die natürliche *Abhängigkeit seiner Formgebung* von dem Material, d. h. von dessen, seine Bearbeitungsweise bedingenden sonstigen Eigenschaften: Härte, Festigkeit, Zähigkeit, Sprödigkeit, Tragfähigkeit, Dichtigkeit, Porösität, Spaltbarkeit u. s. w. Aus dieser Abhängigkeit entspringen mit Notwendigkeit gewisse von der Künstlerindividualität, der Geschmacksrichtung u. s. w. gänzlich unabhängige Regeln und Gesetze über die Formengestaltung, die daher für alle Baustile gelten und von rechtswegen eines der ersten grundlegenden Kapitel in jeder Bauformenlehre füllen sollten.»[85] Die so beschriebenen faktischen Materialgesetze, die sich ja gerade durch ihre «Notwendigkeit» und Unüberwindbarkeit auszeichnen, denn der Architekt ist von ihnen «abhängig», werden nun aber unter der Hand zu einer ästhetischen Instanz, die offensichtlich sehr wohl übertreten werden kann: «Auf keinen

Fall [...] aber ist Wahrheit und Schönheit der Form vereinbar mit *Übertretung* der Materialgesetze.»[86] Und was Seipp hier vor Augen schwebt, erklärt er auch sogleich: «Eine wahre Sünde gegen den heiligen Geist des Materialstils – für Stein oder Holz – dagegen verkörpern die bekannten korkzieherartig gewundenen Säulen des Zopf- und Jesuitenstils, die aber auch für jedes andere Material verwerflich, weil eben schlechthin statisch widersinnig, sind.»[87] Die so gescholtene Säule ist weder faktisch statisch widersinnig, denn sie erfüllt ihren statischen Zweck ausgezeichnet, es liegt auch keine Übertretung der Materialgesetze vor, denn diese wurden umgekehrt geradezu virtuos befolgt. Was Seipp hingegen zu stören scheint, findet auf einer ästhetischen Ebene statt, die von ihm aber nicht gesondert berücksichtigt wird. Ästhetisch wirkt die Säule so, als wäre sie aus einem weichen, plastisch formbaren Material, sie suggeriert selbsttätige Bewegung, obwohl sie aus einem toten Material besteht, und scheint wie ein Seil eher unter Zug als unter Druck belastbar. Erst in dem von Bandmann «materialistisch» genannten ästhetischen System kann die ästhetische Erscheinung einer solchen Säule überhaupt zum Problem werden. Charakteristisch für diese Auffassung ist, dass die mechanischen und statischen Eigenschaften von Materialien nicht nur *faktisch* in das Produkt oder Werk eingehen sollen, denn das tun sie ohnehin, sondern auch *ästhetisch* erfahrbar werden sollen – auch wenn fast ausschließlich auf der faktischen Ebene argumentiert wird.

Der Tübinger Kunsthistoriker Konrad Lange kommt dieser ästhetischen Ebene vielleicht am nächsten, wenn er 1907 schreibt: «Der kunstgebildete Beschauer nimmt es keineswegs als selbstverständlich hin, dass sich in einer Bronzestatue die Eigentümlichkeiten der Bronze, in einer Marmorstatue die des Marmors aussprechen, sondern er will *durch die Form selbst daran erinnert werden*. [...] Bei der Anschauung ist ihm nicht nur die dargestellte Natur, sondern auch das darstellende Material, und zwar nicht nur als illusionsstörendes, sondern auch als formgebendes Element im Bewusstsein.»[88] Auch die im 19. Jahrhundert bis weit ins 20. Jahrhundert verbreitete vehemente Ablehnung von Materialimitationen wird erst vor dem Hintergrund eines ästhetischen Programms verständlich. So postuliert Hermann Muthesius: «Keine Imitation irgend welcher Art, jeder Gegenstand wirke als das, was er ist, jedes Material trete in seinem eigenen Charakter in die Erscheinung.»[89] In dieselbe Richtung zielt auch das Urteil Konrad Langes: «Das Unkünstlerische fängt da an, wo man beim Anblick des betreffenden Gegenstandes nicht weiß, aus welchem Material er angefertigt ist, oder wo man geradezu über das Material getäuscht wird.»[90]

Die Einsicht, dass sich hinter dem Begriff der «Materialgerechtigkeit» eine bestimmte ästhetische Bestrebung verbirgt, die wie alles Ästhetische immer nur *eine* Möglichkeit des Umgangs mit den Dingen und Materialien sein kann, wird durch die Auffassung, «Materialgerechtigkeit» sei so etwas wie die Befolgung der natürlichen Gesetze des Materials, blockiert. «Materialgerechte» Gestaltung ist dann keine bestimmte ästhetische Ambition, sondern tritt als Dogma einer scheinbar naturgesetzlich richtigen Gestaltung auf.[91] Wer nicht «materialgerecht» gestaltet, hat demnach nicht einfach eine andere Ästhetik im Blick, sondern geht technisch unzulänglich und geradezu dilettantisch vor, da er ja scheinbar faktisch gegen die Gesetze des Materials verstößt.[92]

Die ästhetische Ambition hinter dem Dogma der Materialgerechtigkeit lässt sich als Versuch beschreiben, die Materialien nicht bloß als *Medium* zu verstehen, also nicht bloß in ihrer sinnlich darstellenden Funktion, sondern die mechanisch-statischen Eigenschaften der Materialien und die funktionale Rolle, die sie kraft dieser Eigenschaften am Gebäude und am Produkt spielen, zu wesentlichen Momenten der ästhetischen Erscheinung werden zu lassen. Das Materialverständnis dieser Ästhetik bezieht sich deshalb besonders auf mechanische Eigenschaften, die Relevanz für die Konstruktion und Technik des Gebäudes oder Produktes besitzen, also für mechanische Zusammenhänge. So unterteilt Semper die «technischen Künste» anhand der mechanischen Eigenschaften ihrer Materialien in vier Kategorien, und auch Hans Seipp interessieren vor allen Dingen solche Eigenschaften der Materialien, die eine besondere Relevanz für ihre mechanische Verwertbarkeit besitzen.[93] Dieses Materialverständnis steht ganz unter dem Eindruck der Industrialisierung, die sich durch eine virtuose Verwertung bestimmter Materialeigenschaften für mechanische Anwendungen auszeichnet. Mit dem materialästhetischen Ansatz der «Materialgerechtigkeit» wird diese mechanische Verwertung der Materialeigenschaften nun auch ästhetisch reflektiert. Die mechanisch relevanten Eigenschaften des Materials sollen nicht nur tatsächlich in die Konstruktion und Technik des Gestalteten eingehen, sondern an diesem auch wahrnehmbar und nachvollziehbar bleiben.

Entsprechend der zu Beginn dieses Teiles des Buches entwickelten dreifachen Wahrnehmungsweise des Materials können wir also sagen, dass mit dem ästhetischen Programm der «materialgerechten» Gestaltung eine Materialwahrnehmung angestrebt wird, die in Materialien kein *Medium* für eine Darstellung oder Repräsentation sieht, was besonders deutlich in der Abneigung gegenüber jeglicher Form der Materialimitation zum Ausdruck kommt, sondern ein *Mittel* für mechanische Zusammenhänge, dass das Material also bezogen auf seine mechanisch relevanten Eigenschaften ästhetisch reflektiert werden soll.

Die ästhetische Reflexion der natürlichen Materialgeschichte

Das ökologische Design, das sich nicht vor dem Hintergrund des neuen mechanisch-instrumentellen Materialverständnisses der Industrialisierung entwickelt, sondern auf der Grundlage eines neuen Bewusstseins für prozessuale Zusammenhänge, befragt das Material nach Formen, die geeignet sind, etwas von dieser zeitlichen Dimension, dem Gewordensein des Materials, zu vermitteln. Wie dieser geschichtliche Aspekt des Materials auch ästhetisch an Produkten artikuliert wird, haben einige Beispiele in den vorangegangenen Abschnitten gezeigt. Hierbei erwies sich die Spur immer wieder als zentrales Gestaltungsmittel, um die Geschichte des Materials zu verhandeln. Um die Rolle der Materialspur für die Ästhetik des ökologisch orientierten Designs genauer zu fassen, möchte ich dieses Phänomen nun etwas systematischer behandeln.

Der Phänomenologe und Psychologe Erwin Straus verfasste 1960 einen Aufsatz *Über Gedächtnisspuren*,[94] in welchem er grundsätzliche Dimensionen der Spurwahrnehmung analysierte. Am Beispiel der Fußspur stellt er zunächst das bereits angedeutete charakteristische Moment der Abwesenheit fest: «Aber was sehen wir nun eigentlich bei der Betrachtung einer Fußspur? Nichts weiter als gewisse Vertiefungen in einem sonst unversehrten Schneefeld. [...] Wir sagen, die Fußstapfen seien die Spur eines Menschen. Doch ist von ihm nichts mehr zu sehen; die Spur ist kein Abbild des Vorübergegangenen, geblieben sind nur die Abdrücke seiner Füße.»[95] Die Wahrnehmung von Spuren geht also immer auch einher mit dem Bewusstsein von etwas Abwesendem. Die Spur ist zwar gegenwärtig, aber das, dessen Spur sie ist, ist stets und zwangsläufig abwesend. Nach Straus hat die Spur aus diesem Grund die «Bedeutung des Fragmentären».[96]

Das Verhältnis des Abwesenden der Spur zur Spur selbst ist nun ganz im Sinne der zeichentheoretischen Bestimmung der Spur als «Indikator» durch Charles Sanders Peirce ein kausales oder das einer physischen Verbindung.[97] Die Spur «ist ein unmittelbar zwingender Hinweis auf vergangenes Geschehen»,[98] und zwar deshalb zwingend, weil sie das vergangene Geschehen, auf das sie verweist, zu ihrer eigenen Ursache hat. Das Abwesende der Spur ist nicht nur räumlich abwesend, also prinzipiell durch einen Ortswechsel in die Anwesenheit zu überführen, sondern es ist zeitlich abwesend und damit in einem absoluten und unwiederbringlichen Sinne abwesend, denn es ist vergangen. Aber nicht nur diese Bezugnahme ist eine zeitliche, sondern auch jenes Vergangene selbst, auf das sie verweist, hat zeitlichen Charakter. Es ist immer ein Geschehen, ein Ereignis oder ein Vorgang, der Spuren hinterlässt. So verweisen Spuren nie auf ein Ding oder eine Sache, sondern immer auf Prozesse. Dieser zeitliche Charakter dessen, worauf Spuren verweisen, stellt die Spurwahrnehmung vor ein eigenartiges Problem. Denn «da eine Spur Vergängliches bewahrt und Vergangenes erhält, weicht ihre zeitliche Struktur in charakteristischer Weise von der des erzeugenden Vorgangs ab [...]. [I]n der Spur ist das Nacheinander der Schritte in ein Neben- und Miteinander der Fußstapfen verwandelt. Während der Gehende sich von einer Stelle zur anderen bewegt, stets einen Ort für den anderen eintauschend, zeigt die Spur alle seine zeitweiligen Aufenthalte simultan.»[99] Es besteht also nicht nur eine zeitliche Kluft zwischen der Präsenz der Spur und dem unwiederbringlich Vergangenen, auf das sie verweist, sondern auch die zeitliche Struktur beider Ebenen ist signifikant unterschieden. Während die Spuren durch ihre Simultaneität bestechen, ist dasjenige, worauf sie verweisen, nur in einem Nacheinander, als zeitlicher Prozess zu denken. Die Spurwahrnehmung ist demnach, wenn sie sich die Ursache der Spur vergegenwärtigen möchte, darauf angewiesen, etwas statisch Gegenwärtiges in einen zeitlichen Prozess zu überführen.[100] Wird beispielsweise die Maserung einer Baumscheibe als Spur des Baumwachstums wahrgenommen, so muss die Simultaneität der Kreise zu einer Abfolge umgedeutet werden, und zwar vom Zentrum zur Peripherie.

Die Wahrnehmung der Spuren am Material unterscheidet sich damit signifikant von der Wahrnehmung des Produktes als Ganzes. Während die Spurwahrnehmung am Material darauf aus ist, die simultanen und stummen Spuren in die Prozesse eines vergangenen Geschehens zu übersetzen, erfassen wir das Produkt als Ganzes in seiner Gegenwärtigkeit, die auf zukünftige Verwendungsmöglichkeiten hindeutet. Es gibt also eine Kluft zwischen der Wahrnehmung des Materials, das der Vergangenheit verhaftet zu sein scheint, und der Wahrnehmung des Produkts, das für die Gegenwart geschaffen ist und auf die Zukunft verweist. Diese temporale Kluft zwischen Material und Produkt wird nun überbrückt und in einen vermittelnden Wahrnehmungsprozess überführt, indem einerseits die auf Vergangenes hindeutenden Spuren zu konstitutiven Formmomenten des gegenwärtigen Produktes und andererseits die Formmomente des Produktes darstellend und funktional repräsentativ für die vergangenen Entstehungs- und Verwendungszusammenhänge des Materials werden.

Dieser Vermittlungsprozess vollzieht sich bei der Betrachtung des *S-Chair* und des *Backenzahn*, indem diese zu darstellenden Medien der Organismen avancieren, auf welche die Materialspuren als ihre geschichtlichen Hintergründe verweisen. Hierbei fungieren die Spuren selbst jedoch bloß als Indikatoren dieses kausalen Zusammenhangs. Bei den *Fragments of Nature* wiederum werden zwar die Materialspuren mit den funktional relevanten Formen der Produkte vermittelt, somit also auch in formaler Hinsicht konstitutiv für das Produkt, jedoch ohne dass die Prozesse, auf welche die Spuren verweisen, zu einem Bestandteil der Produktwahrnehmung werden. Bei *Split Bamboo* und *Pinch* schließlich werden die Materialspuren formal mit den funktional relevanten Formen des Produktes vermittelt, und gleichzeitig wird das Produkt darstellend und in seinen funktional relevanten Formen repräsentativ für jene Organismen, auf die die Materialspuren als ihre Entstehungszusammenhänge verweisen.

In dem gestaltenden Umgang mit gebrauchten Materialien zeichnet sich ein ähnlicher Vermittlungsprozess ab. Das *Reifensofa* stößt einen Identifikationsprozess der ehemaligen Zweckformen des Materials mit den gegenwärtigen Zweckformen des Produktes an, sucht aber in Bezug auf den vergangenen und gegenwärtigen Zweck der Materialien gerade die Konfrontation. Die Gebrauchsspuren werden ästhetisch nicht integriert, sondern haben bloß die Rolle eines Indikators für die vormalige Verwendung der Materialien. Der *Teekistenschrank* wiederum sucht die Kontinuität vergangener Verwendungszusammenhänge des Materials mit denen des gegenwärtigen Produktes, indem sowohl die funktional relevanten Formen des Materials mit denen des Produktes identifiziert als auch die Materialspuren eines vormaligen Gebrauchs zu einem konstitutiven Moment der Textur des Produktes werden. Die *Freitag-Taschen* schließlich provozieren darüber hinaus die Identifikation der Spuren eines vergangenen Materialgebrauchs mit den Spuren, die sich im gegenwärtigen Gebrauch der Tasche ergeben. Hierdurch werden Erstere nicht nur in formaler Hinsicht integriert, sondern die materialgeschichtlichen Prozesse, auf die sie verweisen, setzen sich scheinbar ungebrochen bis in die Gegenwart des Produktgebrauchs fort.

Indem also die Materialspuren vergangener Prozesse zu einem Formmoment des Produktes werden und umgekehrt etwas von diesen Prozessen einerseits in darstellender, andererseits in funktionaler Hinsicht am Produkt wahrgenommen wird, ist das, was vordem nur auf Vergangenes hindeutete, zu einem Moment der Gegenwart geworden. Dieser vermittelnde Wahrnehmungsprozess vollzieht also die Vergegenwärtigung eines Vergangenen. Die Spuren einer vergangenen Materialgeschichte und die gegenwärtige Produktform stehen sich nicht unvermittelt gegenüber, sondern die Spuren des Vergangenen setzen sich als konstitutive Momente des Gegenwärtigen fort. Auf diese Weise erscheint das Material weder nur als konstruktives und technisches Mittel für das Produkt oder dessen Zwecke noch bloß als Träger einer Form, sondern als der geschichtliche Hintergrund des Produktes, der sich scheinbar ungebrochen bis in das Produkt verlängert. Material und Produkt sind nicht statisch und funktional bzw. konstruktiv – wie noch unter dem materialästhetischen Ansatz der «Materialgerechtigkeit» –, sondern zeitlich aufeinander bezogen. So wie das Produkt dem Material tatsächlich zeitlich nachgeordnet ist und auf diese Weise eine weitere Etappe in der Geschichte des Materials bildet, so wird durch die Integration der Spurwahrnehmung in die Produktwahrnehmung auch ästhetisch eine Brücke geschlagen von der Materialgeschichte zu den Bedingungen, denen das Material als Teil eines Produktes gegenwärtig unterworfen ist. Hierin zeigt sich, dass mit dem neuen Bewusstsein der Geschichtlichkeit des Materials nicht nur Materialspuren entdeckt und ausgestellt werden, sondern dass dieses prozessuale Verständnis des Materials sich auch in der Integration dieser Materialspuren ausdrückt und als Wahrnehmungsprozess auf einer ästhetischen Ebene weitergeführt wird.

Die Geschichtlichkeit des Materials, von der hier die Rede ist, ist abzugrenzen von der Kulturgeschichte des Materials, die in der Materialikonologie behandelt wird. Letztere reflektiert den Umstand, dass «jedes Material [...] in einem größeren historischen Kontext, den wir als seinen geschichtlichen Gebrauch begreifen müssen»,[101] steht und dass durch diesen geschichtlichen Gebrauch «den Materialien Assoziationen, Wertvorstellungen anhängen, die sie jenseits ihrer natürlichen Existenz bestimmen».[102] Der Materialikonologie geht es also um die Analyse der Bedeutungen, die Materialien haben, weil sie auf eine bestimmte Kulturgeschichte ihrer Verwendung zurückblicken. In diesem Sinne ist die Materialgeschichte, mit der es die Materialikonologie zu tun hat, nie die Geschichte eines konkreten, einzelnen Materials, sondern der kulturellen Rolle, die *Materialarten* im Laufe der

Kulturgeschichte in unterschiedlichen Artefakten gespielt haben. Welche Geschichte ein bestimmtes Material in seiner «natürlichen Existenz» durchlaufen hat, ist für die Materialikonologie irrelevant, da sie stattdessen die Geschichte der semantischen Aufladung bestimmter Materialarten zum Gegenstand hat. Streng genommen hat es die Materialikonologie demnach auch nicht mit der tatsächlichen *Materialgeschichte* zu tun, sondern mit der Rolle des Materials in der *Kulturgeschichte*. Ich gehe in diesem Punkt nicht so weit wie Jens Soentgen, dem zufolge «die Materialikonologie die *Meinungen,* die über Stoffe geäußert wurden»,[103] untersucht, sondern denke, dass die Untersuchung der *Verwendung* von Materialien in bestimmten historischen Kontexten durchaus Teil der Materialikonologie ist. Aber auch die historische Untersuchung der Verwendung von Materialien ist etwas anderes als die Geschichte des einzelnen Materials unter seinen ganz individuellen Existenzbedingungen.

Indem im ökologisch orientierten Design das Material als Spur entdeckt wird, wird nun aber seine je individuelle Geschichte – als die anorganischen und organischen Prozesse, denen es unterworfen war und die es erzeugten – bedeutsam. Dieses Materialverständnis bedeutet sowohl eine Erweiterung der mechanisch-instrumentellen Auffassung vom Material, die sich hinter dem Dogma der «Materialgerechtigkeit» verbirgt, um das Moment der Zeitlichkeit als auch eine deutliche Abkehr von einem ausschließlich ikonologischen, semantischen und medialen Materialverständnis. Letzteres setzt die geschichtliche Eigenart des Materials als Träger bestimmter Bedeutungszuschreibungen oder als Medium einer Repräsentation zwar schon immer voraus, bekommt diese aber nie explizit in den Blick.[104] In der Vorstellung, die Materialspur sei selbst wiederum nur ein Zeichen und das Material dessen Medium, drückt sich die Dominanz unseres medialen Materialverständnisses aus. Das Material wird auf diese Weise zu einer Leerstelle, die jeder sinnlichen Erscheinungsform subsumiert wird, ohne je selbst in Erscheinung zu treten. Es ist aus dieser Perspektive per definitionem unsichtbar. Mir scheint es folgerichtiger, das Material als genau das zu sehen, was es in diesen Materialwahrnehmungen ist, und nicht umgekehrt das Material als ein eigenschaftsloses Etwas allen sinnlichen Eigenschaften gewissermaßen als metaphysisches Konstrukt zu subsumieren.

In den beiden folgenden Teilen werde ich versuchen zu zeigen, wie das ökologische Design mit der ästhetischen Integration der Produktionsgeschichte und der Gebrauchsgeschichte in die Produktwahrnehmung auf ein immer dezidierteres Verständnis natürlicher Prozesse und ihrer Erscheinungsformen hinarbeitet, und zwar als eine Dimension, die nicht nur Naturgegenständen, sondern auch Artefakten zukommt.

1 Studio Makkink & Bey, *Tree Trunk Bench*, 1998

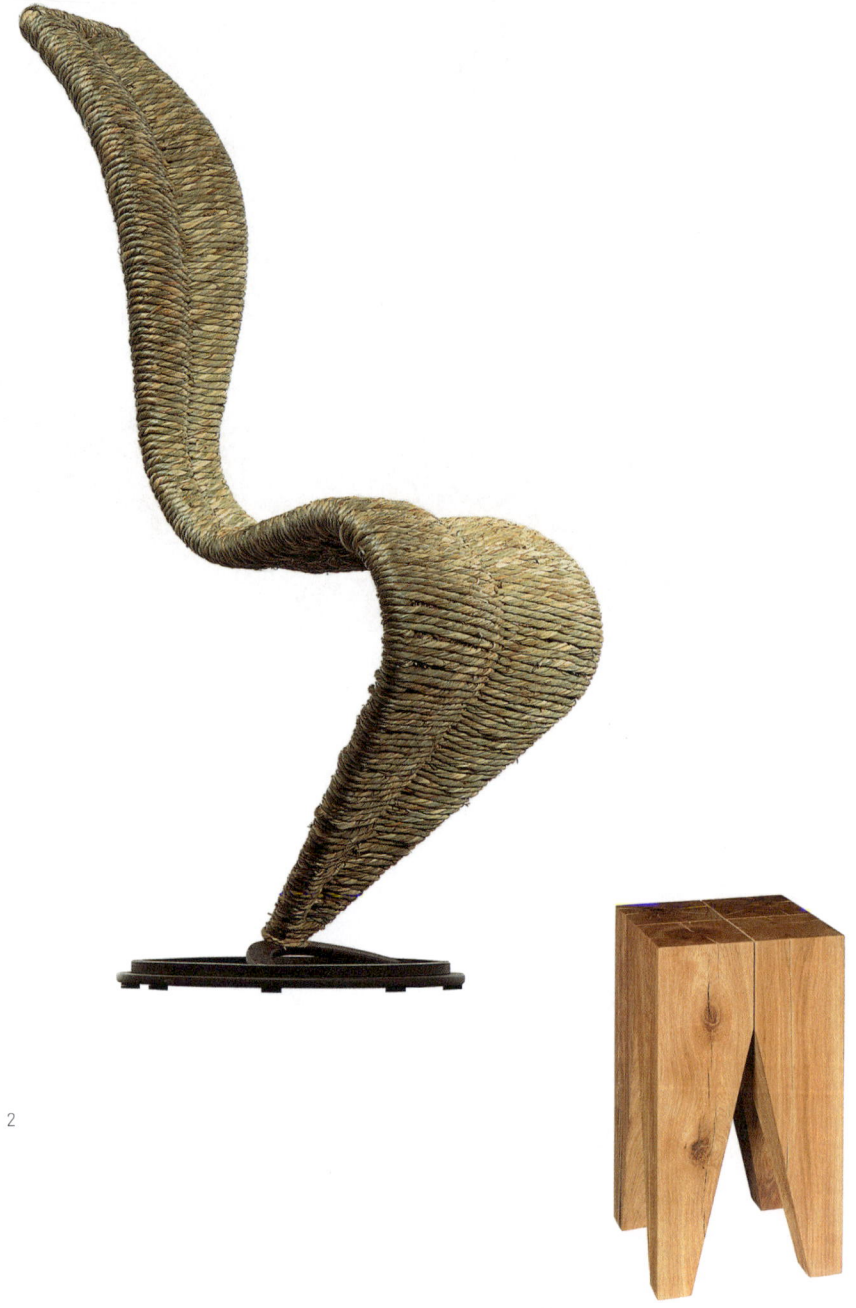

2

3

048 DIE MATERIALGESCHICHTE

4

2 Tom Dixon, *S-Chair*, 1991
3 Philipp Mainzer, *S104 Backenzahn*, Beistelltisch, 1996
4 Ronan und Erwan Bouroullec, *Vegetal chair: Blooming*, 2008

5 Lex Pott, *Fragments of Nature*, Tisch, 2009
6 Lex Pott, *Fragments of Nature*, Bank, 2009

5

6

7 Jos van der Meulen, *Pinch*, 1993
8 Jinhong Lin, *Split Bamboo*, Prototyp 2008

7

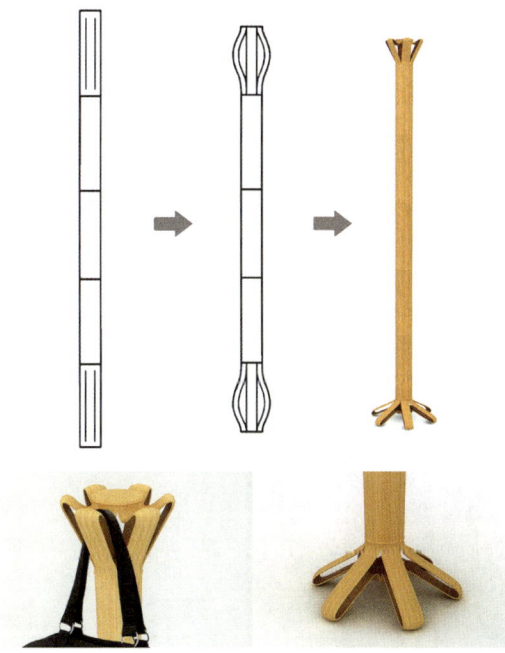

8

9

10

11

9 Des-In, *Reifensofa*, 1974
10 Lothar Müller (Des-In), *Teekistenschrank*, 1975–77
11 Achille und Pier Giacomo Castiglioni, *220 Mezzadro*, Entwurf 1957

12

13

12 Daniel und Markus Freitag,
   Prototyp der ersten Tasche,
   Museum für Gestaltung Zürich, 1993
13 Daniel und Markus Freitag,
   F12 Dragnet – Messenger Bag,
   Entwurf 1994

Die Produktions-geschichte

EINLEITUNG

Mit der Reflexion auf ökologische Zusammenhänge wird das Material – wie im ersten Teil dieses Buches beschrieben – als etwas Gewordenes und Geschichtliches entdeckt. Jedes Material stammt aus Zusammenhängen, in denen es nicht einfach wie in einem Lagerhaus vorhanden ist, sondern in denen es meist eine bestimmte Rolle für Lebensprozesse spielt und diesen wiederum unterworfen ist. Indem dies bewusst wird, wird das Material zur Spur, zum Zeugen ebendieser Zusammenhänge. Unter ökologischen Gesichtspunkten schließt die Wahl des Materials also nicht nur Eigenschaften ein, die für das geplante Produkt von Belang sind, wie mediale und funktionale Momente, sondern mit den Materialspuren zugleich Momente, die geeignet sind, etwas von der vergangenen Rolle des Materials in seinen natürlichen Zusammenhängen und im ehemaligen Gebrauch zu vermitteln.

Doch nicht nur das Material, auch die Produktion wird unter ökologischen Gesichtspunkten fundamental anders betrachtet als unter ökonomischen. Im ökonomischen Denken wird die Produktion von ihrem Ergebnis, dem veräußerbaren Produkt her begriffen. Sie ist ein Mittel, um das gewünschte Produkt möglichst wirtschaftlich zu realisieren, und bemisst ihren Wert an ihren ökonomischen Ergebnissen. Unter diesen Voraussetzungen geraten nur solche Momente der Produktion in den Blick, die eine instrumentelle Bedeutung für das Ergebnis haben, für die Ware. Produkt und Produktion sind handlungstheoretisch im Sinne einer Zweck-Mittel-Relation aufeinander bezogen. Der ökologische Blick hingegen sieht in der Produktion und den mit ihr verbundenen Maschinen, technischen Vorrichtungen und Werkzeugen nicht *Mittel,* die über die Zwecke, die sie zu realisieren vermögen, definiert sind, sondern ein *Geschehen,* in das eine Reihe von Prozessen involviert ist, die nicht nur das Produkt, sondern eine Vielzahl weiterer Wirkungen hervorbringen. Erst wenn die Produktion nicht mehr ausschließlich als Mittel betrachtet, also über ihren Zweck definiert wird, sondern unabhängig davon als ein materielles Geschehen aufgefasst wird, können auch Nebenwirkungen in den Blick geraten, die nicht im Produkt als dem Zweck der Produktion resultieren. Zu denken wäre hier beispielsweise an Emissionen, die durch die eingesetzte Energie, aber auch chemische Produktionsprozesse erzeugt werden, und an Produktionsabfälle, die ja auch produziert werden, aber nicht der eigentliche Zweck der Produktion sind.

Aus der ökologischen Perspektive sind Produkt und Produktion also nicht mehr instrumentell aufeinander bezogen, sondern prozessual. Die verschiedenen Prozesse, die an der Herstellung eines Produkts beteiligt sind, erhalten ein eigenes Gewicht. Für die ökologische Reflexion ist das Ergebnis der Produktion weniger interessant als die Prozesse, die zu diesem Ergebnis führen. Das Produkt wird nicht mehr nur für sich oder im Hinblick auf seinen Verwendungszusammenhang betrachtet, sondern auch in Bezug auf seinen Produktionsprozess, seine materielle Produktionsgeschichte beurteilt.[105]

Eine von ökologischen Überlegungen geleitete Herstellung führt insofern zu einer Veränderung der Produktion, als nun solche Prozesse verwendet werden, die nicht nur auf ökonomische Zweckmäßigkeit und Benutzbarkeit des Produkts abzielen, sondern deren Nebenwirkungen sich als für den ökologischen Lebenszusammenhang verträglich erweisen. So weit die technische und faktische Seite der ökologischen Produktion, die hinlänglich bekannt ist. Ich werde in diesem Teil untersuchen, ob neben diesen faktischen Veränderungen der Produktion auch neue Formen des Ästhetischen auszumachen sind, die mit dem für das ökologische Bewusstsein charakteristischen Verständnis der Produktion als natürlicher Prozess statt bloß als mechanisches oder ökonomisches Mittel zusammenhängen.

DIE PRODUKTIONSSPUR

Ein für die ökologische Produktion besonders kennzeichnender Prozess ist das Materialrecycling. Im ersten Teil hatten wir bereits das Direktrecycling kennengelernt, das sich durch die Verwendung ganzer Materialfragmente und Produktteile eines ehemaligen Produktes auszeichnet und hierdurch die Spuren der Materialgeschichte bis in das neue Produkt hinein erhält. Das Materialrecycling hat hingegen nicht die direkte Verarbeitung zu einem neuen Produkt zum Ziel, sondern die Verarbeitung zu einem standardisierten und homogenen Material, das auf verschiedene Weise verwendet werden kann. Zu denken ist hier beispielsweise an Spanplatten, recyceltes Papier, die Wiedergewinnung von Glas, Plastik und Metall durch Einschmelzen oder auch Feinsteinzeug. In all diesen Prozessen gehen die Formen verloren, die als Spuren der ehemaligen Materialerzeugung oder Materialverwendung wahrgenommen werden könnten. Das Material wird zerlegt oder verflüssigt und dabei seiner Gestalt und seiner Spuren beraubt.

Als Art-Direktor von Thomson Consumer Electronics (TCE) entwickelte Philippe Starck zahlreiche Entwürfe für Fernseher, unter anderem den berühmten *Jim Nature* aus dem Jahr 1994, der sich den Prozess des Materialrecyclings zunutze macht (Abb. 14). Zwar soll bei dessen Herstellung auch ökologisch bedenklicher Leim verwendet worden sein, dies ändert jedoch nichts an der Tatsache, dass in der Produktion dieses Produktes ein ökologisch relevanter Prozess, nämlich das Materialrecycling, eine entscheidende Rolle spielt.[106] Die Hülle des Fernsehers besteht fast ausschließlich aus feinen verleimten Holzspänen und zeichnet sich durch abgerundete Kanten aus. Die Kunststoffteile sind mit wasserlöslichen Farben bemalt und die mit Schrauben verbundenen Teile der Holzverschalung für ein späteres Recycling markiert.[107] Das auffälligste und sicherlich ungewöhnlichste Merkmal dieses Produktes ist die demonstrative Verwendung von Holzmaterial in einem Produktsektor, in dem schon seit Jahrzehnten nahezu ausschließlich Kunststoff und Metall eingesetzt werden. Bei genauerer Betrachtung wird jedoch deutlich, dass es nicht allein das Material ist, das dem Produkt seine eigentümliche Wirkung gibt, sondern vielmehr die Art seiner Verarbeitung und seiner Formen. Vergleichen wir *Jim Nature* mit dem im selben Jahr von Philippe Starck für dasselbe Unternehmen entworfenen kippbaren und tragbaren Fernseher *Zeo TV*[108] (Abb. 15), so wird deutlich, dass Starck mit ersterem Produkt nicht nur die typischen gerundeten Formen von im Spritzgussverfahren verarbeitetem Kunststoff anstrebt, sondern dass auch ein vergleichbares Produktionsverfahren zum Einsatz kommt. Beide Geräte verdanken ihre Formen einer Negativform, in die das jeweilige Material gespritzt oder gepresst wird. Diese verfahrenstechnische und formale Angleichung an die Kunststoffverarbeitung wird geradezu demonstrativ hervorgehoben durch den nahtlosen Übergang der Oberfläche der Bedienelemente aus Kunststoff in die Oberfläche der Gerätehülle aus Holz. Es scheint, als hätte man bei beiden

Produktelementen bloß das Material ausgetauscht, während das Produktionsverfahren dasselbe blieb.

Für Daniela Triebel ist dieses Produkt aufgrund der «bewusst eingesetzten Recycling-Materialstruktur»[109] Beispiel einer ökologischen Produktsprache. Wäre dies schon alles, so hätte es ein Kasten aus Spanplatten auch getan, denn auch dieser würde sich durch die charakteristische Struktur verleimter Holzspäne auszeichnen. Hier aber scheint durch den Austausch des Materials unter Beibehaltung charakteristischer Formen und Verfahren der Kunststoffproduktion besonders das Formverständnis ein anderes zu werden. Die im Vergleich zum Kunststoff grobe Struktur der Holzverschalung und einzelne erkennbare Holzspäne lassen unmittelbar nachvollziehen, wie sich das Material in der Gussform modellierte. Die formal chaotischen und heterogen strukturierten Holzspäne wurden in die Einheit einer glatten und homogenen Oberfläche gezwungen, schmiegen sich ihr an, ohne jedoch in der Produktform als Ganzem widerspruchslos aufzugehen. Form und Material geraten in ein Spannungsverhältnis, und zwar deshalb, weil wir das verwendete Material aus Zusammenhängen kennen, in denen es deutlich andere Formen annimmt: Holzspäne haben die chaotische Ordnung eines Haufens, am Stück ist Holz uns besonders in den geraden Linien und ebenen Flächen des Holzbrettes vertraut. Ebendiese Formvorstellungen von Holz werden unterlaufen, indem die chaotische Ordnung der Holzspäne in die geschwungenen, glatten Formen des Fernsehgehäuses überführt wird.

Während Form und Material bei dem Fernseher *Jim Nature* in ein wahrnehmbares Spannungsverhältnis geraten, ist ein solches bei dem Modell *Zeo TV* nicht auszumachen. Dies hängt damit zusammen, dass wir keine Formvorstellung des Materials Kunststoff besitzen, die unabhängig von seiner Verwendung für Produktformen ist. Die Formen, in denen Kunststoff auftritt, erscheinen aus diesem Grund nicht als das Resultat der Bearbeitung eines Materials, das jenseits dieser Bearbeitung andere Formen besaß, sondern sie scheinen gleichsam mit dem Produkt geboren zu werden. Da sich Kunststoff fast jedem Forminteresse nahezu widerstandslos fügt, verschwindet das Material fast vollständig hinter seinen formalen Eigenschaften wie Farbe und Form. Es wird zu einem bloßen Medium der Form, die ihrerseits an keinen Produktionsprozess geknüpft zu sein scheint.

Besonders deutlich wird diese Tendenz des Kunststoffs, sich ganz der Form unterzuordnen, in ihr zu verschwinden, an einer Ikone der Kunststoffverwendung im Möbelbereich – dem *Panton Chair,* der von Verner Panton 1959–1960 entworfen wurde (Abb. 16). Form und Material scheinen in diesem Stuhl untrennbar verbunden. Es ist nahezu unmöglich, eine Formvorstellung des Materials zu bilden, die jenseits ebender Form liegt, in der es in diesem Stuhl erscheint. Da das Material scheinbar ganz in der Form aufgeht, richtet sich die Aufmerksamkeit des Betrachters neben den ergonomischen, also funktional relevanten Merkmalen der Form, die ein angenehmes, passgenaues Sitzen versprechen, fast ausschließlich auf die formalen, skulpturalen Qualitäten des Stuhls. Was jedoch in der Betrachtung völlig in den Hintergrund tritt, sind die realen, kausalen Bedingungen der Form. Da Material und Form in der Wahrnehmung untrennbar miteinander verschmelzen, kann die Form nicht mehr als das Resultat eines Produktionsprozesses erfahren werden, in dessen Verlauf einem Material eine Form gegeben wurde.

Während die Formen des *Panton Chair* und des Fernsehers *Zeo TV* sich geradezu expressiv gebärden und damit die Aufmerksamkeit auf formale Qualitäten wie Proportionen und Linienführung lenken, sind die Formen des Gehäuses von *Jim Nature* auffällig symmetrisch und vergleichsweise schlicht gestaltet, wodurch weniger immanente formale Spannungen in den Mittelpunkt rücken als vielmehr die Spannung von Form und Material. Die Form ist nicht bloße Gestalt, für die das Material nur ein Medium, ein Träger ist, noch wird sie bloß in Hinblick auf ihre Relevanz für den Gebrauch betrachtet, sondern sie steht dem Material als Resultat seiner Formgebung gegenüber, als dessen konkrete Zurichtung. Die Form wird zur Spur dessen, was dem Material widerfahren ist, zu seiner Produktionsspur, und zeigt sich erst in zweiter Instanz in ihren gestalthaften, ergonomischen oder technisch-funktionalen Qualitäten. Das Material wird also nicht als Medium der Form wahrgenommen, wie dies bei dem *Panton Chair* der Fall ist, sondern umgekehrt wird die Form zur geschichtlichen Bedingung des Materials, indem sie es eint und seine Heterogenität wieder in eine Homogenität überführt – als hätte man nicht mit einem Material eine Produktform realisiert, sondern mit einer Produktform ein Material hergestellt.

Selbstverständlich wäre es möglich gewesen, das Verfahren des Materialrecyclings so einzusetzen, dass diese Spannung von Materialstruktur und Produktform unterlaufen wird. Schon eine sehr feine Materialstruktur und eine weniger plumpe Produktform hätten dieses Spannungsverhältnis zugunsten der Produktform entschieden. Daher können wir davon ausgehen, dass dieses Spannungsverhältnis nicht notwendig mit den produktionstechnischen Bedingungen des Materialrecyclings einhergeht, sondern auf einer ästhetischen Entscheidung beruht. Hierdurch verhält sich in der Wahrnehmung die Produktform zur Materialstruktur, wie sich der Produktionsprozess zum Material verhielt. Wie der Produktionsprozess faktisch dem heterogenen, vereinzelten Material eine homogene, einheitliche Gestalt gab, so scheint die Produktform auch wahrnehmbar das formal sich verselbstständigende Material in eine Einheit zu zwingen. Auf diese Weise erhalten und aktualisieren sich zentrale Momente des Produktionsprozesses in der Ästhetik des Produkts.

Es ließen sich zahlreiche weitere auf dem Prozess des Materialrecyclings beruhende Produkte anführen, die ebendiese Dialektik von Materialstruktur und Produktform suchen. So beispielsweise der *Cork Chair* von Jasper Morrison (Abb. 17). Auch an ihm erscheint die schlichte und monolithische Form als die wahrnehmbare Einigung vereinzelter Weinkorken zu einem homogenen Materialblock, vergleichbar dem tatsächlichen Zusammenpressen der Weinkorken in eine Einheit, bevor die Stuhlform aus dieser herausgefräst wurde. Das sich in seiner chaotischen Struktur behauptende Material wird zum Inhalt der Produktform.

Ein anderes Beispiel sind die 2010 entworfenen Möbel der *SHREDDED Series* von Jens Praet (Abb. 18 u. 19). Sie wurden aus zerschredderten alten Dokumenten und Magazinen hergestellt, indem die Papierstreifen aus dem Aktenvernichter mit Kunstharz vermengt und in eine Form gegossen wurden.[110] Kunstharz weist keine hohe ökologische Verträglichkeit auf, und durch die Art seiner Verarbeitung in diesen Möbeln ist deren zukünftiges Recycling geradezu ausgeschlossen. Dennoch treten diese Produkte durch die Wiederverwendung von Papiermüll und den Titel programmatisch als Recyclingprodukte auf. Auch bei ihnen gerät die Produktform in ein Spannungsverhältnis zum Material. Diese Dialektik wird umso deutlicher, als gezielt archetypische Formen eines additiven Konstruktionsverfahrens gewählt wurden.

Wir sind auf den ersten Blick versucht, die Gesamtform der einzelnen Möbelstücke als Ergebnisse einer Verbindung von einzelnen Konstruktionselementen zu verstehen. Horizontale und vertikale Elemente scheinen wie bei vergleichbaren Holzmöbeln üblich aneinandergefügt und verbunden. Kleine Formdetails – bei dem Hocker und dem Regal die verbindende Rundung zwischen Wangen und horizontal abschließender Platte, bei dem Sidetable der sukzessive Übergang der Beine in die Seitenwände – zeigen jedoch, dass die scheinbar getrennten Konstruktionselemente sukzessive ineinander übergehen. So zwingen diese scheinbar unbedeutenden Formdetails der Wahrnehmung ein umgekehrtes Verständnis der Produktform auf. Letztere entsteht nicht als das Resultat konstruktiver Elemente, sondern umgekehrt: Die Produktform erscheint als die formale wie auch produktionstechnische Bedingung der Konstruktion wie auch des Materials, das erst durch die Produktform in eine brauchbare, homogene Gestalt überführt wurde. Indem Jens Praet charakteristische Formen eines geläufigen Konstruktionsprinzips übernimmt, sie jedoch an entscheidender Stelle in einer Weise abwandelt, dass sie mit diesem nicht mehr vereinbar sind, macht er diese unterschiedlichen Formverständnisse bewusst. Während sich im konstruktivistischen Formverständnis die Produktform aus dem technischen Gefüge der einzelnen Produktelemente ergibt, das heißt aus den funktional relevanten Formen der Materialien die Produktform als Ganzes aufgebaut wird, wird in der Produktserie *SHREDDED* die Produktform als Ganzes funktional relevant für das Material, ergibt sich nicht aus diesem, sondern steht ihm als seine Produktionsbedingung gegenüber. Auf diese Weise bleiben die beiden Aspekte der Produktion, das Material und das Produktionsverfahren, im Produkt als Entgegensetzung von Materialstruktur und Produktform wahrnehmbar erhalten.

Mir scheint dieses auffällige Gestaltungsmerkmal von Produkten, die auf Prozessen des Materialrecyclings basieren, mit dem Verlust der Materialspur durch den Recyclingprozess zusammenzuhängen. Indem die Produktform als die konkrete Zurichtung des Materials herausgestellt wird, als dessen Produktionsbedingung, wird sie zwangsläufig zur Spur des Produktionsprozesses, zum Abdruck des jüngsten Prozesses, dem das Material in seiner Geschichte unterworfen war. Während das Material durch das Zerkleinern oder Einschmelzen – im Gegensatz zum Directrecycling – geschichtslos wird, wird nun die Produktform zur Spur einer neuen Geschichtlichkeit des Materials, die sich als der Produktionsprozess darstellt. Die aufgrund der Vernichtung der Materialspuren für die Wahrnehmung verlorene Materialgeschichte wird so durch die in der Produktionsspur bezeugte Produktionsgeschichte ersetzt.

Die Vernichtung der Materialspuren in der Materialherstellung ist kein spezifisches Charakteristikum des Materialrecyclings, sondern aller Herstellungsverfahren synthetischer Materialien, wie beispielsweise von Kunststoff oder Beton. Gerade in der Verarbeitung von Beton wurden und werden ganz ähnliche Strategien eingesetzt. Die Künstlichkeit, die dem Beton oder anderen synthetischen Materialien gemeinhin attestiert wird, mag in besonderer Weise mit dem Verlust der Materialspuren einhergehen.[111] Dieser Ahistorizität des Betons wird in vielen Fällen dadurch entgegengewirkt, dass die Struktur der Verschalungsbretter auf der Oberfläche des Betons belassen und ihm damit eine gewisse Natürlichkeit zurückgegeben wird. Es wäre meiner Meinung nach verkürzt, diese Natürlichkeit bloß darin zu sehen, dass die Oberflächentextur nun der natürlichen Struktur des Holzes ähnelt. Es ist nicht bloß eine Ähnlichkeitsrelation zu Formen der Natur, die uns das Material wieder als natürlich wahrnehmen lässt, sondern der Umstand, dass man diese Oberflächentextur als Spuren auffasst: einerseits als direkten Abdruck der Verschalungsbretter und andererseits als Spuren des Produktionsprozesses, in dessen Verlauf der Beton erstarrte. Durch dieses simple wie effektvolle Mittel wird dem Beton eine wahrnehmbare Geschichtlichkeit zurückgegeben, und zwar die Geschichte seiner Verarbeitung.

Die Formen der hier vorgestellten Produkte verweisen als Spuren nicht nur auf den Produktionsprozess der Produkte, sondern zugleich auch auf die Materialherstellung als Recyclingprozess. Die Produktion wird weniger als die Herstellung von Gebrauchsformen artikuliert, sondern vielmehr als die Herstellung eines Materials, durch die sich scheinbar unbrauchbare Materialpartikel zu einer erneut brauchbaren Einheit verbinden. Daher auch das Archetypische der Produktform, ihre geringe Modifikation in Bezug auf die Gebrauchsfunktionen. Sie ist bloß Mittel und Bedingung eines Prozesses, dessen Akzent nicht auf der Realisierung einer Form oder eines Produktes liegt, sondern auf der Realisierung eines Materials. Durch das Spannungsverhältnis von Form und Material wird die faktische Begegnung von Produktionsprozess und Material sinnlich reflektiert.

DER PRODUKTIONSPROZESS[112]

Anhand der Beispiele des vorangegangenen Kapitels wurde deutlich, wie die Produktionsspur entdeckt und hervorgehoben wird. Die Wahrnehmung der Produktform als Spur wird insbesondere dadurch provoziert, dass einem heterogenen, unkontrollierten Material eine stringente, kontrollierte Form aufgezwungen wird. Während das individuelle, unkontrollierte Moment dabei auf der Seite des Materials liegt und die Form Abdruck standardisierter, kontrollierter Produktionsprozesse ist, lassen die materiellen Prozesse der Produktion auch die umgekehrte Möglichkeit zu, aus in gewissen Grenzen unkontrollierten Produktionsprozessen eine individuelle Produktform hervorgehen zu lassen.

Ein junges Beispiel für Verfahren, in denen der Produktionsprozess zum Formprozess wird, ist der *RD Legs Chair* von Richard Liddle (Abb. 20). Er wird aus zu hundert Prozent recyceltem Polyethylen hergestellt, das als ein kontinuierlicher erhitzter Streifen von Hand über ein Gestell geflochten wird, das nach Erkalten und Aushärten des Kunststoffs wieder entfernt wird (Abb. 21).[113] An den Kreuzungspunkten sind die Kunststoffstreifen nun miteinander verschmolzen und bilden ein belastbares Gefüge. Aus den chaotischen Windungen der Kunststoffstreifen scheint wie von selbst eine archetypische Stuhlform hervorzugehen, während sich das Material bei den Beispielen im vorigen Kapitel umgekehrt durch äußere Einwirkung in die Einheit einer Stuhlform zu zwingen schien. Dieser unterschiedliche Eindruck steht im Zusammenhang mit einem anderen Verständnis und einem anderen Einsatz von Produktionsprozessen.

Im Vergleich mit dem 2009 im Salone Internazionale del Mobile vorgestellten und für Vitra von Erwan und Ronan Bourullec entworfenen Stuhl *Vegetal* lässt sich diese Wirkung genauer fassen (Abb. 4). Ähnlich dem *RD Legs Chair* zeichnet sich auch dieser Stuhl durch ein verästeltes Gefüge von Kunststoffstreifen aus, das keiner Symmetrie zu folgen scheint. Auch dieser Stuhl deutet eine geflochtene Struktur an, in der sich einzelne Kunststoffstreifen wechselseitig zu überlappen scheinen. Nach Angaben von Miriam Irle nahmen sich die Brüder Bourullec eine Tradition im Nordamerika des 19. Jahrhunderts zum Vorbild, die darin bestand, junge Bäume mehrere Jahre in Form zu halten, bis sie die Gestalt eines Stuhls annahmen.[114] Vor diesem Hintergrund sei die Idee gereift, einen scheinbar gewachsenen Stuhl zu entwerfen. So erzeugen die vegetabilen Formen den Eindruck, als wäre die verästelte Struktur der Sitzschale aus den Beinen herausgewachsen. Im Gegensatz zu den tatsächlich gewachsenen Gartenstühlen, die als Vorbild dienten, verdankt sich der Stuhl *Vegetal* jedoch nicht einem Wachstumsprozess, in dessen Verlauf sich die Formen in Wechselwirkung mit interagierenden Prozessen erst nach und nach ausbilden. Stattdessen wurde die Sitzschale zusammen mit den Vorderbeinen durch Spritzguss, also in einem auf eine bestimmte Form hin angelegten Verfahren erzeugt. Die hinteren Beine wurden wiederum in einem separaten

Spritzgussverfahren hergestellt und erst im Nachhinein mit der Sitzschale verbunden.[115] Der Eindruck des Gewachsenseins verdankt sich also nicht dem Herstellungsverfahren, sondern der formalen Ähnlichkeit mit pflanzenartigen Gebilden, deren Formen das Resultat natürlicher Wachstumsprozesse sind. Bei dem Stuhl *Vegetal* fallen also der Herstellungsprozess und die Prozesse, auf die die vegetabilen Formen verweisen, auseinander, und zwar deshalb, weil die vegetabilen Formen nicht als *Spuren,* sondern als *Darstellung* natürlicher Prozesse aufgefasst werden.

Der *RD Legs Chair* weist nun keine vegetabilen Formen auf, keine astartigen oder blattartigen Gebilde, sondern stellt sich als ein durchgängiges Band dar, das scheinbar unsystematisch kreuz und quer um ein Gestell gewickelt wurde. Das Moment der Verbildlichung, das den *Vegetal*-Stühlen eigen ist, fehlt hier ganz, und dennoch erzeugt er den Eindruck, als verdankte sich diese chaotische Struktur natürlichen Prozessen. Dieser Eindruck hängt mit dem Produktionsprozess des *RD Legs Chair* zusammen. Bestimmte kontrollierbare Produktionsbedingungen wurden festgelegt – wie die Form des Gestells, die Breite der Kunststoffstreifen und die Temperatur der zugeführten Hitze –, während die durch diese erzeugten unkontrollierbaren Formmomente – wie die konkrete Verformung des Materials und dessen Schlaufen- und Kreuzungsbildung – bewusst zugelassen wurden. Der Produktionsprozess zeichnet sich demnach durch die Setzung von Rahmenbedingungen aus, unter denen die in gewissen Grenzen unvorhersehbaren Formen der Wechselwirkungen von Material und Produktionsprozess entstehen können.

Es wäre nun ein Leichtes, die Formen des Stuhls *Vegetal* von denen des *RD Legs Chair* dadurch abzugrenzen, dass diese zufällig entstehen, jene dagegen notwendig. Damit würden gängige Interpretationen die Absage an industrielle Perfektion, die Ermöglichung unwiederholbarer Unikate oder die Schönheit des Zufalls betonen, ohne damit etwas inhaltlich Bestimmtes zu erfassen.[116] Genau betrachtet, entstehen jedoch auch die individuellen Formen des *RD Legs Chair* notwendig, und zwar nach Maßgabe aller Prozesse, einschließlich der Materialprozesse, die in die Produktion involviert waren. Die Charakterisierung dieser Formen als «zufällige Struktur» wäre eine bloß negative Beschreibung, da diese nicht für sich, sondern nur in Relation zur Entwurfsintention als «zufällig» gelten können: Da ihre konkrete Ausformung nicht vorhersehbar war, konnte sie auch nicht beabsichtigt sein. Zufällig erscheinen uns diese Formen nur, wenn wir sie mit der Erwartung einer intendierten, entwurfsbestimmten Form rezipieren.

Jens Soentgen hat in seiner phänomenologischen Analyse von Stoffen einen wertvollen Beitrag für die positive Charakterisierung der Erscheinungsweise solcher Gebilde gegeben, deren Formen nicht entworfen werden können. Er grenzt sie als fraktale Gebilde von anderen Formen in folgender Weise ab: «Die Prozesse, durch die fraktale Gebilde entstehen, sind Prozesse stofflicher Selbsttätigkeit. Dinge entstehen dagegen, indem jemand arbeitet. Und Arbeit ist ein Prozess, der durch eine feste Kopplung von Absichten und Resultaten ausgezeichnet ist. [...]

Fraktale Gebilde kann man nicht erarbeiten. Man kann allenfalls ihre Entstehung provozieren. Fraktale Gebilde sind also Eigenformen von Stoffen, sie sind nicht Resultate menschlicher Kunst, sondern naturwüchsig.»[117] Fraktale Gebilde unterscheiden sich also von anderen Gebilden, weil sie, wie beispielsweise jede Bruchstelle, nicht «erarbeitet» bzw. produziert, sondern nur «provoziert» werden können. Lassen sich fraktale Gebilde auf diese Weise hinsichtlich ihrer *Entstehung* von anderen Gebilden abgrenzen, so kann ihre *Form* positiv als charakteristischer Ausdruck «stofflicher Selbsttätigkeit» beschrieben werden. Im Gegensatz zu Jens Soentgen, der fraktale Gebilde durchgängig als alleinigen Ausdruck jener Stoffe versteht, an denen sie auftreten, halte ich es für angebracht, sie als Ausdruck der *Interaktion* natürlicher Prozesse aufzufassen, also auch als Ausdruck der auf den Stoff einwirkenden natürlichen Prozesse – ähnlich wie Soentgen die Spur als «Doppelausdruck»[118] versteht. Die negative Charakterisierung fraktaler Gebilde als «zufällig» in Hinblick auf das Unvermögen, sie zu produzieren, das heißt als Formen intentional zu entwerfen und dann zu realisieren, können wir also ergänzen durch die positive Charakterisierung: «[I]n den fraktalen Gebilden offenbart sich uns eine von uns unabhängige Selbsttätigkeit der Natur.»[119]

Auch die schlierenartigen Ausformungen der einzelnen Kunststoffstreifen des *RD Legs Chair* können wir als fraktale Gebilde wahrnehmen, da ihre konkreten Ausformungen nicht intendiert, sondern nur durch das Bereitstellen interagierender Prozesse provoziert werden konnten. Auf diese Weise werden die natürlichen Bedingungen der Produktion wie Schwerkraft und Erhitzen sowie die Materialeigenschaften der Schmelzfähigkeit und Trägheit des Kunststoffes nach Maßgabe ihrer eigenen Gesetze gestaltbildend. Diese Eigenschaften und Prozesse werden als formgebende zugelassen, und so erscheinen uns umgekehrt die Formen als Ausdruck der natürlichen Prozesse, die mit dem handwerklichen Flechten interagierten. Indem mit dem Stuhl *Vegetal* die Natur bloß verbildlicht wird, ist sie noch das Andere, das Abwesende, das Gegenüber des Produktes. Das Produkt selbst stellt nur das Medium der Vermittlung dar, ohne dass für die Wahrnehmung des Produkts thematisch wird, dass sowohl der Prozess seiner Produktion als auch sein Material selbst auf natürlichen Prozessen beruhen. In den *RD Legs Chairs* hingegen werden die in die Produktion involvierten natürlichen Prozesse als formproduzierende vergegenwärtigt.

Während bei dem *RD Legs Chair* die handwerkliche Auseinandersetzung neben den materiellen und energetischen Prozessen ein zusätzliches individualisierendes Moment bildet, zeichnet sich das 1997 von Hella Jongerius für Makkum entworfene Porzellanservice *B-Set* durch eine individuelle Formgebung unter ausschließlich seriellen Produktionsbedingungen aus (Abb. 22 u. 23). Ed van Hinte zufolge gehört dieses Service zu den ersten Versuchen, im Kontext serieller Produktion eine individualisierte Produktform zu ermöglichen.[120] Unter Beibehaltung aller anderen herkömmlichen seriellen Produktionsbedingungen wird nur eine, nämlich die Brenntemperatur, verändert, indem sie so weit erhöht wird, dass das

Porzellan sich leicht zu verformen beginnt.[121] Die schlichten Formen des Services und die einfarbige Glasur in unterschiedlichen Weißtönen lenken die Aufmerksamkeit auf die leichten Unregelmäßigkeiten, die gerade in Absetzung zu den schlichten Grundformen hervortreten. Die an prominenter Stelle eingeprägte Seriennummer verweist dagegen auf den seriellen Produktionsprozess, der im Kontrast zu den Unregelmäßigkeiten der Form steht, die wir insbesondere im Feld der Keramik sonst gewohnt sind als Hinweis auf eine handwerkliche Produktionsweise zu lesen. Auch der Name des Services, der in sich die Bedeutung der «zweiten Wahl», nämlich der B-Wahl enthält, legt dem Betrachter nahe, jene Unregelmäßigkeiten nicht als Ergebnisse eines handwerklichen Prozesses aufzufassen, sondern als unbeabsichtigte «Fehler» industrieller Produktion.

Hella Jongerius bemüht sich demnach, nicht nur faktisch in der Produktion handwerkliche Einflüsse herauszuhalten, sondern auch den Rezipienten auf die serielle Produktion hinzuweisen. Die Rezeption wird auf diese Weise durch das scheinbare Paradox bestimmt, dass sich unter identischen Produktionsbedingungen individuelle Formen ergeben können. Diese individualisierten Formen werden nicht mehr als durch den Entwurf bestimmt erfahren, sie haben also nur noch ihrer Anlage nach den Entwurf zu ihrem Ursprung, stattdessen müssen sie als das Ergebnis materieller Prozesse und ihrer Wechselwirkungen aufgefasst werden. Gerade durch das vollständige Eliminieren handwerklicher Einflüsse und das Sicherstellen identischer Produktionsbedingungen kommt der Betrachter nicht umhin, die individualisierte Produktform hinsichtlich des eigenmächtigen Materialverhaltens unter bestimmten äußeren Bedingungen zu betrachten. Während in der herkömmlichen Keramik das Brennen als reiner Fixierungsakt verstanden wird, der die Form nicht verändern, sondern erhalten soll, und damit die Form gleichsam unbeeinflusst durch den Brennprozess hindurchgeht, als gäbe es ihn nicht, wird in dem Tischservice *B-Set* die Produktform durch den Brennprozess sichtbar mitbestimmt. In diesem Sinne erscheinen uns die Unregelmäßigkeiten der einzelnen Stücke des *B-Set* als natürliche Formen, als fraktale Gebilde, die sich keinem Entwurf, sondern natürlichen Prozessen verdanken. Während wir die geometrischen Grundformen des Services als entwurfsbestimmt erfahren, verstehen wir dessen Unregelmäßigkeiten als Ausdruck der Eigengesetzlichkeit der in die Produktion involvierten Prozesse.

Frederik Roije nutzt für die *Spineless Lamps* aus Porzellan ein ähnliches Verfahren, die jedoch im Unterschied zum *B-Set* nicht seriell, sondern handwerklich hergestellt werden (Abb. 24). Wie das Wort «spineless» (im Deutschen etwa: rückgratlos) im Titel andeutet, werden bei diesen Lampen mit einer besonderen Radikalität die eigengesetzlichen Formtendenzen des Produktionsprozesses zugelassen. Ähnlich wie bei dem *B-Set* werden Formveränderungen durch die Wahl einer statisch heiklen Struktur herbeigeführt, die unter der Hitze im Brennprozess kollabiert.[122] Der ursprünglich runde Schirm verformt sich zu einem Oval, während manche Exemplare vollständig in sich zusammensacken und im Kontakt mit dem

Untergrund deformiert werden. Im Vergleich mit dem *B-Set* ist besonders hervorzuheben, dass der gewissermaßen ungebändigte Produktionsprozess nicht nur zu einer individualisierten Form führt, sondern auch zu individualisierten Zwecken, die Formveränderungen also auch funktional relevant werden. Bei diesen Produkten lässt sich sehr wohl unterscheiden zwischen der der Grundform entsprechenden Funktion einer vertikal ausgerichteten Deckenbeleuchtung und den durch den Produktionsprozess individuell abgewandelten Zwecken. Da die einzelnen Exemplare in einem je spezifischen Zustand des Kollabierens durch den Brennprozess dauerhaft fixiert werden, geht mit diesem Zustand auch eine unumkehrbare individuelle Ausrichtung des Lampenschirms einher. Es wird demnach streng genommen keine zwei Exemplare geben, die sich durch die gleiche Lichtrichtung und den gleichen Lichtreflex auszeichnen. So ragt die Eigengesetzlichkeit des jeweiligen Produktionsprozesses noch bis in die Art und Weise hinein, wie die einzelne Lampe ihren Zweck als Leuchte erfüllt. Des Weiteren verbinden sich die Deformierungen in eigenartiger Weise mit der Wärmeabgabe der Lampe. Die Wärme, die im Brennprozess in Interaktion mit dem Porzellan die Deformierungen hervorrief, scheint in der Wärme der Lampen erneut anwesend. Hierdurch erscheinen die individuellen Ausprägungen der verschiedenen Exemplare als sinnfälliger Ausdruck sowohl der Wärmeprozesse, die mit der Produktion, als auch derjenigen, die mit dem Leuchtmittel zusammenhängen.

Der *RD Legs Chair,* das *B-Set* und die *Spineless Lamps* nutzen künstlich initiierte energetische Prozesse, die in Interaktion mit dem Material zu eigenständigen Formergebnissen führen, die wir als fraktale Gebilde bezeichnet haben. Das individualisierende Moment liegt hier insbesondere auf der Seite des Materials, das sich trotz gleichbleibender Wärmezufuhr je spezifisch ausprägt. In dem 2008 entwickelten Projekt *The Idea of a Tree* haben Katharina Mischer und Thomas Traxler diesen Prozess umgedreht, indem sie das eingesetzte Material standardisierten, aber die zugeführte Energie an die Schwankungen einer natürlichen Energiequelle koppelten (Abb. 25 u. 26). Im Mittelpunkt des Projektes steht der *Recorder One,* eine eigens entwickelte Maschine, die durch Sonnenenergie betrieben wird (Abb. 26). Mithilfe des gewonnenen Solarstroms wird ein recycelter Baumwollfaden mit Farbe getränkt, durch Leim gezogen und anschließend um eine glasfaserverstärkte Form gewickelt.[123] Hierbei ist entscheidend, dass sich die Intensität des Sonnenlichtes und die Sonnenscheindauer unmittelbar auf den Produktionsprozess auswirken. Je länger die Sonnenscheindauer, desto höher bzw. länger wird das resultierende Objekt, je höher die Intensität des Sonnenlichtes, desto dicker und heller wird die Schicht des um die Form gesponnenen Baumwollfadens. Da die Produktion eines Objektes mit Sonnenaufgang beginnt und mit Sonnenuntergang endet, entspricht der monochromatische Farbübergang von einem zum anderen Ende des Objektes den wechselnden Lichtverhältnissen innerhalb eines Tages am Ort der Produktion. Um diese Verlaufsrichtung zu dokumentieren, wird jedes Objekt an dem Ende, das dem Abend entspricht, mit einem Siegel versehen, das Auskunft über Tag und Ort der Produktion gibt. Je nach Art der eingesetzten Form und Weiterverarbeitung werden aus den so gewonnenen Objekten eine Bank, eine Lampe, ein Sideboard oder ein Aufbewahrungsbehälter.

Nicht ohne Grund trägt das Projekt den Titel *The Idea of a Tree,* denn wie sich in den Jahresringen eines Baumes die Witterungsbedingungen als Spuren erhalten, so müssen wir die Länge eines Objektes, dessen Oberflächenstruktur und Farbverlauf als Spuren der Lichtverhältnisse auffassen, die am Tag und am Ort der Produktion herrschen. Dies bedeutet beispielsweise, dass in äquatornahen Gegenden die Dimension der Objekte über das Jahr hin kaum variiert, während ihre Länge bzw. Höhe in äquatorfernen Gegenden entscheidend von der Jahreszeit abhängig ist, in der sie produziert werden. Ebenso fallen die Objekte in regnerischen Gegenden dunkler und dicker aus, während sie in sonnigen Gegenden heller und dünner werden.

Während bei dem *RD Legs Chair,* dem *B-Set* und den *Spineless Lamps* die Produktionsprozesse zeit- und ortsunabhängig sind, wird mit den Objekten des Projektes *The Idea of a Tree* der gestaltgebende Prozess an die klimatischen Bedingungen eines konkreten Ortes und einer konkreten Zeit geknüpft. Damit wird die natürliche Energiequelle des Sonnenlichtes nicht bloß faktisch zur Grundlage einer umweltfreundlichen Produktion, sondern es schlägt sich auch etwas von ihrer witterungsbedingten Eigengesetzlichkeit, die ja gerade Kennzeichen ihrer Natürlichkeit ist, am Produkt wahrnehmbar nieder. Auf diese Weise werden charakteristische Eigenheiten der ökologischen Produktion ästhetisch reflektiert, indem sie zu formgebenden Momenten des Produktes werden.

VOM REPRODUKTIONSMITTEL ZUM PRODUKTIONSPROZESS

Die ästhetische Reflexion der mechanischen Reproduktion

Anhand weniger Beispiele habe ich dargestellt, wie die Produktion als eine Interaktion von natürlichen Prozessen reflektiert und ästhetisch verhandelt wird. Um diese ökologisch motivierte ästhetische Reflexion der Produktion zu spezifizieren, ist es hilfreich, sie mit der ästhetischen Reflexion der Produktion in der Moderne zu kontrastieren. Dabei geht es mir nicht darum, die historischen Verflechtungen bestimmter ästhetischer Ambitionen herauszuarbeiten, die mit der Reflexion auf die neuen Produktionsbedingungen der Moderne zusammenhängen, sondern um ihren systematischen Gehalt. Der Fokus liegt hierbei auf der Art und Weise, wie die Moderne die Ablösung des Handwerks durch die serielle industrielle Produktion ästhetisch reflektiert.

Die Bezeichnung der dominierenden Gestaltungsauffassung der Moderne als «Funktionalismus» setzte sich erst Mitte der Dreißigerjahre durch und wurde Reyner Banham zufolge erstmals 1932 in Alberto Sartoris' Buch *Gli Elementi dell'Architettura Funzionale* konsequent verwendet.[124] Der Begriff der Funktion findet sich allerdings im Gegensatz zu dem des Funktionalismus recht früh in den modernen Gestaltungstheorien angewandter Kunst[125] und entwickelt sich mehr und mehr zu ihrem zentralen Begriff, nicht zuletzt aufgrund seiner wirkmächtigen Unterscheidungskraft gegenüber den Werken autonomer Kunst.[126] Er ist jedoch, wie Andreas Dorschel richtig herausstellt, ein mehrdeutiger Begriff: «Zum einen bedeutet Funktion so viel wie Aufgabe. Die Aufgabe eines Gegenstandes ist aber sein Zweck, das heißt diejenigen Bedürfnisse der Menschen, die diese zu Zielen ihres Handelns erhoben haben, und deren Erfüllung sie nun vom Gebrauch des Gegenstandes erwarten. Zum anderen aber bezeichnet Funktion die Art und Weise, in der eine Sache, wie man sagt, ‹funktioniert›, also ihr technisches Prinzip.»[127] Mit dem Begriff der Funktion kann also sowohl das Funktionieren bzw. die Technik eines Produktes bezeichnet werden als auch dessen Zweck. Der Zweck muss schon allein deshalb etwas anderes als die Art und Weise sein, wie ein Produkt funktioniert, weil mit unterschiedlichen Techniken dieselben Zwecke realisiert werden können. Diese Mehrdeutigkeit des Begriffs der Funktion bot die Möglichkeit, das Nützliche, also Zweckorientierte eines Produktes, mit dessen Technik in dem Schlagwort «Funktionalismus» zu verschmelzen.[128] Indem man eine funktionelle Gestaltung forderte, aber eigentlich nur die interne Technik von Produkten im Auge hatte, schien man zugleich auch eine am Nutzen orientierte Gestaltung zu fordern.

Hier möchte ich auf eine weitere Bedeutung hinweisen, die dem Begriff der Funktion im Funktionalismus zukommt, nämlich das Funktionieren eines Produktentwurfs in ökonomischer und produktionstechnischer Hinsicht. Diese Tendenz der modernen Gestaltung, nicht nur für die Bedürfnisse des Nutzers, sondern insbesondere für die der herstellenden Industrie zu entwerfen, wird durch die postmoderne Kritik des Funktionalismus und dessen Verteidigung besonders deutlich bewusst. So stellt Hartmut Seeger in seiner Kritik an der deterministischen Ästhetik des Funktionalismus, die sich durch den Glauben «an die zwangsläufige Schönheit einer funktionell und fertigungstechnisch richtig ausgebildeten Konstruktion»[129] auszeichne, fest: «Der Funktionalismus kann damit auf eine Gestaltungsauffassung präzisiert werden, bei der die technisch-physikalischen und technisch-wirtschaftlichen Konstruktionsprinzipien im Vordergrund des Entwurfs stehen und sich die ästhetischen Kriterien unter dem Postulat der Identität von Form und Funktion auf eine formale Geometrisierung reduzieren.»[130] Für Karin Hirdina dagegen folgen die Formen des Funktionalismus notwendig aus den neuen technischen und wirtschaftlichen Produktionsbedingungen: «Die ‹Diktatur des rechten Winkels› entstammte [...] vor allem der [...] Bauaufgabe, Wohnungsbau zu standardisieren und Serienprodukte herzustellen statt handwerklicher Unikate. Eihäuser und Kugelhäuser lassen sich nicht stapeln und reihen zur Arbeitersiedlung. Serienmäßige Produktion verlangte zunächst Elementarisierung der Form und Standardisierung.»[131] Auch Gerda Müller-Krauspe attestiert dem Funktionalismus, die Gestaltung an einer wirtschaftlichen Produktionsweise ausgerichtet zu haben: «Dass jedoch der Bauhaus-Funktionalismus nicht verbraucher-, sondern produktionsorientiert war, darf man ihm nicht zum Vorwurf machen. Das hieße die wirtschaftlichen Bedingungen jener Zeit [...] zu verkennen.»[132]

Die postmoderne Diskussion des Funktionalismus thematisiert den Zusammenhang der geometrischen Formtendenzen der Moderne mit den seriellen Produktionsbedingungen, wie sie die Industrialisierung hervorgebracht hat. Die postmoderne Sicht des Funktionalismus begreift dessen «Geometrisierung» jedoch nicht als ästhetische *Reflexion* auf diese Produktionsbedingungen, sondern als eine Art *Reduzierung* ästhetischer Fragestellungen auf Fragen funktionaler Relevanz.[133] Durch diese Simplifizierung entsteht der Eindruck, als hätte es die moderne Gestaltung vorzugsweise mit der Erfüllung funktionaler Gesichtspunkte zu tun gehabt, die mit einer notwendigen (Karin Hirdina) oder tolerierten (Hartmut Seeger) Reduzierung der Form – die oftmals mit einer Reduzierung des Ästhetischen gleichgesetzt wird – einherging, und als wäre es demgegenüber das Verdienst der Postmoderne, ästhetischen Bedürfnissen wieder zu ihrem Recht verholfen zu haben. In der Losung «Nicht nur *Funktion,* sondern auch *Fiktion!*»[134] des Architekten und Postmoderne-Theoretikers Heinrich Klotz kommt diese eigenartige Gegenüberstellung von Funktionalismus und Postmoderne besonders deutlich zum Ausdruck.

Die postmoderne Sicht auf den Funktionalismus folgt der einseitigen, deterministischen Interpretation des Credos «form follows function», nach der die Form sich gewissermaßen als notwendiges Ergebnis der Funktionserfüllung einzustellen hat. Vollständig heißt es in dem Text von Louis Sullivan, dem dieses Credo entstammt, allerdings: «Es ist das Gesetz aller organischen und anorganischen, aller physischen und metaphysischen, aller menschlichen und übermenschlichen Dinge, aller echten Manifestationen des Kopfes, des Herzens und der Seele, dass das Leben in seinem Ausdruck erkennbar ist, dass die Form immer der Funktion folgt.»[135] Das in seinem Ausdruck erkennbare Leben wird hier als Gestaltungsprinzip auch für das Verhältnis von Form und Funktion gefordert, und dies bedeutet, dass die Form zum *Ausdruck* der Funktion werden soll.[136] Die Vorstellung von der Form als Ausdruck der Funktion ist aber etwas völlig anderes als die Vorstellung, dass sich eine geeignete Form von selbst an die Funktionserfüllung knüpft.[137] Die Form wird vielmehr verstanden als eine – so könnte man sagen – wahrnehmbare Fiktion der Funktion, als ein reflexives Moment, an dem und durch das die Funktion thematisch und ästhetisch verhandelt wird. Vor diesem Hintergrund läuft die postmoderne Losung Heinrich Klotz' «Nicht nur *Funktion*, sondern auch *Fiktion!*» vollends ins Leere, da nicht verständlich wird, wogegen sich dieser Ausruf richten soll, denn auch der Funktionalismus begreift die Form als Ausdrucksträger, als Mittel ästhetischer Reflexion.[138] Während sich das Ausdruckskonzept von Louis Sullivan nur auf den Zweck und die Technik des zu Gestaltenden bezieht, lässt sich zeigen, dass andere Konzepte der Moderne darüber hinaus auch eine sinnliche Reflexion der seriellen Produktionsbedingungen fordern.

Die Debatte um eine den maschinellen Herstellungsverfahren angemessene Formgebung entzündet sich an der Frage, ob maschinell hergestellte Gegenstände auch Ornamente aufweisen sollen, und wenn ja, welche. Es ist naheliegend zu erwarten, dass der prominenteste Verfechter einer ornamentlosen Gestaltung, Adolf Loos, sich diese Frage stellt. Erstaunlicherweise zieht Adolf Loos dies jedoch nicht in Betracht, da das Ornament für ihn zwangsläufig mit dem Handwerk verknüpft zu sein scheint und sich also die Frage, ob maschinell hergestellte Gegenstände auch Ornamente aufweisen sollten, erübrigt. Die maschinelle Gestaltung kann nur ornamentlos ausfallen.[139] Für Hermann Muthesius hingegen, den einflussreichsten Kopf des Deutschen Werkbundes, wird die Formgebung unter seriellen Produktionsbedingungen zum eigentlichen Problem, da das Ornament für ihn nicht notwendig mit der handwerklichen Produktionsweise zusammenfällt, sondern gerade bei einer Vielzahl maschinell hergestellter Gegenstände auftritt: «Man versah nämlich die jetzt zumeist maschinenmäßig hergestellten Dinge mit solchem Schmuck, den man von den früheren, handwerklich erzeugten Dingen her kannte. Denn es war nichts leichter, als alle die Herrlichkeiten auch ihrerseits maschinenmäßig herzustellen. So entstanden unsere gestanzten Blechornamente in Nachahmung der früheren Treibarbeit, unsere ganze Goldarbeiterkunst ging an diesem Maschinenwerk zu Grunde.»[140] Dieses Aufgreifen der im Handwerk entwickelten Ornamentformen in maschinell hergestellten Gegenständen scheint für Muthesius ein ästhetisches Problem darzustellen: «Bei Betrachtung eines getriebenen Silbergefäßes empfinden wir das Wirken des Treibers nach, wir erleben seinen Eifer, seine Freude an der Arbeit gewissermaßen noch einmal mit, wir sehen, wie er hier glücklich, da unzureichend bildete, kurz, es spricht aus dem Werke ‹ein Geist zum anderen Geist›. Dasselbe Ornament mit der Blechstanze ausgeschlagen wirkt trivial und vermag nur dem ästhetisch rohen Gemüt Eindruck zu machen. [...] Jedenfalls ist Maschinenornament ein Irrtum. Die glatte, auf das Nützliche reduzierte Form ist das, was wir von dem Maschinenerzeugnis erwarten.»[141] Es ist unverkennbar, dass Muthesius eine Reflexion der Herstellungsweise in der Form anstrebt. In der individuellen Komplexität des Ornamentes scheint sich ihm die individuelle handwerkliche Auseinandersetzung mit dem Gegenstand ästhetisch zu vermitteln, die serielle maschinelle Herstellungsweise dagegen gerade in glatten und reduzierten Formen.

Ähnlich wie die unter dem Schlagwort «Materialgerechtigkeit» behandelten materialästhetischen Ansätze wird auch der produktionsästhetische Ansatz nur teilweise ästhetisch begründet. In dessen Begründung spielt die Semper'sche Vorstellung hinein, dass sich die Stile und Formen gewissermaßen wie von selbst aus der Trias von Material, Werkzeug und Zweck ergeben.[142] Was sich aber von selbst entwickelt, muss nicht erst eingefordert werden. Diese Ambivalenz im Verständnis der Form – als einerseits bewusst gestalteter Ausdruck der Produktionsweise und andererseits ihr notwendiges, produktionstechnisch determiniertes Ergebnis – wird besonders greifbar in dem Text *Kunst und Technik* von Peter Behrens: «Bei allen Gegenständen, die auf maschinellem Wege hergestellt werden, sollte man nicht eine Berührung von Kunst und Industrie, sondern eine innige Verbindung beider anstreben. Eine solche innige Verbindung wird erreicht werden, wenn jede Imitation, sowohl die der Handwerksform wie auch der alten Stilformen vermieden, dafür aber das Gegenteil, die exakte Durchführung der maschinellen Herstellungsart, angewandt wird und künstlerisch zum Ausdruck kommt, um so in jeder Beziehung das Echte hervorzuheben und vor allen diejenigen Formen künstlerisch zu verwenden und auszugestalten, die aus der Maschine und der Massenproduktion gewissermaßen von selbst hervorgehen und ihnen adäquat sind.»[143] Wenn aber eine Imitation handwerklich hergestellter Produkte mittels maschineller Herstellung möglich ist, dann ist es unsinnig, zugleich zu behaupten, aus der maschinellen Massenproduktion würden der Herstellungsweise adäquate Formen von selbst hervorgehen. Des Weiteren ist es unverständlich, warum industriell hergestellte Handwerksformen wie das gestanzte Blechornament eine weniger «exakte Durchführung der maschinellen Herstellungsart» aufweisen als die Herstellung jener Formen, in denen diese industrielle Herstellungsart «künstlerisch zum Ausdruck kommt».[144] Auch der Architekt Jacobus Johannes Pieter Oud, der ein einflussreiches Mitglied der Künstlergruppe *De Stijl* war, ist sich dieses Widerspruches nicht bewusst, wenn er schreibt: «Sobald mit der Maschine eine ihr *fremde Produktionsweise nachgeahmt* wird, versündigt man sich an den Faktoren, die die reine Form bestimmten.»[145] Die Faktoren, die zu einer «reinen Form» führen, sieht er in einer «reinen Benutzung der Maschine» realisiert, denn er schreibt etwas später: «Dass reine Benutzung der Maschine zu ästhetischen Ergebnissen führt, dafür gibt es schon Beweise: das Bauwerk, das ästhetisch gestaltete Buch (maschinell gedruckt),

Textilarbeit usw.»[146] Hier wird besonders deutlich, wie eine bestimmte ästhetische Ambition, nämlich die Form in Relation zu ihrer Herstellungsweise zu bringen, nicht ästhetisch, sondern produktionstechnisch begründet wird.

Dennoch ist unverkennbar, dass insbesondere Behrens – ähnlich wie Sullivan in Bezug auf die Funktion – ein Ausdruckskonzept anstrebt, das die Herstellungsweise ästhetisch vermittelt, dieses Ausdruckskonzept aber ganz im Geist des 19. Jahrhunderts zum Teil deterministisch zu begründen versucht. Dieser Widerspruch zwischen ästhetischer Ambition und ihrer Begründung wird verständlich vor dem Hintergrund, dass in den Formen der Produkte nicht etwas Externes, sondern ihre eigene Herstellungsweise, also jene Verfahren, mit denen das Produkt kausal und deterministisch zusammenhängt, zum Ausdruck kommen sollen. Dass es *möglich* ist, die Produktformen ihre eigene Herstellungsweise ausdrücken zu lassen, wird daher oftmals mit der Vorstellung verwechselt, dass in Produkten *notwendig* ihre Herstellungsweise zum Ausdruck kommt. Zwar hängen alle Formen deterministisch mit ihrer Entstehung zusammen, aber nicht alle Formen bringen deshalb auch etwas von ihrer Entstehung ästhetisch zum Ausdruck.

Man kann und muss hier unterscheiden zwischen dem, was ästhetisch angestrebt und realisiert wird, und den Begründungsversuchen, die den ästhetischen Ambitionen unterlegt werden. Mit den Vorstellungen, die den deterministischen Begründungsversuchen zugrunde liegen, lässt sich nicht erfassen, warum die Protagonisten der modernen Gestaltung für maschinell hergestellte Produkte andere Formen forderten als diejenigen, die sich im Zuge handwerklicher Herstellung etabliert hatten. Denn nach deterministischer Vorstellung müsste alles, was maschinell hergestellt werden kann, also auch das gescholtene Maschinenornament, als der Herstellungsweise adäquat angesehen werden. Da dies aber nicht der Fall war, bleibt gar keine andere Möglichkeit, als unter Missachtung mancher deterministischer Begründungsversuche das Charakteristische dieser Programme gerade in dem Bestreben zu sehen, in den Formen die maschinelle Produktionsweise ästhetisch zum Ausdruck zu bringen. Mit den Worten William Richard Lethabys heißt dies: «Was die Maschine herstellt, sollte ganz klar zeigen, dass es ein Kind der Maschine ist.»[147]

Aber wie kann ein Produkt zeigen, dass es «ein Kind der Maschine ist»? Recht unspezifisch scheinen Muthesius in der «glatten Form»[148] und J.J.P. Oud in der «reinen Form»[149] die maschinelle Produktionsweise vermittelt zu sehen. Peter Behrens wird in diesem Punkt etwas genauer: «Eine allzu reiche Ornamentgebung sollte jedoch bei Maschinenarbeit stets vermieden werden, da es dem guten Geschmack widerspricht, in großer Anzahl immer wieder die gleichen anspruchsvollen Formen zu finden. Man würde den Gegensatz sehr unangenehm empfinden, der in der reichen Formgestaltung und der leichten Herstellung durch die Maschine liegt. Das Ornament sollte darum stets etwas Unpersönliches haben. Am nächsten kommt diesem Anspruch das einfache geometrische Ornament.»[150] Was Behrens hier als die «gleichen Formen in großer Anzahl» anspricht, können wir sinnvoll nur als das entscheidende Merkmal der modernen Produktionsweise auffassen, nämlich ihr serielles Verfahren oder, genauer, ihre exakte Reproduktionsfähigkeit. Die industrielle Produktionsweise unterscheidet sich von vormodernen Produktionsweisen ja nicht einfach darin, dass sie mit den neuen Maschinen leistungsfähigere Werkzeuge bereitstellt – auch das Handwerk bedient sich verschiedenster Werkzeuge, Produktionstechniken und Maschinen, man denke nur an das Spinnrad oder den Webrahmen –, sondern darin, dass die moderne Maschine ein mechanisches Werkzeug der Reproduktion ist, dass sie es ermöglicht, dieselben Formen immer wieder zu reproduzieren. Zur Vervielfältigung eines Produktes bedarf es also keiner erneuten tätigen Auseinandersetzung mit ihm, sondern diese besorgt die Maschine, einmal eingerichtet, von selbst. In diesem Sinne kann der Vorgang der Reproduktion auch als ein «unpersönlicher» Vorgang charakterisiert werden, von dem Behrens verlangt, dass er in ebenso «unpersönlichen» Formen ästhetisch reflektiert werden solle. In dem «geometrischen Ornament» scheint sich für Behrens das für die moderne Produktionsweise charakteristische Verfahren der mechanischen Reproduktion am geeignetsten zu vermitteln. Diese Auffassung vertritt auch Herbert Read: «Der für die maschinelle Produktion am besten geeignete Ornamenttypus ist jedoch zweifellos das mechanische Ornament – d. h. also, das geometrische Ornament.»[151]

Aber warum sind gerade geometrische Formen besonders geeignet, das mechanische Reproduktionsverfahren ästhetisch zu vermitteln? Herbert Read begründet die Präferenz für das geometrische Ornament in folgender Weise: «Aber die formalen Werte maschinell hergestellter Gegenstände, über die wir uns bereits klar geworden sind, unterscheiden sich grundsätzlich von den formalen Werten handwerklich hergestellter Dinge. Der formalen Präzision und Abstraktion maschinell hergestellter Dinge müssen präzise und abstrakte Ornamente entsprechen, und solche Dekore kann die Maschine herstellen. Linien, Schraffuren und Stanzlöcher – in wiederholten oder fortlaufenden Mustern – in das Material einzudrücken oder einzuschneiden, gehört zu den Aufgaben, die der Maschine gemäß sind.»[152] Die «Präzision der maschinell hergestellten Dinge» ist ein anderer Ausdruck für die formale Identität der in einem Reproduktionsverfahren erzeugten Ergebnisse.[153] Ebendiese Leistung der modernen Produktionsweise, die Wiederholbarkeit des formal Identischen zu gewährleisten, scheint für Herbert Read gerade in der Präzision geometrischer Formen greifbar zu werden. Während «Präzision» bezogen auf die Herstellung das Erzeugen formal identischer Ergebnisse bezeichnet, scheint «Präzision» in Bezug auf geometrische Formen eine andere Art von Identität zu meinen.

Um zu erläutern, was mit der Präzision geometrischer Formen gemeint sein könnte, bietet es sich an, die formale Entwicklung der Kochgeräte der AEG durch die gestalterische Tätigkeit von Peter Behrens in den Blick zu nehmen. Die elektrischen Kochgeräte, die die AEG vor der Ernennung von Peter Behrens zum leitenden Designer produzierte (Abb. 27) – ornamentierte und in organischen Formen ausgeführte Gegenstände –, verdanken sich einem Reproduktionsverfahren, das die formale Identität der einzelnen Exemplare einer Serie sicherstellt. Was nun aber faktisch der Fall ist, die Wiederholung des formal Identischen, ist an dem einzelnen Exemplar anschaulich nicht überprüfbar. Ob das einzelne Exemplar von seinen seriellen Gegenstücken abweicht, würde sich erst im konkreten Vergleich mit diesen zeigen. Der Grund hierfür sind die verwendeten organischen Formen, die nur bedingt, beispielsweise in der vertikalen axialen Symmetrie, einer abstrakten Ordnung folgen, die das Erreichen oder Nichterreichen dieser Ordnung anschaulich bemerkbar machen würde. Wenn zum Beispiel das zugrunde liegende Reproduktionsverfahren so unpräzise wäre, dass es zwar die vertikale axiale Symmetrie gewährleistet, aber zu unterschiedlicher Bauchigkeit der Gefäße führt, manche Exemplare staucht, andere hingegen in die Länge zieht, mal die Anzahl der ornamentalen Voluten am Fuß der oberen drei Kochgefäße erhöht, mal verringert, dann wäre diese Ungenauigkeit des Reproduktionsverfahrens am einzelnen Exemplar nicht oder nur kaum zu bemerken, und zwar deshalb, weil die organischen, geschwungenen Formen ihre Variation und Individualisierung in erhöhtem Maße tolerieren.

Ganz anders stellt sich dieser Zusammenhang bei den 1909 von Peter Behrens für die AEG entworfenen Tee- und Wasserkesseln dar. Grundlage aller drei Entwürfe sind geometrische Prinzipien. Während der eine Entwurf das Volumen aus acht zu einem Achteck angeordneten Quadraten aufbaut (Abb. 28), hat der zweite die Form eines glatten ovalen Zylinders (Abb. 29), während der dritte aus einem nahtlos in den Deckel fortgesetzten abgerundeten Volumen besteht, bei dem der Durchschnitt der Grundfläche die Seite eines gleichseitigen Dreiecks bildet, dessen Spitze exakt im Knaufansatz mündet (Abb. 30). Diese geometrische Ordnung und besonders die Ausführung in glatten, blankpolierten Flächen, lässt Abweichungen und Ungenauigkeiten im Zuge des Reproduktionsverfahrens beim Einzelexemplar deutlich empfindlicher hervortreten, als dies bei den Vorläufermodellen mit ihren organischen Formen der Fall wäre. Umgekehrt heißt dies: Je exakter sich die einzelnen Exemplare als Verwirklichung einer geometrischen Ordnung ausnehmen, desto anschaulicher manifestiert sich in ihnen die Fähigkeit der Maschine zur fehlerfreien Reproduktion. Was die handwerkliche von der industriellen Produktion unterscheidet, nämlich die Präzision, mit der Letztere die Wiederholung des formal Identischen ermöglicht, wird auf diese Weise auch ohne den seriellen Vergleich am Einzelexemplar anschaulich überprüfbar, und zwar in der Präzision, mit der die geometrischen Formen ihrer mathematischen Berechenbarkeit, ihrer ideellen Vorstellung entgegenkommen. Dass dem Funktionalismus der Moderne gemeinhin, die «Obsession mit dem rechten Winkel»[154] attestiert wird – aber nicht nur mit dem rechten Winkel, sondern viel allgemeiner auch mit der schnurgeraden Linie und der spiegelglatten Fläche –, mag zu einem nicht geringen Teil in ebendiesem Umstand gründen, dass er gerade solche a priori erkannten und bekannten Formen wählt, an denen ein ungenaues Reproduktionsverfahren besonders deutlich wahrnehmbar würde. In dem Maße, in dem das Produkt als präzise Verwirklichung einer vorgedachten geometrischen Ordnung erscheint, schlägt sich in ihm die Präzision des mechanischen Reproduktionsverfahrens wahrnehmbar nieder.

Mit der Vorliebe für geometrische Formen hängt noch ein weiterer Aspekt zusammen, der ebenfalls als ein Reflexionsmoment der maschinellen Produktionsbedingungen gedeutet werden muss. Geometrische Formen sind keine Erfindungen, sie sind Allgemeingut, und aus diesem Grund eignen sie sich kaum, um etwas von individuellem Formausdruck, von individuellen Formfindungen thematisch werden zu lassen. Das individuelle Moment zieht sich stattdessen in die Proportionen des Produktes zurück, in die Anordnung und Organisation der geometrischen Formelemente.[155] Während im Handwerk die Produktform dahin tendierte, sich als Ganzes wie in ihren Elementen als individuelle Formfindung zu präsentieren, tendiert das für die serielle Produktion gestaltete Produkt dahin, die allgemeinen geometrischen Formen von ihrer individuellen Proportionierung zu trennen. In dieser Gliederung des Produktes in allgemeine und individuelle Formmomente drückt sich die Spaltung des Produktionsprozesses in einen einmaligen Entwurf und dessen massenhafte Reproduktion aus. Von dem beratenden Ingenieur der AEG-Fabriken Michael von Dolivo-Dobrowolsky wird dieser Umstand deutlich benannt: «Grundfalsch ist es, mit individueller ‹Kopiertätigkeit› zu prahlen, weil hierin ein Widersinn liegt. Wohl aber darf man stolz sein, Einrichtungen geschaffen zu haben, die das ‹Individuelle› beim Fabrizieren (Kopieren) möglichst vollkommen beseitigen! Das ‹Individuelle› ist *nicht Sache der Fabrikation in der Werkstatt, im Fabriksaale, sondern die des Erfinders, des Konstrukteurs, der das Musterexemplar schafft.*»[156] In der Präzision der geometrischen Formelemente zeigt sich so die Beseitigung des Individuellen in der Produktion, die die massenhafte Realisierung des formal Identischen bedeutet, während das Individuelle sich als individuelle Organisation und Proportionierung des formal Identischen aus der Produktion in den Entwurf zurückzieht.

Die ästhetische Reflexion der natürlichen Produktionsprozesse

Wenn wir diese Art der ästhetischen Reflexion maschineller Reproduktionsverfahren mit der Art und Weise vergleichen, wie die Produktion unter ökologischen Vorzeichen ästhetisch verhandelt wird, so zeigt sich, dass hier geradezu eine Umkehrung im Verhältnis von individuellen und allgemeinen, von originalen und bekannten Formmomenten vorliegt. Die auf Materialrecyclingprozessen basierenden Produkte *Jim Nature, Cork Chair* und *SHREDDED* (Abb. 14 u. Abb. 17–19) zeichnen sich gerade dadurch aus, dass sich die Formmomente, die wir dem Entwurf zusprechen müssen, als besonders archetypisch, ja geradezu plump und kindlich erweisen. Dagegen gehört bei diesen Produkten alles Individuelle, alles, was als heterogene Struktur mit diesen archetypischen Formen in ein Spannungsverhältnis gerät, auf die Seite der Produktion. Es entsteht erst durch diese, indem sie das Material zu einer individuellen Struktur fügt, die sich jeder Reproduktion verweigert und deshalb auch nicht entworfen worden sein kann. Drastischer noch nimmt sich diese Umkehrung in der Zuordnung von Individuellem und Allgemeinem zu Entwurf und Produktion in den bereits betrachteten Produkten *RD Legs Chair*, *B-Set*, *Spineless Lamps* und *The Idea of a Tree* aus (Abb. 20–26). In ihnen spiegelt sich der Entwurf nur noch der Anlage nach, gewissermaßen als Grenzwert in der Produktform als Ganzem. Er beschränkt sich auf das Sicherstellen bestimmter Produktionsbedingungen, unter denen sich das, was durch den Entwurf nur angelegt wurde, im Produktionsprozess unvorhersehbar und unreproduzierbar individualisiert.

Dieser gravierende Unterschied in der Art und Weise, wie auf der einen Seite das moderne Produkt und auf der anderen Seite die hier vorgestellten ökologischen Produkte ihre Produktion ästhetisch verhandeln, wird umso erstaunlicher, wenn man berücksichtigt, dass nicht nur das moderne, sondern auch das ökologische Produkt sich serieller Produktionsweisen bedient oder eine serielle Produktion von Produkten wie *SHREDDED* und *Spineless Lamps* zumindest prinzipiell möglich wäre. Der Unterschied kann also nicht auf einer produktionstechnischen Entwicklung beruhen, wie dies bei dem handwerklichen Produkt auf der einen und dem industriellen Produkt auf der anderen Seite durchaus der Fall ist, sondern er liegt in dem Verständnis und in der Verwendung von seriellen Produktionstechniken.

Für die moderne Gestaltungsauffassung ist das serielle Produktionsverfahren ein Mittel zur Erzeugung des formal Identischen. Je gleichförmiger die seriell hergestellten Produkte sind, desto vollkommener zeigt sich in ihnen die Beherrschung des Produktionsprozesses durch das entwerfende und produzierende Subjekt. Das Produkt soll nicht als selbstständiges Ergebnis des Produktionsprozesses erscheinen, sondern als Ausdruck seiner vollständigen und erfolgreichen Instrumentalisierung. Damit stellt sich die Instrumentalisierung des Produktionsprozesses als reines Reproduktionsmittel umso wirkungsvoller dar, je präziser die Realisierung des formal Identischen sichergestellt wird. In der Identität der geometrischen Formen mit dem, was ihnen als ideelle Vorstellung korrespondiert, wird die formale Identität der Serie auch in das Einzelexemplar hineingetragen. Darf sich im Handwerk der Arbeitsprozess als eigenständige Interaktion von Hand und Material noch im Produkt niederschlagen, so soll in der industriellen Produktion gerade alles Eigenständige der in die Produktion involvierten Prozesse unterbunden werden. In der Art und Weise, wie die Moderne die serielle Produktion einsetzt und ästhetisch verhandelt, erscheint der Produktionsprozess daher nicht als etwas Eigengesetzliches, das dem Produkt etwas hinzuzufügen hätte, sondern als bloßes Mittel, als bloße Bedingung der unverfälschten Realisierung des Entwurfs.

Auch die hier vorgestellten Beispiele ökologischen Produktdesigns nutzen ein serielles Produktionsverfahren. Dieses wird aber fundamental anders eingesetzt. Während das Produktdesign der Moderne das maschinelle Reproduktionsverfahren vornehmlich zur Reproduktion von Formen einsetzt, wird es unter ökologischen Vorzeichen als Reproduktion von *Formbedingungen* entdeckt und mündet nicht notwendig in formal identischen Produkten. In diesem auf den ersten Blick unscheinbaren Unterschied in der Art und Weise, wie das Reproduktionsverfahren eingesetzt und verstanden wird – einmal als Reproduktion von *Formergebnissen* und ein andermal als Reproduktion von *Formbedingungen* –, spiegelt sich jedoch ein radikal unterschiedliches Verhältnis zum Subjekt und zur Natur. Während sich im Handwerk noch der subjektgebundene Entwurf unter den je individuellen natürlichen Bedingungen der körperlichen Auseinandersetzung mit dem Material relativiert und spezifiziert, die natürlichen Bedingungen also stets unvermeidbar und untrennbar als subjektunabhängiges Moment in das Produkt eingehen, zielt die serielle Produktion der Moderne gerade auf die Unterbindung jeglichen natürlichen Einflusses, der nicht der Kontrolle durch das Subjekt unterworfen ist. Das maschinelle Reproduktionsverfahren wird so zum Mittel, die Beherrschung der Prozesse der Natur durch das Subjekt, in der Realisierung des Immergleichen wirkmächtig zur Erscheinung zu bringen.

Das ökologische Design kehrt dieses Verhältnis von Subjekt und Natur um. Hier wird das maschinelle Reproduktionsverfahren zum Mittel, nicht den Einfluss natürlicher Prozesse, sondern den des Subjekts auf die Produktform zu minimieren. Im Gegensatz zum Handwerk, für das gerade die Verschmelzung von subjektabhängigen und subjektunabhängigen Einflüssen charakteristisch ist, bietet die maschinelle Reproduktion dem ökologischen Design die Möglichkeit, zwischen subjektabhängigen und natürlichen Einflüssen *wahrnehmbar* zu unterscheiden. Indem die Produktionsbedingungen standardisiert werden – das subjektabhängige Moment also identisch bleibt – und der Produktionsprozess dennoch zu unvorhersehbaren Variationen der Produktform führt, zeigt sich in den Individualisierungen wirkungsvoll die subjektunabhängige Selbsttätigkeit natürlicher Prozesse. In der Produktion als Schauplatz des materiellen Umgangs mit Natur spiegelt sich so das Verhältnis von Subjekt und Natur. Verkürzt heißt das: Weist die handwerkliche Produktion auf die untrennbare Wechselwirkung von Subjekt und Natur, so das Serienprodukt der Moderne auf die Selbstständigkeit des Subjektes gegenüber der Natur und umgekehrt das ökologische Serienprodukt auf die Selbstständigkeit der Natur gegenüber dem Subjekt.

Dieses materielle Verhältnis von Subjekt und Natur wird nicht nur faktisch vollzogen, sondern schlägt sich auch wahrnehmbar am Produkt nieder, wird an ihm ästhetisch reflektiert. In präzisen geometrischen Formen vermittelt sich die unabhängige Selbstständigkeit des entwerfenden und produzierenden Subjektes gegenüber den natürlichen Prozessen, da sie als mathematisch berechenbare Formen einer anderen Ordnung anzugehören scheinen als die mathematisch nur durch Annäherungswerte erfassbaren fraktalen Gebilde, die im Zuge sich selbst überlassener natürlicher Prozesse entstehen würden. Die fraktalen Gebilde unkontrollierter natürlicher Prozesse zeichnen sich durch «anschauliche Unvorhersehbarkeit»[157] aus, um ein Kriterium von Gernot Böhme in Bezug auf die «Insignien von Natürlichkeit»[158] zu verwenden, während einfache geometrische Formen gerade durch ihre anschauliche Vorhersehbarkeit charakterisiert werden können. An der präzisen Geometrie des modernen Serienproduktes gehen die in die Produktion involvierten Prozesse nicht tatsächlich, jedoch dem Anschein nach spurlos vorbei. Je exakter die Formen ihrer Geometrie entsprechen, desto vollkommener realisiert sich, was intendiert, was vorherzusehen war, und desto erfolgreicher wird die Eigengesetzlichkeit des Produktionsprozesses unsichtbar gemacht. Die ökologische Reflexion der Produktion hingegen versteht diese als eigengesetzliches Geschehen natürlicher Prozesse und lässt dies auch ästhetisch am Produkt thematisch werden, indem der Produktionsprozess in den unvorhersehbaren fraktalen Formmomenten gestaltbildend wird. Die formale Technik hierbei ist zumeist die, klare standardisierte geometrische Grundstrukturen mit fraktalen Formmomenten zu kontrastieren, um so den doppelten Formprozess – durch den Entwurf einerseits und die eigengesetzlichen Produktionsprozesse andererseits – wahrnehmbar und unterscheidbar zu erhalten.

14

15

16

17

14 Philippe Starck, *Jim Nature*, 1994
15 Philippe Starck, *Zeo TV*, 1994
16 Verner Panton, *Panton Chair*, Entwurf 1959–1960
17 Jasper Morrison, *Cork Chair*, 2007

18

19

18 Jens Praet, *SHREDDED Series 1*, Regal, Hocker, Beistelltisch, 2010
19 Jens Praet, *SHREDDED Series 1*, Beistelltisch, 2010

20

21

20 Richard Liddle (Cohda Design Ltd), *RD (Roughly Drawn) Legs Chair*, 2008
21 Herstellung eines *RD Legs Chair*

22

23

24

22 Hella Jongerius, *B-Set*, 1997
23 Hella Jongerius, *B-Set*, Teller, 1997
24 Frederik Roijé, *Spineless Lamps*, 2003

25

26

25 Katharina Mischer und Thomas Traxler,
   The Idea of a Tree, Bank, 2008
26 Katharina Mischer und Thomas Traxler,
   The Idea of a Tree, Recorder One, 2008

27

28

29

30

27 Elektrische Kochgeräte im AEG-Katalog von 1897
28 Werbung für AEG-Wasserkessel (achteckige Form). Abgebildete Entwurfsvarianten und Grafik von Peter Behrens, 1908
29 Werbung für AEG-Wasserkessel (ovale Form). Abgebildete Entwurfsvarianten und Grafik von Peter Behrens, 1908
30 Werbung für AEG-Wasserkessel (runde Form). Abgebildete Entwurfsvarianten und Grafik von Peter Behrens, 1908

Die Gebrauchs-geschichte

EINLEITUNG

Wir haben gesehen, wie die Entstehungsgeschichte des Produktes vom Material bis zum fertigen Gegenstand aus ökologischer Perspektive als ein prozessuales Geschehen betrachtet wird und wie dies dazu führt, das Gewordensein der Produkte ästhetisch zu verhandeln. Dieses prozessuale Produktverständnis haben wir bisher nur in Bezug auf die Zeit vor dem Gebrauch des Produkts betrachtet, die für den Nutzer bereits abgeschlossen und vergangen ist und nur durch ästhetische Vermittlung in die Gegenwart der Wahrnehmung überführt wird. Gegenstand dieses Teiles der Arbeit wird es nun sein, wie dieses prozessuale Verständnis sich auch auf den Gebrauch als die Gegenwart des Produktes erstreckt und zu welchen ästhetischen Reflexionsformen dieses Verständnis führt.

Ähnlich wie die Produktion wird der Gebrauch aus ökologischer Sicht zunächst als ein in natürliche Prozesse involviertes Geschehen betrachtet. Dabei werden nicht nur die Zwecke betrachtet, für die das Produkt gebraucht wird, sondern eine Vielzahl durch den Gebrauch initiierter sekundärer Prozesse einbezogen, die nicht intendiert waren bzw. dem eigentlichen Gebrauchszweck nicht zuzurechnen sind. In der Thematisierung der Luftverschmutzung durch Autoabgase oder der Grundwasserverschmutzung durch Reinigungsmittel beispielsweise wird dieser Sichtwechsel besonders deutlich. Denn der eigentliche Zweck des betreffenden Produktes wäre ja im Fall des Autos die Ortsveränderung und im Fall des Reinigungsmittels das Säubern eines Gegenstandes, und dennoch werden Auswirkungen durch den Gebrauch in Betracht gezogen, die mit diesen Zwecken nicht zusammenfallen.[159] Der Gebrauch eines Produktes kann vor diesem Hintergrund nicht mehr bloß über seinen Zweck definiert werden, sondern er muss für sich betrachtet werden, als ein Geschehen, das natürlichen Prozessen verhaftet ist. Hier verschiebt sich ähnlich wie bei der ökologischen Reflexion auf die Produktion der Fokus des Interesses. Neben der Frage, welche Zwecke der Gebrauch eines Produktes zu realisieren vermag, stellt sich die Frage, welche natürlichen Prozesse in den Gebrauch involviert sind. Die ausschließende Gegenüberstellung von künstlichem Artefakt auf der einen Seite und Naturgegenstand auf der anderen Seite – hier Gebrauch als Handeln mit Kulturgegenständen, dort das Unterworfensein der Naturdinge unter Naturgesetze – kann nicht mehr aufrechterhalten werden. Das Gebrauchen wird stattdessen zu einem Geschehen, das in natürliche Prozesse eingebettet ist, durch diese ermöglicht wird und sie wiederum beeinflusst.

Zwei Aspekte werden auf diese Weise besonders bewusst: Erstens ist das Gebrauchen von Produkten keine naturferne Kulturhandlung, sondern eine Interaktion des Nutzers mit natürlichen Prozessen, zweitens zeichnet sich dieser Interaktionsprozess durch Zeitlichkeit aus. Gebrauchsgegenstände werden in der Regel nicht einmalig, sondern immer wieder gebraucht, und mit diesem wiederkehrenden Gebrauch wandeln sich auch dessen Bedingungen: Sowohl der Nutzer als auch der Gegenstand unterliegen der Zeit. So wie der Nutzer sich verändert, so sind auch die natürlichen Bedingungen, denen ein Gegenstand unterliegt und unter denen er gebraucht wird, nie ganz dieselben. Diese Betrachtung des Gebrauchs als sich wandelndes Interaktionsphänomen von Nutzer und Gegenstand führt zu einer anderen Sicht auf die Langlebigkeit von Produkten. Diese wird nicht mehr ausschließlich in der technischen und materiellen Haltbarkeit des Produktes gesehen oder allein in einer dauerhaften psychischen Produktbeziehung, sondern schließlich auch in einem körperlichen Verhältnis des Nutzers zum Produkt.

LANGLEBIGKEIT DURCH INDIVIDUALISIERUNG

Den Startschuss für eine Thematisierung der Langlebigkeit von Produkten unter ökologischen Gesichtspunkten gab Vance Packard mit seinem weitverbreiteten Buch *The Waste Makers* von 1960,[160] in dem er das Phänomen der geplanten Obsoleszenz, also dem geplanten Veralten von Produkten, untersucht und kritisiert.[161] Das Buch richtet sich vor allen Dingen gegen den amerikanischen Designer Brooks Stevens, der in den Fünfzigerjahren offen für eine geplante Obsoleszenz warb, um auf diese Weise den Produktabsatz zu erhöhen.[162] Packard unterscheidet drei Möglichkeiten der geplanten Obsoleszenz. Sie kann erstens erreicht werden durch funktionelles Veralten, zweitens durch qualitatives Veralten und drittens durch psychologisches Veralten bzw. den Verlust der psychologischen Attraktivität (desirability) eines Produktes.[163] Während das Problem der Langlebigkeit bei den ersten beiden Möglichkeiten beim Produkt liegt, in dessen materieller Haltbarkeit und vergleichsweisen Funktionstüchtigkeit, wird es bei der dritten Möglichkeit zu einer Frage des Verhältnisses von Nutzer und Produkt, das allerdings als ein rein psychologisches Verhältnis gedacht wird. Dieser dritte Aspekt erweist sich für die ökologischen Strategien der Ressourcenschonung und Abfallvermeidung durch Nutzungsverlängerung als besonders wichtig, da immer deutlicher bewusst wird, dass ein Hauptgrund für die Ersetzung eines alten Produktes durch ein neues nicht in dessen mangelnder Funktionstüchtigkeit, sondern in dessen mangelnder Attraktivität für den Nutzer liegt. Um es mit Jonathan Chapman, Professor für nachhaltiges Design an der *University of Brighton,* zu sagen: «There is little point designing physical durability into goods if consumers lack the desire to keep them.»[164]

    In dieselbe Richtung wie Packards Überlegungen geht der Ansatz von Bernhard Bürdek aus dem Jahr 1977. Er unterteilt das, was bei Packard die psychologische Obsoleszenz ist, noch einmal in visuelle und emotionale Obsoleszenz.[165] Diesen Formen des Veraltens sei zu begegnen durch: 1. «komplexe wahrnehmbare Strukturen», 2. eine «Vieldeutigkeit in Grenzen», die den Informationsgehalt einer Struktur potenziere, 3. eine «lässige Gestaltung», die unsere projektive Wahrnehmung bereichere, und 4. die Möglichkeit «emotionaler Besetzung», die sich als Ergebnis der ersten drei Punkte ergebe.[166] In diesem und ähnlichen Versuchen, Langlebigkeit zu thematisieren, wird das Verhältnis des Nutzers zum Produkt als ein rein kognitives und perzeptuelles aufgefasst, während der eigentliche Gebrauch, also die körperliche Interaktion mit dem Gegenstand, keine Rolle spielt. Man könnte sagen, dass dieser Ansatz die Vorstellung von «Haltbarkeit» von der materiellen Verfasstheit des Objektes auf die psychische und sinnliche Ebene überträgt – auch die Wahrnehmung und das psychische Verhältnis zum Gegenstand sollen jetzt «haltbar» sein.[167] Was die Langlebigkeit eines Produktes allerdings vornehmlich ausmacht, nämlich eine lange Gebrauchsgeschichte, in der es mehrfach und dauerhaft benutzt und genutzt wurde, also ein *langes Gebrauchsleben,* wird in diesem Ansatz ausgespart.

Peter-Paul Verbeek und Petran Kockelkoren wenden sich in einem Aufsatz aus dem Jahr 2010 gegen diese vornehmlich psychologische Ausdeutung einer langlebigen Produktbeziehung, da sie nicht die Beziehung des Nutzers zum *materiellen Artefakt* berücksichtige, sondern bloß zu dessen *immaterieller Bedeutung*. Mit Bezug auf die 1995 gegründete Forschergruppe «Eternally Yours», die sich mit Fragen der Langlebigkeit von Produkten befasste, heißt es dort: «However important and illuminating those strategies of Eternally Yours may be, in our opinion, they show a certain one-sidedness. Whereas their aim is to extend the ‹psychological lifespan› of products by creating a bond between users and products, the products themselves, as material objects, are hardly relevant anymore.»[168] Diese fehlende Berücksichtigung der materiellen Seite des Produktes begünstige dessen Austauschbarkeit: «This implies that the bond that may arise between the user and the product will mainly concern the nonmaterial that is represented by the product, and not the material thing itself. And such a product could be replaced by any other product with the same nonmaterial quality. The attachment these products evoke does not concern the products *themselves,* but only the *ideas* they embody.»[169]

So überzeugend dieses Argument zunächst auch erscheinen mag, wird bei näherer Betrachtung deutlich, dass es ergänzt werden muss. Denn das materielle Objekt kann durch ein formal identisches anderes ersetzt werden, ohne dass damit die Beziehung zwischen Nutzer und Produkt beeinträchtigt wäre. Das Argument trägt erst, wenn nicht das materielle Objekt allein im Mittelpunkt steht, sondern die materiellen Beziehungen, denen es im Gebrauch unterliegt. Erst wenn sich die individuelle Gebrauchsgeschichte eines Gegenstandes auch wahrnehmbar in materiellen Formveränderungen an ihm niederschlägt, kann argumentiert werden, dass dieser Gegenstand nicht zu ersetzen ist, ohne dass mit ihm zugleich die Beziehung zwischen Nutzer und Gegenstand angetastet wird. An diese materielle Individualisierung des Produktes im Gebrauch kann und wird sich eine psychologische Beziehung knüpfen. Wird aber nur eine psychologische Beziehung zum Produkt erreicht und nicht mit dieser auch eine tatsächliche Veränderung des Gegenstandes, so bleibt dieser – und dies ist der eigentlich starke Punkt von Verbeek und Kockelkoren – unter Beibehaltung der psychologischen Beziehung austauschbar.

Während also im Diskurs über Langlebigkeit die Beziehung des Nutzers zum Produkt anfänglich vor allen Dingen als eine rezeptive verstanden wurde, erweitert sich dieses Verständnis nach und nach um das Moment der Interaktion. Der Nutzer soll nicht nur das Produkt rezipieren, sondern in dessen Produktionsprozess involviert werden. *Wie* das geschieht, wird in der Theorie allerdings nicht hinreichend differenziert. Konstatiert wird nur, *dass* der Nutzer involviert wird, dass ihm gewissermaßen Individualisierungsmöglichkeiten gegeben werden, dass das Produkt also durch ihn beeinflussbar ist. Welche unterschiedlichen Erfahrungsformen im Individualisierungsprozess möglich sind, wird nicht eigens reflektiert, sondern als qualitativ ununterschieden übergangen. So ist es beispielsweise nicht von Bedeutung, ob die nutzerbedingte Individualisierung durch emotionale Besetzung,[170] durch Auswahl, durch Entwurf oder durch körperliche Interaktion bzw. Produktion stattfindet.

Der Grund dafür dürfte sein, dass die gesamte Diskussion über Langlebigkeit eher zweckorientiert ist. Hat man erkannt, dass eine dauerhafte Bindung des Nutzers an das Produkt mit dem Grad der Individualisierung und seinem psychologischen Gegenstück, der Aneignung, zusammenhängt, dann scheint die Art des Individualisierungsprozesses nicht mehr entscheidend, solange er nur zu einem bestimmten Ergebnis führt – dem individualisierten und angeeigneten Produkt. Die spezifischen Erfahrungsformen, die mit den jeweiligen Individualisierungsprozessen verbunden sind, rücken unter diesem Blickwinkel als unbedeutend in den Hintergrund, da nicht die mit der Individualisierung verbundene Erfahrung zählt, sondern bloß das Ergebnis, das langlebige Produkt.

Beispielhaft für diese Auffassung einer langlebigen Produktbeziehung ist eine Beschreibung von Jonathan Chapman, der sie in einer Art Anpassungsverhältnis von Nutzer und Produkt realisiert sieht: «Products must be both dynamic and flexible in order to accommodate ‹endearing imperfections›, as what people basically want is a well-functioning and up-to-date product that meets their altering needs. The variable natur of users' desires similarly requires the development of dynamic and flexible products. Users must therefore be designed into narratives as co-producers and not simply inert, passive witnesses.»[171] Diese dynamische und flexible Anpassungsfähigkeit des Produktes, die hier mit der Verwendung des Begriffs des «co-producers» auch als materielle Veränderbarkeit des Produktes angesprochen wird, wird an anderer Stelle allerdings wiederum nur als dessen Fähigkeit zur emotionalen Besetzung gedeutet: «Though it is not always easy for consumers to identify products designed for long life-spans, durability is just as much about emotion, love and attachment as about fractured polymers, worn gaskets or blown circuitry.»[172] Diese mangelnde Ausdifferenzierung des Erfahrungsprozesses, der mit den unterschiedlichen Formen der Individualisierung einhergeht, zeigen auch die Ausführungen von Miles Park: «Users would be more involved in the design of products (and services) and these would be adaptable to meet their particular circumstances. Such an ‹adaptive product› approach will require designers to create products that are intentionally ‹unfinished› or ‹open›. The user would be offered the opportunity to become a ‹co-producer› in a continual process of product reconfiguration that would be contextually relative and specific to users' changing needs.»[173] Auch hier wird beispielsweise nicht darauf reflektiert, ob der Nutzer bloß in das «design» oder auch als «co-producer» involviert wird. Während seine Erfahrung im ersten Fall in einer bloßen Entwurfstätigkeit bestünde, wäre sie im zweiten Fall darüber hinaus maßgeblich durch eine körperliche Auseinandersetzung mit dem Produkt bestimmt. Beide Formen der Integration des Nutzers führen zu einer Individualisierung des Produktes, es ist aber zu vermuten, dass sie gänzlich unterschiedliche Erfahrungen provozieren.

Ich schlage vor, vier nutzerbedingte Individualisierungsprozesse, wie sie bereits angedeutet wurden, zu unterscheiden. *Erstens* kann eine Individualisierung durch ein rein psychologisches Verhältnis zum Produkt entstehen, ohne dass hiermit eine wahrnehmbare Veränderung des Produktes verbunden sein muss. Zu diesem Individualisierungsprozess gehören alle Strategien, die durch eine «offene Form», «sinnliche Komplexität» oder eine «intentional offene» Gestaltung eine individuelle semiotische, psychische oder emotionale Besetzung oder individuelle Interpretation des Produktes erreichen wollen. *Zweitens* kann eine Individualisierung durch Auswahl entstehen. Dieser Individualisierungsprozess resultiert in einer wahrnehmbaren Veränderung des Produktes insofern, als zwischen den unterschiedlichen formalen Ausführungen, also den Entwürfen eines Produktes, gewählt werden kann. Der Nutzer individualisiert das Produkt zwar nicht als Entwerfer, aber indem er es aus einem bestehenden Angebot nach Form, Farbe und Material seinen Vorlieben und Bedürfnissen anpasst. Zu diesem Individualisierungsprozess sind alle Strategien der «customization» zu rechnen. *Drittens* ist ein Individualisierungsprozess durch Entwurf möglich. Dabei hat der Nutzer die Möglichkeit, die formale Gestalt wahrnehmbar zu beeinflussen. Sein Einfluss beschränkt sich nicht auf das Auswählen eines Entwurfs, sondern er kann diesen individuell bestimmen. Hierhin gehören alle Strategien, die den Nutzer in den Designprozess involvieren. *Viertens* ist eine Individualisierung durch nutzerbedingte Produktion möglich. In diesem Prozess ist die Individualisierung des Produktes durch eine körperliche Auseinandersetzung mit ihm bestimmt. Der Nutzer entwirft nicht bloß, sondern er muss seinen Entwurf, seine Intentionen in Interaktion mit dem Produkt auch umsetzen.

Es ist leicht erkennbar, dass diese Gliederung der Individualisierungsprozesse einer gewissen Systematik folgt, und zwar hinsichtlich des Einflusses des Nutzers auf das Produkt. Während der erste Prozess das ausgewählte, entworfene und produzierte Produkt voraussetzt und sich die Individualisierung ausschließlich auf die wie auch immer im konkreten Fall geartete psychische Bedeutung beschränkt, die das Produkt für den Nutzer entwickeln mag, schließt der vierte Individualisierungsprozess alle drei anderen ein. Ein Produkt, das durch den Nutzer fertigproduziert wird, kann sowohl eine Entwurfstätigkeit als auch eine Auswahl und eine individuelle psychologische Beziehung einschließen. Ich werde mich darauf beschränken, den Individualisierungsprozess durch Produktion und die mit diesem verbundenen Erfahrungsformen zu beschreiben. Zum einen weil diesem Prozess alle anderen Prozesse inhärent sind und zum anderen weil sich die Idee einer körperlichen Erfahrung des Produktes durch dessen Produktion erst vor dem Hintergrund der ökologischen Bewegung abzuzeichnen scheint.[174]

Durch die ökologische Reflexion auf natürliche Prozesse und ihre Zusammenhänge werden also auch die materiellen Bedingungen, denen ein Produkt im Gebrauch unterliegt und mit denen es interagiert, bewusst. Langlebigkeit ist aus dieser Perspektive die Fähigkeit eines Produktes, mit den vielfältigen Einflüssen, die ihm im körperlichen Kontakt mit dem Nutzer und den physischen Bedingungen seiner Umgebung begegnen, zu interagieren, sich als natürlichen Bedingungen unterworfen zu zeigen. Im Folgenden werde ich darstellen, wie das Verhältnis des Nutzers zum Produkt als körperliches Interaktionsphänomen im ökologischen Design ästhetisch verhandelt wird. Diese Produktbeziehung entsteht zum einen in der körperlichen Interaktion durch nutzerbedingte Produktion und zum anderen in der körperlichen Interaktion durch Produktgebrauch. Zunächst zur Involvierung des Nutzers in die Produktion.

PRODUKTERFAHRUNG DURCH SELBERMACHEN[175]

Die Idee einer nutzerbedingten Produktion und Koproduktion ist so alt wie die ökologische Bewegung. Victor Papanek propagiert zusammen mit James Hennessey 1973 einen Do-it-yourself-Ansatz und veröffentlicht Entwürfe zum Selberbauen.[176] Zeitgleich organisiert das Internationale Design Zentrum Berlin (IDZ Berlin) im Winter 1973/1974 die Ausstellung «Design it yourself». Gert Selle entwickelt 1979 in einem Aufsatz in der Zeitschrift *form* die Idee eines «Halbfertigdesigns»,[177] die von Jochen Gros als Strategie zur «Überwindung der Massenproduktkultur»[178] weitergeführt wird und dem Nutzer die individuelle Fertigstellung vorproduzierter «Halbzeuge und Einzelteile»[179] ermöglichen soll. Und Bernd Löbach widmet 1983 den von Nutzern individualisierten und fertigproduzierten Produkten unter dem Titel *Design durch alle*[180] eine eigene Untersuchung. Selbermachen und Selbstversorgen werden zu Leitbildern einer ökologischen Lebensweise und eines konsumkritischen Verhaltens, die in der Gründung von Heimwerkermärkten wie *Bauhaus* und des Möbelkonzerns *IKEA* ihre wirtschaftliche Antwort erhalten und damit merklich ihren Zusammenhang zu einer ursprünglich ökologisch motivierten Lebensform verlieren.[181] Es ist hier nicht der Raum, um die historische Entwicklung dieser Heimwerker- und Selbstversorgerkultur nachzuzeichnen. Stattdessen möchte ich die Erfahrungsform, die mit dem Selbermachen einhergeht, unter einem anderen Aspekt beleuchten, als dies üblicherweise getan wird.

Die gängigen Beschreibungen dieses Phänomens legen den Akzent auf das «Selber» im Selbermachen, während das «Machen» nur Bedingung der Selbstverwirklichung ist. Es geht stets um Fragen der Identität des Konsumenten in einer vorgegebenen Warenkultur, um Selbstbestimmung statt Fremdbestimmung, um Freiräume für das Individuum und dergleichen mehr. Unter diesem Blickwinkel, so meine These, muss der Zusammenhang dieser Entwicklung mit einer ökologischen Betrachtungsweise der Dinge ein Rätsel bleiben. Denn was hat Selbstverwirklichung mit Ökologie zu tun? Wenn es in diesem Prozess des Selbermachens nur um die Verwirklichung des Selbst geht, dann wäre gerade die Missachtung aller ökologischen Zusammenhänge, gerade das Unterwerfen der Natur unter die eigenen Interessen, also ihr Raubbau, die logische Konsequenz. Da die Idee der nutzerbedingten Produktion in einem so engen Verhältnis mit der ökologischen Bewegung auftritt, ist jedoch zu erwarten, dass die Erfahrung des Selbermachens mehr umfasst als die Erfahrung der Verwirklichung des Selbst.

Die einseitige Betonung der Selbstverwirklichung bezogen auf das individualisierende Verhältnis des Nutzers zum Produkt ist deutlich in den Ausführungen von Gert Selle zu diesem Thema auszumachen. Gegen Fritz Haug, der mit seiner *Kritik der Warenästhetik*[182] eine tendenziell ausweglose «Überformung der Sinne und Bedürfnisse durch das Design»[183] konstatiert, setzt Gert Selle die Aktivität des Konsumenten, der sich die Produkte innerhalb kultureller, sozialer und ökonomischer Rahmenbedingungen aneigne. Er betont: «[D]ie persönliche Identität schimmert durch das von vielen auf ähnliche Weise konsumierte Massenprodukt hindurch, und diese persönliche Identität ist eine Leistung im Gebrauch und durch den Gebrauch der Dinge. Daher verbirgt man auch nicht die Spuren des Gebrauchs, sie sind ja gerade Zeugnisse der Arbeit an der persönlichen Identität».[184] Diese Arbeit an der «persönlichen Identität» sei «eine gebremste Souveränität des Umgangs mit den Dingen, ein Interaktionsprozess zwischen Individuum und Gruppe, zwischen kulturellem Subjekt und kulturellem ‹Wir›, der zur produktkulturellen Identität führt».[185] Es ist auffällig, dass das Produkt hier als bloßes Medium betrachtet wird, über das sich soziokulturelle Prozesse und Identitätsprozesse miteinander vermitteln. Der Interaktionsprozess findet unter dieser Perspektive nicht zwischen dem Nutzer und dem Produkt statt, das Produkt hat keine bestimmende Rolle in diesem Prozess, sondern nur das «kulturelle Subjekt» und das «kulturelle ‹Wir›» gehen konstitutiv in diesen Prozess ein. Selbst bei dem körperlichen Einwirken auf das Produkt durch das nachkäufliche Entfernen und Ändern bestimmter Produktmerkmale ist für Selle einzig entscheidend, dass das Produkt nun etwas von dem «Gebraucher-Ich» widerspiegelt, der Prozess der körperlichen Interaktion selbst scheint ihm unwesentlich.[186] Entsprechend stellt er sich eine mögliche Anknüpfung des Designs von Massenprodukten an die bereits breit ausgeformte Do-it-yourself-Bewegung so vor, dass es «produktive Spielräume der Veränderung und Selbstgestaltung lässt»,[187] um so «den Konsumenten an der Gestaltung des Produkts partizipieren und seine Identität dabei gewinnen zu lassen».[188]

Sieben Jahre später führt Selle diesen Ansatz zusammen mit Jutta Boehe in einer umfangreichen Publikation aus. Der Begriff des Aneignens spielt darin eine zentrale Rolle. So heißt es: «In diesem konkreten Aneignen produziert das Subjekt *sein* Bild des Gegenstandes. Dessen Design verliert dabei einen Teil seiner Gewalt über das Subjekt, indem es im Gebrauch umfunktioniert und mit Eigenschaften ausgestattet wird, die ihm vom Entwurf her nicht anhaften.»[189] Auch hier ist der Prozess des Aneignens einer, der sich nicht zwischen dem Nutzer und dem Produkt abspielt, sondern nur zwischen dem «Entwurf» und dem Nutzer, also dem, was dem Gegenstand von gesellschaftlicher Seite her anhaftet. Das Produkt selbst ist in diesem Prozess eine Leerstelle, es ist als solches eigentlich gar nicht vorhanden, sondern das formbare Ding schlechthin. Konstituierend und wesentlich für die Gegenstandsbeziehung ist also nicht etwa der Gegenstand selbst, sondern ausschließlich gesellschaftliche und individuelle Prozesse: «Gegenstandsbeziehungen und Aneignungsgeschichte sind Teil von Vergesellschaftung *und* Individuation. Der Aneignungsprozess ist individuelle *und* gesellschaftliche Auseinandersetzung mit der Objektwelt schlechthin.»[190]

Auch Friedrich Wolfram Heubach fasst in seinem Aufsatz zum Phänomen des Heimwerkers die Tätigkeit des Selbermachens als psychologische Vergewisserung der eigenen Souveränität,[191] womit die Erfahrungen, die damit einhergehen, wiederum nur eine Selbsterfahrung sind und der körperlichen Auseinandersetzzung mit dem Gegenstand allein die mittelbare Rolle zukommt, das Selbst zu spüren, zu erfahren, zu verwirklichen.[192]

Anhand weniger Produktbeispiele, die den Nutzer als Koproduzenten involvieren, werde ich in den folgenden Abschnitten die mit dem körperlichen Interaktionsprozess verbundenen Erfahrungen genauer beschreiben und zeigen, dass mit dem Selbermachen auch noch ganz andere Erfahrungsdimensionen verbunden sind als die einer Selbstvergewisserung oder Selbstverwirklichung. Erst diese Erfahrungsdimensionen sind geeignet, den inneren Zusammenhang der Do-it-yourself-Bewegung mit der ökologischen Bewegung zu verstehen. Die Koproduktion durch den Nutzer wird auf zwei Weisen ermöglicht. Erstens durch *Umnutzen* bereits vorhandener Produkte und zweitens durch das *Bearbeiten* von Produkten. Beide Formen der Koproduktion ermöglichen unterschiedliche Erfahrungen, die im Folgenden spezifiziert werden.

Produkterfahrung durch Umnutzen

Im Zuge der Reflexion auf Do-it-yourself-Ansätze hat das ökologisch motivierte Design Produktformen entwickelt, die Gegenstände aus dem Umfeld des Nutzers als Ressource integrieren und dadurch zu einer erhöhten Gebrauchsdauer der so integrierten Gegenstände beitragen. Man könnte diesen Designansatz personalisiertes Direktrecycling nennen. Er zeichnet sich dadurch aus, dass der Nutzer nicht ein vollständiges Produkt erwirbt, sondern nur ein Produktteil, das durch die Ergänzung mit einem Gegenstand aus seinem persönlichen materiellen Umfeld von ihm fertigproduziert wird. In der Regel handelt es sich bei diesen fehlenden Produktbestandteilen um Gegenstände, deren Verwendungszusammenhang nicht mehr gegeben ist und die deshalb vom Nutzer im Normalfall entsorgt werden würden. Durch ihre Integration in ein neues Produkt werden sie einer neuen Verwendung zugeführt und einer vorzeitigen Entsorgung entzogen.

Beispielhaft für diesen Produktansatz sind der Kerzenhalter *Candloop* von Sebastian Bergne (Abb. 31), die Küchengefäße *Jar Tops* von Jorre van Ast (Abb. 32) und die Gießkanne *Verso Diverso* von Nicolas le Moigne (Abb. 33). Mit *Candloop* erhält der Nutzer einen Draht mit Blechhalterungen für Kerzen, den er erst mittels einer Flasche zum Kerzenhalter werden lassen kann. Mit *Jar Tops* erhält er verschiedene Verschlüsse, die erst durch die Ergänzung mit verschiedenen Aufbewahrungsgläsern zu Küchengefäßen werden. Und *Verso Diverso* ist ein Gießaufsatz, der erst in Kombination mit einer Getränkeflasche aus Kunststoff zur Gießkanne wird. Charakteristisch für die Erfahrung dieser Produkte ist zunächst, dass der Nutzer kein einsatzfähiges Produkt erwirbt, er kann sich nicht sofort gebrauchend zu dem Produkt verhalten, also seine Intentionen auf die Zwecke richten, die mit ihm zu realisieren sind. Stattdessen muss er seine Intentionen zunächst auf das Produkt selbst richten, um es überhaupt gebrauchsfertig werden zu lassen. In diesem Prozess macht er sich auf die Suche nach einem geeigneten Gegenstand in seinem Umfeld – oder er hatte bereits vor dem Erwerb einen im Visier –, den er gerne zum Bestandteil eines neuen Produktes werden lassen würde. Das Entscheidende an diesem Prozess ist die Veränderung des Verhältnisses zu den uns umgebenden Gegenständen, die mit ihm einhergeht.

In unserem alltäglichen Umgang mit den Gebrauchsdingen verschwinden diese für unsere Wahrnehmung und Erfahrung tendenziell hinter ihrem Gebrauchszweck. Jeder kennt dieses eigenartige Verschwinden der Dinge hinter ihrem Zweck, je länger sie gebraucht und je intensiver sie für das alltägliche Leben benötigt werden. War der sorgfältig ausgesuchte Stuhl zunächst noch eine sinnliche Attraktion eigener Art, ein Gegenstand, den man auch gerne nur betrachtete, so wird er bald nur noch als Sitzgelegenheit wahrgenommen, als Handlungsmittel, als Verwendungsmöglichkeit. Bei dieser Betrachtungsweise sehen wir die Gegenstände als Zweckdinge. Sie scheinen wesentlich das zu sein, wozu sie zu verwenden sind. Sobald der Gegenstand nicht mehr in der Lage ist, seinen Zweck zu verwirklichen, scheint er deshalb für das Bewusstsein zu verschwinden. Dass die Dinge für uns scheinbar gegenstandslos werden, wenn sie nicht mehr zu gebrauchen sind, und wir sie deshalb auch ohne Zögern im Müll verschwinden lassen – zumal sie für unser Bewusstsein ja ohnehin verschwunden sind und wir womöglich sogar geneigt sind anzunehmen, dass mit dem Müll auch die Dinge verschwinden –, hängt mit dieser Betrachtung der Dinge als Zweckdinge zusammen.

An diesem Punkt setzen die oben genannten Produktbeispiele an. Um sie gebrauchsfertig zu machen, muss der Nutzer auf Gegenstände reflektieren, die er bereits gebraucht hat und die scheinbar nicht mehr zu gebrauchen sind, die für ihn also schon in doppelter Weise verschwunden zu sein scheinen. Einerseits sind sie im vormaligen Gebrauch als Gegenstände hinter ihrem Zweck verschwunden und zu Zweckdingen geworden, und andererseits hat sich dieser Zweck der Flaschen und Gläser mit ihrem Inhalt selbst verflüchtigt und damit auch ihre Identität als Zweckding. Indem der Nutzer nun aber diese Flaschen und Gläser, mit denen er bereits in körperlicher Interaktion Zwecke realisierte und die für ihn hinter diesen Zwecken verschwanden, einem neuen Zweck zuführt, tritt der Gegenstand als etwas Selbstständiges jenseits seiner Verwendung in Erscheinung. Was vormals ein Marmeladenglas war, wird in Verbindung mit einem *Jar Top* zu einem Milchkännchen, was ehedem eine Weinflasche war, wird zum Kerzenständer, und was einmal eine Getränkeflasche war, wird zur Gießkanne. In diesem Wandel der Verwendungsweisen erfährt der Nutzer die Gegenstände als etwas Selbstständiges, als Bleibendes, während die Zwecke sich ändern. Das Umnutzen der Gegenstände lässt den Nutzer diese nicht mehr nur als Zweckdinge erfahren, sondern auch als Dinge, die individuelle Eigenschaften haben und sich darin als selbstständig ausweisen. Denn erst in der Betrachtung des Gegenstandes als Ding mit charakteristischen selbstständigen Eigenschaften geht uns auf, wofür er sich eignen mag.[193]

Bei den oben genannten Beispielen ist diese Eignung der nötigen Produktteile eine doppelte. Einerseits müssen sie sich technisch eignen, das heißt, nicht jedes Glas mit Schraubverschluss passt zu den *Jar Tops,* und nicht jede Flasche passt zu dem Kerzenhalter aus Draht und dem Gießaufsatz. Andererseits müssen sie sich für den Gebrauch, also den Verwendungszweck, eignen. So geraten für den Nutzer Eigenschaften der Dinge in den Blick, die er vorher vielleicht nie beachtet hat. Plötzlich nimmt er Größe, Farbe, Form und Material bewusst wahr, denn sie haben praktische Relevanz. Die charakteristische Art der Erfahrung dieser Eigenschaften der Dinge ist die ihrer Selbstständigkeit, denn sie sind es, nach denen wir uns richten müssen, da sie es sind, die darüber entscheiden, ob ein Gegenstand sich für einen Zweck eignet oder nicht.

Durch diese Tätigkeit des Umnutzens werden die Gegenstände des Alltags in der Erfahrung des Nutzers für einen Moment ihrer Zwecke und ihres Handlungsgefüges entkleidet. Sie werden in dieser Auseinandersetzung nicht mehr nur als Mittel, sondern in ihrer Selbstständigkeit als Dinge erfahren. Besonders auffällig nimmt sich dieser Wechsel der Erscheinungsweisen bei Gegenständen aus, die vormals zum Verpacken verwendet wurden. Dazu gehören auch alle oben genannten Beispiele, denn Flaschen und Aufbewahrungsgläser sind Verpackungen für einen Inhalt, der erst das eigentliche Gebrauchsprodukt ist. Der Zweck einer Verpackung ist auf das Gebrauchsprodukt bezogen, welches sie konserviert, schützt und präsentiert. Nur mittelbar über dieses Gebrauchsprodukt ist der Zweck der Verpackung auf das eigentliche Bedürfnis des Nutzers, auf seine eigentliche Handlungsintention gerichtet, die er durch Verwendung des Produktes zu realisieren erhofft. Dadurch ist die Verpackung prädestiniert, als reines Zweckding zu erscheinen. Ihr ist in der Verwendung eine doppelte Mittelbarkeit eigen. Wie das Gebrauchsprodukt hinter unseren alltäglichen Handlungsintentionen verschwindet, so verschwindet die Verpackung hinter dem Gebrauchsprodukt. Indem nun gerade eine Verpackung zum Gegenstand des Umnutzens wird, wird der Erscheinungswechsel vom Zweckding zum selbstständigen Ding besonders kontrastreich erfahrbar, denn Verpackungen sind wir nahezu ausschließlich gewohnt, als Zweckdinge zu betrachten.

Eine ähnliche, aber anders gelagerte Erfahrung tritt auf durch das Umnutzen von Büchern, wie es das Regal *books* von «studio Aisslinger» (Abb. 34) und der Hocker bzw. Beistelltisch *Occasional* von Pierre Charpin erfordern (Abb. 35). Bücher erfahren wir im alltäglichen Umgang weniger als Zweckdinge, mittels derer wir unsere Handlungsintentionen umzusetzen vermögen, denn als Medien, mittels derer uns Immaterielles wie Wissen und Repräsentationen gegenwärtig werden kann. Ist es bei Verpackungen deren materieller Inhalt, hinter dem diese als Ding verschwinden, so ist es bei Medien wie Büchern ein immaterieller Inhalt, hinter dem das Ding verschwindet. Die Bücher werden für unsere Wahrnehmung im Gebrauch zu dem, was sie vermitteln: Hinter ihrem immateriellen Inhalt scheint das Buch als Ding zu schwinden.

Indem der Nutzer dieselben Bücher, die er zuvor als Medien gebrauchte, zu konstruktiven Elementen eines Regals oder zur Sitzfläche eines Hockers umnutzt, erscheint ihm das Buch als dreidimensionales Ding mit bestimmten statischen Eigenschaften. Er erfährt es ein Stück weit in seiner Selbstständigkeit, die es jenseits seiner Verwendung als Medium besitzt. Auch hier muss der Nutzer das Buch in seinen Eigenschaften als Ding reflektieren, denn nicht jedes Buch ist für die Verwendung als Sitzfläche oder Regalwände und -böden geeignet. Indem nun die Bücher gerade für solche Produkte umgenutzt werden, die selbst als Aufbewahrungsort für Bücher verwendet werden können, schwindet im Gebrauch der wahrnehmbare Unterschied zwischen dem Regal und den Büchern, die es aufbewahrt, der Sitzfläche und den Büchern, die auf ihr abgelegt werden. Diese tendenzielle Ununterscheidbarkeit hinsichtlich der Zwecke lässt die Bücher als etwas hervortreten, was sie jenseits ihrer Verwendung sind: sich in der Wahrnehmung unabhängig vom Zweck behauptende Dinge. Da dieselben Gegenstände hier für diesen und dort für jenen Zweck eingesetzt werden, wird der Betrachter dazu angeregt, sie in jenen Eigenschaften wahrzunehmen, die sie trotz ihrer unterschiedlichen Verwendung gemeinsam haben.

Die Betrachtung des Ergebnisses der Umnutzung führt, wenn nicht auch die Umnutzung selbst erfahren wurde, nur zu einer Änderung der *Wahrnehmung* der Dinge, während die Erfahrung des Umnutzens selbst als Tätigkeit auch zu einer Änderung des *Umgangs* mit den Dingen führt. Die bloße Wahrnehmung eines Produktes in einem anderen Gebrauchszusammenhang – im Sinne eines Readymades – verbleibt auf der Ebene eines Wahrnehmungsspiels. Sie reicht nicht bis zu der Ursache, die uns die Produkte als Zweckdinge erscheinen lässt: ihre Verwendung in Handlungszusammenhängen. Der Wechsel im Produktverständnis ist dann bloß ein Wahrnehmungswechsel. Wenn wir allerdings das Produkt vorher so und jetzt anders gebrauchen, erleben wir einen Wechsel in der Handlungserfahrung. Wir erleben unser handelndes Verhältnis zum Gegenstand als die Ursache seiner Betrachtung als Zweckding. Die Identitätserfahrung des Gegenstandes ist dann nicht nur eine formale, sondern eine dinghafte, denn der Gegenstand bleibt als dieses konkrete materielle Ding derselbe, während unsere Verwendung seiner sich ändert. Die Dinge werden auf diese Weise nicht nur von den *Wahrnehmungsgewohnheiten* des Nutzers befreit, wie beim Readymade, sondern auch von seinen *Handlungsgewohnheiten*. Er hat an dem Gegenstand etwas erfahren, was nicht mit *seinen* Handlungsintentionen zusammenfällt.

Produkterfahrung durch Bearbeiten

Eine andere Form, den Nutzer in den Produktionsprozess zu integrieren, ist die Koproduktion durch Bearbeiten. Der Unterschied zur Koproduktion durch Umnutzen besteht darin, dass der Nutzer nicht die Verwendung eines Produktes ändert, sondern das Ding selbst, indem er es bearbeitet. Der ökologische Hintergrund ist meist ein doppelter. Einerseits kann hierdurch das Volumen reduziert und ein Produktionsschritt eingespart werden, wodurch transportbedingte und produktionsbedingte Emissionen reduziert werden. Andererseits wird dem Nutzer in körperlicher Interaktion mit dem Produkt eine bestimmte Erfahrung ermöglicht, von der man sich eine langlebigere Produktbeziehung verspricht. Wie bereits dargestellt, wird diese angestrebte Langlebigkeit allerdings ausschließlich über das Ergebnis eines individualisierten Produktes begründet, ohne dass auf die mit dem Individualisierungsprozess verbundene Erfahrung reflektiert wird. Ich werde nun die mit dem Bearbeitungsprozess einhergehende Erfahrung genauer zu fassen versuchen.

Auch diese Produkte zeichnen sich zunächst dadurch aus, dass sie dem Nutzer nicht als fertig zum Benutzen begegnen, sondern als unbrauchbare Dinge, die erst eines Bearbeitungsprozesses bedürfen, um für bestimmte Zwecke gebraucht zu werden. Ihre charakteristische Erfahrung ist also zunächst nicht die von Zweckdingen, sondern von Dingen, die für kaum etwas zu gebrauchen zu sein scheinen. Deutlich wird diese vorgängige Erfahrung des Produktes als ein unbrauchbares Ding bereits bei Produkten, die sich der Koproduktion durch Bearbeiten in der rudimentärsten Form bedienen. Beispiele hierfür sind das Regal *Piegato* von Mathias Ries (Abb. 36), die Obstschale *Bucky Bowl* von Peter Hils (Abb. 37) und die Lampe *Bendant Lamp* von Jaime Salm (Abb. 38). Alle drei Produkte basieren auf pulverbeschichteten Blechen, die in einem Laser-Cut-Verfahren mit Schnitten versehen wurden. Der Nutzer erwirbt diese Produkte als zweidimensionale Dinge, die er durch Heraus- und Umbiegen einzelner Teile in brauchbare dreidimensionale Gegenstände verwandelt. Die Individualisierungsmöglichkeiten sind offensichtlich sehr eingeschränkt. Bei dem Regal *Piegato* besteht die Individualisierung allein darin, über die Anzahl der Regalfächer und damit auch der als Magnetwand zu verwendenden Flächen zu entscheiden. Die Obstschale *Bucky Bowl* kann etwas stärker individualisiert werden, indem innerhalb eines vorgegebenen Rahmens die Öffnung der Schale beeinflusst werden kann. Die *Bendant Lamp* ermöglicht es schließlich, zu ganz unterschiedlichen Schirmtypen zu gelangen, die auch einen Einfluss auf das Reflexionsverhalten der Lampe haben.

Der Grad der Individualisierung hängt von der konkreten Verfasstheit des jeweiligen Dinges ab, die wiederum auf einen Entwurf zurückgeht. Die Grenzen der Individualisierung sind die geplanten Grenzen des Entwurfs. Die vom Entwurf her gegebenen Schnitte schaffen gewissermaßen Scharniere, in deren Bewegungsrichtung die individuelle Bearbeitung stattfinden kann. Aber in der körperlichen Interaktion des Biegens erleben wir eine Widerständigkeit, die wir nicht als die Grenzen des Entwurfs erfahren, sondern als eine latente Eigengesetzlichkeit des Materials, das sich unserem Bearbeiten widersetzt und sich ihm gegenüber behauptet. Während also die Grenzen der Individualisierung einerseits über die visuelle Wahrnehmung als entwurfsbestimmt erfahren werden, so werden sie andererseits über die körperliche Druckempfindung auch als durch das Material bestimmt erfahren. Die makellose Geometrie, die sich auch noch im Bearbeiten durchhält, lässt den Individualisierungsprozess vornehmlich als eine Variation des Entwurfs aussehen. Nur in dem Widerstand, den uns das Blech bietet, wird etwas von der Eigengesetzlichkeit des Materials spürbar, die weder der Designer noch wir entwerfen konnten, sondern mit der wir beide als Gegebenheit umgehen müssen. Diese Eigengesetzlichkeit des Materials wird in diesen Beispielen allerdings nicht *sichtbar*, solange der Nutzer das Ding in den durch den Entwurf bestimmten Grenzen bearbeitet, sondern nur *spürbar*. Das Sichtbare ist vollständig durch die Intentionen des Entwerfers und des Nutzers bestimmt.

Anders verhält es sich mit dem Sessel *Cabbage Chair* des Designbüros «nendo», geleitet von dem japanischen Designer Oki Sato (Abb. 39). Der Nutzer erhält eine Rolle geknitterten und mit Harz imprägnierten Papiers, das bei der Herstellung verschiedener geknitterter Stoffe in großen Mengen als Abfallprodukt entsteht.[194] Diese Rolle kann durch das schrittweise Einschneiden der einzelnen Papierschichten nach und nach zu einem Sessel entblättert werden. Auch hier ist die Möglichkeit der Individualisierung durch den Nutzer auf ein Minimum beschränkt und besteht im Wesentlichen darin, die Länge der Schnitte zu bestimmen, die am Ende die Sitzhöhe ergeben. Auch hier gibt also der Entwurf die Grenzen der Individualisierung an, zum einen in dem Entwurf der Rolle und zum anderen in der Aufforderung, das Papier einzuschneiden und zu entblättern. Anders als bei den oben genannten Beispielen führt der Bearbeitungsprozess – obwohl er kaum Freiräume jenseits des Entwurfs bietet – jedoch zu jeweils individuellen Einzelstücken. Auch wenn diese individuellen Eigenarten der einzelnen *Cabbage Chairs* nur marginal sind, werden doch immerhin keine zwei Exemplare dieselben Falten werfen, sich in derselben Weise auffächern oder in derselben Weise verknittern. Was schließlich zur Individualisierung des Produktes führt, wird nicht mehr als ein Wechselspiel zwischen Nutzer und Entwurf erfahren, sondern etwas Drittes mischt sich in diesen Prozess ein – das Ding und sein Material. Das Ergebnis verdankt sich nicht mehr ausschließlich der Entwurfs- und Nutzerintention, sondern dagegen behauptet sich das Material in seiner Eigengesetzlichkeit, die nicht vollständig in dem, was vom Entwurf und vom Nutzer her intendiert ist, aufzugehen scheint. Die Eigengesetzlichkeit des Materials, die in den obigen Beispielen nur *gespürt* wurde, wird hier auch *sichtbar* erfahren. Das eigentlich individuelle Moment des so koproduzierten Sessels sind nicht die formalen Absichten des Nutzers, sondern gerade jene Formmomente, die weder der Entwerfer noch der Nutzer zu realisieren vermag, sondern die das Material unabhängig von jenen Einflüssen eigengesetzlich hervorbringt.

Während diese Eigengesetzlichkeit des Materials beim Bearbeiten des *Cabbage Chair* nur bei erhöhter Aufmerksamkeit oder im Vergleich mit anderen Exemplaren bemerkt wird, da die eigenwillige Formtendenz des Materials nicht als den eigenen Gestaltintentionen widerstreitend erlebt wird, versuchen andere Beispiele diese Eigengesetzlichkeit zum zentralen Gegenstand der Erfahrung werden zu lassen. Einschlägig hierfür ist die *Less Lamp* aus Keramik von Jordi Canudas (Abb. 40) und der berühmten Sessel *Do hit* aus Edelstahl von Marijn van der Poll (Abb. 41). Zu beiden Produkten gehört jeweils das Werkzeug ihrer Bearbeitung und wird miterworben: für die Lampe ein spezieller spitz zulaufender Pickel und für den Sessel ein ebenso individueller Vorschlaghammer mit ungewöhnlich breiter Schlagfläche. Der Ausgangszustand beider Produkte ist rudimentärer und simpler kaum zu denken. Die Lampe bildet in unbearbeitetem Zustand ein weißes oder schwarzes Ei, der Sessel einen metallischen Kubus. Die Wahl geometrischer Grundformen für den Ausgangszustand bewirkt zweierlei: Einerseits wird der Gegenstand so als ein völlig zweckfreies Gebilde erfahren, das eher die Darstellung einer geometrischen Idee ist als für irgendeinen Gebrauch gestaltet. Zweitens zeigt sich in ihr, wie ich dies schon in Bezug auf die Moderne erörtert habe, die vollständige Beherrschung des Materials und der Produktionsprozesse durch den Entwurf. Die Eigengesetzlichkeit des Materials ist in diesem Ausgangszustand weitgehend unsichtbar. An ihre Stelle tritt stattdessen umso mehr die geometrische Intention des Entwerfers. Der Ausgangszustand erschwert es also sowohl in ihm schon einen Zweck als auch etwas von der Eigengesetzlichkeit des Materials zu sehen. Beide Momente kommen daher umso wirkungsvoller im Prozess des Bearbeitens zur Erscheinung.

Im Gegensatz zu *Piegato, Bucky Bowl, Bendant Lamp* und *Cabbage Chair* sind die entwurfsbestimmten Grenzen der Individualisierung auf ein Minimum reduziert. Sie bestehen aus dem miterworbenen Werkzeug, aus dem suggerierten Zweck (Hängelampe, Sessel) und den entwurfsbedingten Eigenschaften des Objektes. Wie genau dieses Werkzeug eingesetzt wird, bleibt dem Nutzer überlassen. Durch diese Bearbeitungsfreiheit wird nun allerdings eine andere Grenze erfahrbar als die des Entwurfs. Während bei der Bearbeitung der *Less Lamp* das Einhauen einzelner Löcher noch ziemlich erfolgreich die Intentionen des Nutzers zu realisieren vermag, erfährt dieser spätestens mit dem Ausbrechen größerer Stücke die Eigenwilligkeit des Materials, das sich seinen Absichten nicht widerstandslos zu fügen scheint. Die Formtendenz des Materials gerät in einen Konflikt mit den Formabsichten des Nutzers, die er beachten muss, wenn er nicht einfach blind drauflosschlagen, sondern im Bearbeiten auch gewisse Intentionen verwirklichen will, wie die eines bestimmten Gebrauchszweckes oder einer bestimmten Form. Mit jedem Schlag verformt sich der Metallkubus in einer nur bedingt vorhersehbaren Weise, und der Bearbeitende muss immer wieder neu auf das eigengesetzliche Verhalten des Materials und des Dinges eingehen, das er in dem *spürbaren* Widerstand des Materials und seinen *sichtbaren* Formveränderungen erfährt, wenn er das unbrauchbare Ding in eine brauchbare Sitzgelegenheit verwandeln will.

Diesen Individualisierungsprozess können wir auf zweifache Weise charakterisieren, nämlich zum einen als materiellen äußerlichen Vorgang und zum anderen als inneren Erfahrungsprozess beim Nutzer. Während auf der einen Seite das entwurfsbestimmte Ding nach und nach ein individuelles Gepräge erhält, so erfährt auf der anderen Seite der Nutzer im Bearbeiten nach und nach die Individualität des Dinges und seines Materials. Gerade durch die Unbestimmtheit des Ausgangszustandes in Bezug auf den Zweck und die Eigengesetzlichkeit des Materials erfährt der Bearbeitende die beiden entwurfsunabhängigen Momente besonders intensiv: einerseits seine eigenen individuellen Intentionen und andererseits die individuelle Eigenart des Gegenstandes. Paradoxerweise wird so der Sessel *Do hit* umso mehr als natürliches eigengesetzliches Ding erfahren, je mehr er bearbeitet wird. Und je mehr er schließlich zu dem wird, was der Nutzer intendiert, desto stärker erfährt der Bearbeitende zugleich seine Selbstständigkeit oder auch Souveränität gegenüber dem Ding.[195] Die auf diese Weise erreichte Individualisierung besteht also nicht nur in der Zurichtung des Dinges nach den Absichten des Nutzers, sondern ist verbunden mit der Erfahrung seiner Selbstständigkeit und Eigengesetzlichkeit, die gerade die Bedingungen und Grenzen sind, unter denen Individualisierung möglich ist. Denn die Dinge müssen verstanden werden, wenn sie erfolgreich individualisiert werden sollen, das heißt, dem Individualisierungsprozess ist die Erfahrung der individuellen Eigenart der Dinge inhärent.

Noch gesteigert wird diese Erfahrung der Eigengesetzlichkeit des Materials durch Bearbeitungsprozesse, die die Möglichkeit einer Individualisierung durch den Nutzer fast vollständig unterbinden. Beispiele hierfür sind die Fingerringe *two of a kind* aus Porzellan von Frederik Roijé (Abb. 42) und die Vase *Do break* von Frank Tjepkema und Peter van der Jagt (Abb. 43). Beide Produkte zeichnen sich durch die Reduzierung des Bearbeitungsprozesses auf einen simplen einmaligen Akt aus. Während dieser bei *two of a kind* darin besteht, zwei verbundene Ringe auseinanderzubrechen und so ihrer Verwendung zuzuführen, richtet er sich bei *Do break* allein auf die Form, die durch ein einmaliges «Zerschmettern» der Vase modifiziert wird. Da die Vase innen mit einer Schicht Silikon ausgekleidet ist, resultiert das «Zerschmettern» nicht in einem unbrauchbaren Scherbenhaufen, sondern bloß in einer Modifizierung der Oberflächenstruktur.

Darin, dass sie kaum eine Individualisierung durch den Nutzer zulassen, unterscheiden sich diese Beispiele nicht von dem eingangs erläuterten *Piegato*. Wie bei diesem der Nutzer nur ausführen kann, was schon vom Entwurf her intendiert war, so kann er auch hier nur entscheiden, ob er den Akt der Bearbeitung ausführt oder unterlässt, ohne dessen Ergebnis intentional bestimmen zu können. Hinsichtlich der Erfahrung, die beiden Bearbeitungsprozessen zugrunde liegt, zeigt sich allerdings ein manifester Unterschied. Wird bei der Bearbeitung des Regals *Piegato* die Grenze der Individualisierung primär als vom Entwurf gesetzt erfahren, so wird diese bei der Bearbeitung von *two of a kind* und *Do break* als durch die Eigengesetzlichkeit des Materials gesetzt erfahren. Die konkreten Formen der sich ergebenden Bruchstellen erscheinen als *sichtbarer* Ausdruck der Eigengesetzlichkeit des Materials, sie wurden als fraktale Gebilde weder vom Entwurf noch vom Nutzer intendiert, da sie schlechterdings unvorhersehbar sind. Das Bearbeiten ist so kein Produzieren mehr, sondern nur noch ein Provozieren, ein Initiieren natürlicher Prozesse, die sich ihre charakteristische Gestalt selbst geben. Was gemeinhin unter Personalisierung verstanden wird, nämlich die Individualisierung des Produktes nach den Intentionen des Nutzers, wird hier vollständig umgekehrt. Nicht der Nutzer spiegelt sich im Produkt, sondern im Gegenteil erfährt er die eigengesetzliche Individualität des Dinges und seines Materials.

Es scheint also nötig zu sein, zwischen Personalisierung und Individualisierung zu unterscheiden. Personalisierung wäre dann eine bestimmte Form der Individualisierung, die sich durch die Verwirklichung individueller Intentionen und Absichten gerade *gegen* die wahrnehmbare individuelle Eigenart der Dinge und der Materialien auszeichnet. Ein personalisiertes Produkt müsste demnach ein anderer Vasenentwurf von Frank Tjepkema, die *Signature Vases* (Abb. 44) genannt werden. Bei diesem kann der Nutzer durch Übermittlung seiner Unterschrift den Entwurf der aus Nylon und mittels Stereolithographie gefertigten Vase individualisieren. Betrachtet man nur das individualisierte Produkt und nicht die Erfahrung des Nutzers im Prozess der Individualisierung, dann scheint der Unterschied zwischen den *Signature Vases* und der Vase *Do break* unwesentlich. Erst mit Blick auf die Erfahrung wird der Unterschied im Individualisierungsprozess deutlich. Bei den *Signature Vases* ist das zu individualisierende Ding für die Erfahrung gar nicht vorhanden, seine Widerständigkeit oder gar Eigengesetzlichkeit ist für den Nutzer nicht erfahrbar, sondern scheint innerhalb der Grenzen der entwurfsbedingten Anweisung beliebig modellierbar. Die *Signature Vases* zeichnen sich also bloß durch einen nutzerbedingten *Entwurf* aus. Dagegen gehört zur Vase *Do break* die nutzerbedingte *Produktion*. Und erst im körperlichen Prozess der Koproduktion tauchen das Ding als etwas Selbstständiges und das Material als etwas Eigengesetzliches auf. Diese eigenständige Formtendenz des Materials wird mit der Bearbeitung von *two of a kind* besonders deutlich erfahren, weil sie bewusst metaphorisch für die Zusammengehörigkeit der beiden Ringträger eingesetzt wird: Nur das jeweilige konkrete Gegenstück ergänzt die Bruchstelle, und kein anderer Gegenstand der Welt wird jemals diese Bruchstelle schließen.

Die ästhetische Reflexion der Selbstständigkeit der Dinge und der Eigengesetzlichkeit des Materials

Wenn wir auf die hier beschriebene Erfahrungsdimension reflektieren, die mit dem *Umnutzen* und *Bearbeiten* von Gegenständen gegeben ist, dann wird meines Erachtens die Popularität, die dem Selbermachen in ökologischen Lebensweisen zukommt, ganz anders verständlich. Bleibt diese Dimension unberücksichtigt, so erscheint die Do-it-yourself-Bewegung als eine rein konsumkritische Bewegung, die im Selbermachen Selbstbestimmung gegenüber der Fremdbestimmung im Massenkonsum einfordert. Ohne die identitätsstiftende Seite des Selbermachens abstreiten zu wollen, scheint sie mir doch das Phänomen nicht hinreichend zu erklären, denn Konsumkritik ist effektiver zu realisieren als im Umnutzen und Bearbeiten von ein paar Gegenständen. Dies gilt auch für den ökologischen Effekt der Koproduktion, also die faktischen Auswirkungen, die die nutzerbedingte Produktion auf ökologische Zusammenhänge hat. Denn was ändert sich in ökologischer Hinsicht schon durch das Wiederverwenden von ein paar Marmeladengläsern wie bei den *Jar Tops* sowie durch die Verringerung des Produktvolumens und das Einsparen marginaler Produktionsprozesse bei den flachen Blechprodukten und dem *Cabbage Chair?* Faktisch haben diese Strategien einen eher geringen Einfluss auf ökologische Zusammenhänge. Deshalb scheint mir die Attraktivität der oben beschriebenen Designstrategien, die den Nutzer zum Koproduzenten machen, weniger in dem Versprechen eines ökologisch verträglichen Produktes zu liegen als in den Erfahrungen, die mit der Koproduktion verbunden sind, und dem Verhältnis zu den Dingen, das man durch diese gewinnt.

Die ökologische Betrachtungsweise ist eben nicht primär darauf aus, die Dinge hinsichtlich ihrer Verwendung und Instrumentalisierung, also als mögliche Komponente einer Technik, zu betrachten. Dies wäre der Fall, wenn die Motivation für das Selbermachen ausschließlich in wie auch immer zu deutenden Formen der Selbstverwirklichung durch Gegenstände läge, also in dem instrumentellen Einsatz der gegenständlichen Umwelt für eigene Zwecke. Die ökologische Betrachtungsweise scheint stattdessen darauf aus zu sein, die uns umgebenden und unserem Körper gegenwärtigen natürlichen Prozesse als etwas *Selbstständiges* zu erfahren bzw. erfahrbar zu machen. Und nur weil diese Prozesse *selbstständig* und *eigengesetzlich* sind und nicht endlos modellierbar, weil sie sich nicht widerstandslos unseren Intentionen oder soziokulturellen Prozessen fügen, nur deshalb können ökologische Zusammenhänge auch gefährdet werden. In der Erfahrung der Selbstständigkeit der Dinge, ihrer Eigengesetzlichkeit und Selbsttätigkeit, die schon in der Erfahrung des Marmeladenglases als ein Ding und nicht nur Gebrauchsmittel beginnt, nehmen wir eine Haltung gegenüber unserer materiellen Umwelt ein, die charakteristisch ist für das ökologische Verhältnis zur Welt.

Der Unterschied der hier behandelten Beispiele zu herkömmlichen Formen des Selbermachens liegt darin, dass bei diesen Produkten die Erfahrung der körperlichen Auseinandersetzung mit den Gegenständen mitgestaltet wird. So ist beispielsweise die Koproduktion durch Umnutzen nicht ohne Weiteres gleichzusetzen mit dem *alltäglichen Umnutzen* von Gegenständen, wie es die Autoren Uta Brandes, Sonja Stich und Miriam Wender in ihrem Buch *Design durch Gebrauch* beschreiben. Sie halten der zweckgerichteten Gestaltung der Gegenstände durch den Designer das Phänomen ihrer alltäglichen Umnutzung durch den Nutzer für ganz andere Zwecke, als sie vom Entwurf her intendiert waren, entgegen.[196] Die so umgenutzten Gegenstände belegen sie mit dem Begriff des «Nicht Intentionalen Designs»: «Nicht Intentionales Design bedeutet, Dinge spontan, aus einem momentanen Bedürfnis heraus, umzunutzen. Die Intentionen für diese Umnutzung sind weder gestalterischer, künstlerischer noch kommerzieller Natur.»[197] Dieser Begriff ist allerdings unglücklich gewählt, denn nur weil die Gegenstände für einen anderen Zweck gebraucht werden als vom Designer intendiert und weil ihr Umnutzen keinen gestalterischen oder kommerziellen Absichten folgt, heißt dies noch nicht, dass das Umnutzen ein nichtintentionaler Vorgang ist. Denn wenn das Intendieren eines Zwecks durch den Entwurf ein intentionaler Vorgang ist, dann muss konsequenterweise auch das Intendieren eines hiervon abweichenden Zwecks durch den Nutzer ein intentionaler Vorgang sein. Gerade das alltägliche Umnutzen setzt doch eine intentionale Einstellung voraus, denn es geschieht in der Regel aus einem bestimmten Handlungsdruck heraus, der zur raschen Realisierung bestimmter Intentionen drängt und gerade in Fixierung auf diese Handlungsintention zu einer Umfunktionierung des nächstbesten Gegenstandes führt.[198] Im alltäglichen Umnutzen hat meist die Zweckerfüllung Vorrang, das heißt, die Umnutzung hat entweder Zeitgründe oder ökonomische Gründe und würde in der Regel unterlassen werden, wenn der passende Gegenstand zur Hand wäre. Mit dieser Zweckgerichtetheit des alltäglichen Umnutzens geht einher, dass es als Prozess nicht eigens reflektiert wird, dass die Intentionen des Nutzers sich nicht auf das Umnutzen selbst richten, sondern bloß auf den spontanen Handlungszweck, für den der Gegenstand nur das beste verfügbare Mittel darstellt.[199] Selbstverständlich kann der Prozess des alltäglichen Umnutzens auch reflektiert werden, allerdings ist die mit ihm verbundene zweckgerichtete Einstellung dieser Reflexion in der Regel abträglich.

Das Entscheidende am Umnutzen als Teil der nutzerbedingten Koproduktion ist dagegen, dass dieser Vorgang selbst reflektiert wird. Der Nutzer hat sich dabei nicht aus einer alltäglichen Notwendigkeit heraus für das Umnutzen eines Gegenstandes entschieden, auch nicht zwangsläufig aus ökonomischen Gründen, denn diese Produkte sind meist teurer als vergleichbare bereits fertig produzierte Produkte, sondern er hat sich um dieses Prozesses willen dafür entschieden. Das heißt, er kauft bewusst nicht nur das ergänzende Produktteil, sondern mit diesem gewissermaßen auch eine Tätigkeit. Dadurch, dass das Umnutzen selbst gestaltet wird und als gestaltetes Umnutzen angeboten wird und weder ökonomische noch praktische Gründe für das Umnutzen im Mittelpunkt stehen, wird der Nutzer angeregt, den eigentlichen Sinn des Produktes gerade in der bewussten Erfahrung des Umnutzens zu erblicken. Die womöglich ökologische Motivation, diese Produkte zu erwerben, zielt nicht nur darauf, Abfall zu vermeiden, sondern auch auf die Erfahrung, das scheinbar Nutzlose so umzugebrauchen, dass es einem neuen Nutzen zugeführt wird. So ist schon in der ökologischen Kaufmotivation die Reflexion auf das Ding als etwas Selbstständiges, dem der Gebrauchszusammenhang nicht wesentlich zukommt, angelegt. Das gestaltete Umnutzen befreit die Tätigkeit des Umnutzens von den alltäglichen Handlungszwängen, in denen dieser Prozess unbewusst bleibt. Es macht diese Tätigkeit zum Bestandteil des Produktes, sodass wir der Erfahrung des Umnutzens mit derselben ästhetischen Einstellung begegnen, mit der wir dem Design eines Produktes begegnen.

Auch die Koproduktion durch Bearbeiten zeichnet sich durch eine bestimmte Organisation der Nutzererfahrung durch den Designer aus und unterscheidet sich darin von anderen Formen der nutzerbedingten Bearbeitung: dem *Heimwerken*[200] und dem Fertigstellen von *Bausätzen* durch den Nutzer, wie es insbesondere das Unternehmen IKEA[201] vorsieht. Bei diesen beiden Formen der nutzerbedingten Produktion können prinzipiell dieselben oder ähnliche Erfahrungen gemacht werden wie bei den oben beschriebenen Beispielen, jedoch erschweren sie solche Erfahrungen durch bestimmte Bedingungen, die im Folgenden beschrieben werden.

Am ehesten scheint zunächst das *Heimwerken* mit der Koproduktion durch Bearbeiten vergleichbar zu sein. Anders als das *alltägliche Umnutzen* von Gegenständen ist das Heimwerken nicht durch den alltäglichen Handlungsdruck geleitet, der eine zeitnahe Zweckerfüllung mangels Alternativen verlangt, sondern zeichnet sich durch ein planvolles und absichtsvolles Vorgehen aus, für das sich der Heimwerker Zeit nimmt, insbesondere wenn er die Tätigkeit als Hobby betrachtet. Wie aus den Untersuchungen von Heubach hervorgeht, stehen in der Regel weder ökonomische[202] noch utilitaristische[203] Motive, die die Nützlichkeit des Gegenstandes betreffen, im Vordergrund. Die Intentionen des Heimwerkers zielen also nicht primär auf den Zweck oder auf finanzielle Vorteile (letzter Punkt würde das Heimwerken zu einer nebenberuflichen Erwerbsarbeit werden lassen), sondern ähnlich wie bei der Koproduktion durch Bearbeiten auf den Prozess des Heimwerkens selbst. Da der Ausgangspunkt des Heimwerkens aber in der Regel ein bestimmter Entwurf ist, eine konkrete Vorstellung dessen, was zu realisieren ist, liegt im Fokus der Erfahrung die Vergegenständlichung des eigenen Entwurfs, also gewissermaßen die Erfahrung der eigenen Intentionen in gegenständlicher Form. Daher auch das häufig mit dem Heimwerken verbundene formale Perfektionsstreben, das teils gar darauf zielt, dass sich der Gegenstand nicht «von einem gekauften bzw. professionell hergestellten»[204] unterscheidet. Im Gegensatz zum alltäglichen Umnutzen, das mit einer gewissen Zweckfixierung verbunden ist, geht also das Heimwerken mit einer gewissen Entwurfsfixierung einher, die auch dazu führt, dass die Verfahren und Materialien gewählt werden, die am einfachsten zu kontrollieren sind und für die perfekte Realisierung des Entwurfs am geeignetsten scheinen. Die Widerständigkeit des Dinges und des Materials wird dadurch nicht als etwas Selbstständiges erlebt und reflektiert, sondern eben als bloße Widerständigkeit, an deren Negation und Vernichtung sich der Erfolg der Realisierung des Entwurfs bemisst. Bleibt der Gegenstand beim alltäglichen Umnutzen ein bloßes Mittel für einen Zweck, so ist beim Heimwerken das Material ein bloßes Mittel für die Entwurfsrealisierung. Das Material wird als die substanzielle Seite des Entwurfs erfahren, als die bloß materielle Bedingung seiner Realisierung, ohne dem Entwurf etwas Eigenständiges, was nicht schon intendiert war, hinzufügen zu können.

Der wesentliche Unterschied zwischen Heimwerken und Koproduktion durch Bearbeiten liegt in dem Verhältnis von Entwurf und Material. Ausgangspunkt beim Heimwerken ist eine Entwurfsintention, auf deren Grundlage sich der Heimwerker dann das «passende» Material sucht. Ausgangspunkt bei der Koproduktion ist dagegen ein Ding mit einer bestimmten Materialität, von dem ausgehend nun dessen Individualisierungsmöglichkeiten erkundet werden müssen. Der Entwurf lässt sich also erst durch die Interaktion mit dem Material und der damit verbundenen Erfahrung des Materialverhaltens entwickeln und spezifizieren. Insbesondere die Beispiele *Do hit, Less Lamp, two of a kind* und *Do break* provozieren aus der Sicht des Heimwerkers einen handwerklichen Dilettantismus, indem sie Perfektion als die Kongruenz von Entwurfsintention und Gegenstand verunmöglichen. Das, was beim Heimwerken nur die zu überwindende Widerständigkeit des Materials ist, wird zu einer eigenständigen Formtendenz, auf die als etwas Selbstständiges reflektiert werden muss. Denn die Formtendenz des Materials ist nicht mehr nur die Bedingung der *Realisierung* des schon intendierten Entwurfs, sondern die Bedingung für den *Entwurf* selbst. Erst im Interaktionsprozess mit dem Ding und seinem Material und im begleitenden Reflexionsprozess auf die Eigengesetzlichkeit des Materials kann sich die Entwurfsintention überhaupt konstituieren: Der Entwurf hat sich nach dem Material zu richten und nicht das Material nach dem Entwurf.

Anders als die Tätigkeit des Heimwerkens wird das Fertigstellen eines Bausatzes erfahren, beispielsweise eines Möbelstücks von IKEA. Ähnlich wie bei der Koproduktion durch Bearbeiten ist zwar auch hier die Begegnung mit dem Material, das heißt den Bauteilen des Produktes, Ausgangspunkt für die Involvierung des Nutzers. Der gravierende Unterschied ist allerdings, dass der Entwurf schon feststeht, das Material also als ein zergliederter Entwurf erfahren wird, den es zu rekonstruieren gilt. Dies zeigt sich auch darin, dass sich die eigentliche Kaufintention stets auf einen bereits ausgeführten Bausatz richtet und niemals auf die Bauteile, die ihren Sinn deshalb erst vom Produktentwurf her erhalten.[205] Dieser Unterschied bewirkt, dass beim Fertigstellen eines Bausatzes weder die *Eigengesetzlichkeit* des Materials – wie bei der Koproduktion durch Bearbeiten – noch die bloße *Widerständigkeit* des Materials – wie beim Heimwerken –, sondern bloß die *Widerständigkeit* des durch den Hersteller gesetzten *Entwurfs* erfahren wird. Zeichnet sich das Heimwerken noch dadurch aus, dass das Material auf einen durch den Heimwerker intendierten Entwurf hin bearbeitet wird, ohne dass in der Regel die Eigengesetzlichkeit des Materials konstitutiv in den Entwurf eingehen kann, so ist das Fertigstellen eines Bausatzes nur noch das *Zusammenfügen* eines Entwurfs, nur noch das entwurfsbestimmte Umgehen mit Bestandteilen eines Entwurfs. Durch das Fertigstellen eines IKEA-Möbels erfährt man deshalb auch kaum etwas von der Selbstständigkeit des Dinges und seines Materials, aber sehr viel von dem richtigen oder falschen Befolgen der Anleitung oder des intendierten Entwurfs. Probleme beim Zusammenbauen werden nicht auf die Eigengesetzlichkeit des Materials zurückgeführt, sondern als Regelverletzung, Verletzung des Entwurfs, Verletzung dessen, was vom Entwurf her intendiert war, erfahren. Der Widerstand, der sich im Bestreben, den vorgegebenen Endzustand zu verwirklichen, ergibt, beruht auf der technischen Logik, die der Entwurf vorsah, aber nicht auf der Eigengesetzlichkeit des Materials.

Die Beispiele, die dem IKEA-Prinzip am nächsten kommen, sind *Piegato, Bucky Bowl, Bendant Lamp* und der *Cabbage Chair*. Sie haben insofern Ähnlichkeit mit einem Bausatz, als auch sie eine bestimmte Entwurfsfixierung durch den Designer aufweisen: Die Entwurfsintentionen des Nutzers müssen sich, je nach Beispiel in stärkerem oder geringerem Maße, nach den Möglichkeiten richten, die durch den Produktentwurf vorgegeben sind. Was sie allerdings signifikant unterscheidet, ist ihre formale und materielle Einheit im Ausgangszustand vor der Bearbeitung – sie können nicht als Bauteile angesprochen werden. Die Bausätze der IKEA-Möbel zeichnen sich hingegen durch eine Vielzahl an Bauteilen aus, die es zu kombinieren, zusammenzufügen gilt. Dies bewirkt, dass sie weder als Dinge noch als Material erfahren werden, sondern als bloße Komponenten des Entwurfs oder auch als Bestandteile des Produktes. Sie sind bloße Mittel für den Gegenstand, das fertige Produkt und werden nicht schon selbst in ihrer Gegenständlichkeit reflektiert. Die zu Beginn dieses Absatzes genannten Beispiele zeichnen sich hingegen nicht durch das *Kombinieren* von Bauteilen aus, sondern durch das *Verwandeln* ein und desselben Gegenstandes. Während also das Fertigstellen eines Bausatzes mit der Erfahrung einhergeht, einen Gegenstand erst zu erzeugen, wird bei den Beispielen für Koproduktion des Nutzers schon der Ausgangszustand des Produkts als Gegenstand erfahren, der im Bearbeiten nicht erst *entsteht,* sondern sich nur *verändert.* Der Verwandlungsprozess, den der Gegenstand im Bearbeiten durchläuft, ist dadurch nicht nur eine unwesentliche Vorbedingung des Produktes, sondern ist ein Verwandlungsprozess des Produktes selbst. Der Nutzer wird angehalten, auf die mit dem Bearbeitungsprozess verbundenen Wahrnehmungen in derselben Weise zu reflektieren, wie er auch auf die Wahrnehmung eines fertigen Produktes reflektiert. So begegnet er dem *spürbaren* Widerstand des Materials und seinen *sichtbaren* Formveränderungen mit einer *reflexiven* Einstellung, die es ihm erst ermöglicht, diese Wahrnehmungen nicht nur als Widerständigkeit des Produktentwurfs oder als eine vage Widerständigkeit des Materials, sondern als die Art und Weise zu erfahren, wie die Selbstständigkeit der Dinge und die Eigengesetzlichkeit des Materials erscheinen. Indem alle für die Koproduktion durch Bearbeiten herangezogenen Produktbeispiele zudem einen formal äußerst einheitlichen und geometrisierten Ausgangszustand aufweisen, der kaum etwas von der Eigengesetzlichkeit des Materials verrät, sondern im Gegenteil dessen vollständige Kontrolle durch den Entwurf zum Ausdruck bringt, kann die *entwurfsunabhängige* Eigengesetzlichkeit des Materials beim Bearbeiten umso wirkungsvoller erfahren werden.

Zusammenfassend kann also gesagt werden, dass sich die nutzerbedingte Koproduktion von alltäglichen Arten des Selbermachens darin unterscheidet, dass die Produktionserfahrung zu einem Teil der Produkterfahrung wird. Hierdurch wird der Nutzer angeregt, die ästhetische Einstellung, also die Reflexion der Wahrnehmung, die er üblicherweise nur angesichts eines fertigen Produkts vollzieht, auf den tätigen Interaktionsprozess mit dem Gegenstand auszuweiten. Während die anderen Formen des Selbermachens den Produktionsprozess in der Regel nur als

Realisierungsmittel für *vorgefasste* Intentionen begreifen, für eine bestimmte Zweckintention im Umnutzen, für eine bestimmte Entwurfsintention im Heimwerken und für eine bestimmte Produktintention im Fertigstellen eines Bausatzes, muss in der Koproduktion auf den Produktionsprozess als etwas Eigenständiges reflektiert werden, denn erst in ihm lassen sich realisierbare Intentionen konkretisieren. Bei der Koproduktion durch Umnutzen sind es die im Umfeld des Nutzers vorhandenen gebrauchten Dinge, von deren selbstständigen Eigenschaften her sich entscheidet, wie gut sie zu gebrauchen sind. In der Koproduktion durch Bearbeiten ist es das Material, von dessen spürbaren – wie bei den Blechprodukten – oder auch sichtbaren eigengesetzlichen Eigenschaften her sich entscheiden muss, zu welchen Formveränderungen der Bearbeitungsprozess führen kann. In dieser Umkehrung, indem also nicht die Dinge und Materialien sich nach den Intentionen zu richten haben, sondern sich die Intentionen anhand der Dinge und Materialien erst entwickeln lassen, werden die Dinge und Materialien im Prozess der körperlichen Interaktion als selbstständig und eigengesetzlich erfahren. Dadurch, dass das Selbermachen in der Koproduktion also seiner intentionalen Fixierung beraubt wird und stattdessen Aspekte der Dinge um ihrer selbst willen erfahrbar werden, erhält das Selbermachen den Charakter ästhetischer Erfahrung.

PRODUKTERFAHRUNG DURCH GEBRAUCH[206]

Die Involvierung des Nutzers in die Produktion, wie sie im vorangegangenen Kapitel beschrieben wurde, ist die eine ökologisch motivierte Strategie, um eine langlebige Produktbeziehung zu erreichen, die andere zielt auf das Verhältnis des Nutzers zum Produkt im Gebrauch. In diesem Ansatz spielt die Gebrauchsspur oder auch die Patina des Produktes eine herausragende Rolle.

Einen frühen experimentellen Forschungsansatz zu dem Thema der Gebrauchspatina verfolgt Jochen Gros an der HfG Offenbach Anfang der Siebzigerjahre. Er vergleicht die Gebrauchsspuren einer «perfekten Minimalform» mit den Gebrauchsspuren auf einem lackierten Blechgegenstand, der reliefartig erhabene Buchstaben aufweist (Abb. 45), und kommt zu dem Ergebnis: «Dort, wo bei der perfekten Minimalform mit der Zeit unansehnliche Flecken und Kratzer zufällig entstehen, werden hier – vorausbedacht – die erhabenen Stellen des Buchstabenreliefs abgeschliffen. Gebrauchsspuren entstehen dadurch nicht als lästige Einbrüche in die ursprüngliche Perfektion neuer Produkte, sondern im Grunde sind sie es erst, die das Produkt mit der Zeit zum Leben erwecken.»[207] Er erkennt sogleich auch die Bedeutung dieser Beobachtung für die Gestaltung langlebiger Produkte: «Was Experimente dieser Art einmal für die Entwicklung von Langzeitprodukten, für unsere Motivation, Produkte reparieren zu lassen, bedeuten könnten, liegt auf der Hand.»[208] Bereits 1970 weist Victor Papanek in seinem Buch *Design for the real world* darauf hin, dass bestimmte Materialien offenbar mit «Anmut altern», während andere es nicht tun.[209] Ähnliches beobachten Ed van Hinte: «Products must have the material ability as well as the immaterial opportunity to age in a dignified way»,[210] und Miles Park: «In some circumstances, marks and scratches that a product acquires in its lifetime can become a desirable feature.»[211]

Es wird also erkannt, dass die Spuren, die der Gebrauch an einem Produkt hinterlässt, einen entscheidenden Einfluss auf das Verhältnis des Nutzers zum Produkt haben können, indem sie das Produkt ästhetisch entwerten oder aufwerten. Allerdings ist mit solchen Feststellungen noch nicht die Ästhetik charakterisiert, die sich durch die gestalterische Integration von Gebrauchsspuren ergibt. Für Jochen Gros hängt sie lediglich von dem Vorhanden- oder Nichtvorhandensein einer «perfekten Minimalform» ab, für Victor Papanek von bestimmten Materialien. Was in diesen Ansätzen stets unterlassen wird, ist eine Reflexion auf die Gebrauchsspur selber, darauf, *wie* wir diese und *was* wir an ihr wahrnehmen. Eine solche ist aber nötig, um den Zusammenhang der Gebrauchsspur mit einer ökologischen Produktästhetik zu verstehen, ohne es bei der Feststellung ihrer in manchen Fällen ästhetischen und in anderen Fällen unästhetischen Erscheinung – was auch immer das zu heißen hätte – belassen zu müssen.[212] Anhand weniger Beispiele werde ich zeigen, wie der Produktgebrauch vor einem ökologischen Hintergrund ästhetisch verhandelt wird und welche Rolle hierbei die Gebrauchsspuren spielen.

Gebrauchsprozesse

Es ist zunächst charakteristisch für das ökologische Produktverständnis, dass es die Gebrauchsspuren als Teil des Produktes begreift. Wird ein Produkt gebraucht, entstehen früher oder später Spuren am Produkt. Das Entstehen dieser Spuren ist deshalb dem Gebrauch wesentlich: kein Gebrauch ohne Spuren. Gebrauchsspuren sind also keine Erfindung des ökologischen Produktdesigns, sondern eine Gegebenheit, mit der zwangsläufig in der einen oder anderen Weise umgegangen werden muss, ganz so wie mit Materialeigenschaften. Sie gehören zur faktischen Seite des Produktgebrauchs und sind als solche kein Ergebnis von Gestaltung. Gleichwohl ist die Art und Weise, *wie* mit ihnen umgegangen wird und *wie* sie am Produkt erscheinen, Gegenstand der Gestaltung. So ist es beispielsweise durchaus möglich, Produkte und Materialien so zu entwerfen, dass sie möglichst resistent gegenüber Spuren sind, oder umgekehrt so, dass sie möglichst empfindlich gegenüber äußeren Einflüssen sind. Die Gebrauchsspuren selbst schafft man jedoch nicht aus der Welt, man kann höchstens ihre Entstehung verlangsamen und hinauszögern. Ebendieser Erkenntnis begegnet das ökologische Produktdesign, indem es Gebrauchsspuren nicht zu verhindern sucht, was ohnehin nicht gelingen kann, sondern diese zu einem bewussten Moment der Gestaltung werden lässt.

Besonders explizit hat Kristine Bjadaal mit der Tischdecke *Underfull* und dem Polsterstoff *Underskog* die im Gebrauch der beiden Produkte auftretenden Spuren zu einem Moment der Gestaltung werden lassen (Abb. 46 u. 47). *Underfull* erscheint dem Nutzer zunächst wie eine herkömmliche weiße Tischdecke, auf der bedingt durch unterschiedliche Weberichtungen der Fäden ein Blumenmuster hervorschimmert. Erst wenn im Gebrauch etwa ein Getränk umgestoßen wird oder sich eine andere Flüssigkeit über das Tischtuch ergießt, taucht aus dem dezenten Blumenmuster in der Farbe der Flüssigkeit eine Anzahl von Schmetterlingen auf, die in einem dritten Faden eingearbeitet sind, der sich nur in seiner Saugfähigkeit, aber nicht in seinem Reflexionsverhalten von den anderen Fäden unterscheidet.[213] Es ist anzunehmen, dass die Tischdecke nach längerem Gebrauch ein blasses mehrfarbiges Schmetterlingsmuster aufweisen wird, je nach Art der Flüssigkeiten, die ihre Spuren hinterlassen haben. Der Polsterstoff *Underskog* hingegen macht sich den mechanischen Abrieb von Textilfasern im Gebrauchsprozess zunutze. Er besteht aus Samt- und Satinfasern, die sich durch unterschiedliche Abriebfestigkeit auszeichnen. Ähnlich wie bei der Tischdecke *Underfull* ist mittels des Damast-Webverfahrens ein florales Muster in den Satinstoff eingewebt, das erst nach Abrieb der weicheren Samtfasern durch Gebrauch zur Erscheinung kommt.

Wie lässt sich nun diese Art des Umgangs mit Gebrauchsspuren charakterisieren, und wie verändert sich hierdurch die Gebrauchserfahrung des Nutzers? Zunächst ist festzuhalten, dass es sich um eine sichtbare Individualisierung der Produkte im Gebrauchsprozess handelt. Anders jedoch als bei der Koproduktion handelt es sich bei dieser Individualisierung nicht um das *Produkt* einer produzierenden Absicht, sondern um die *Begleiterscheinung* einer zweckgerichteten Handlung, in deren Vollzug sich unwillkürlich eine wahrnehmbare Veränderung des Handlungsmittels ereignet. Aufgrund dieses nichtintentionalen Moments erscheinen Gebrauchsspuren als etwas, das nicht dem Produkt angehört, sondern den Prozessen, die sie hinterließen. Diese Eigenart der Spur ist der Hauptgrund, warum wir die Gebrauchsspuren eines Produktes in der Regel als etwas ihm Äußerliches und Fremdes wahrnehmen, als ein willkürliches Formmoment, das scheinbar nichts zu präsentieren vermag als die unanschauliche Gewissheit, durch eine abwesende Ursache hervorgerufen worden zu sein.[214] Sybille Krämer fasst diese Eigenart der Spur in dem Satz zusammen: «Die Spur macht das Abwesende niemals präsent, sondern vergegenwärtigt seine Nichtpräsenz; Spuren zeigen nicht das Abwesende, sondern vielmehr dessen Abwesen*heit*.»[215]

Anders verhält es sich jedoch mit den Gebrauchsspuren, die im Zuge der Benutzung von *Underfull* und *Underskog* entstehen. Hier werden die Gebrauchsspuren gewissermaßen kanalisiert, indem sie vom Entwurf her bestimmte Formen annehmen und zur Erscheinung bringen. Die Spur ist so nicht mehr nur Spur, die das Abwesende unanschaulich mit sich führt, sondern sie wandelt sich zur Form, die zwar nicht die abwesende Ursache, so doch figurale Motive wie Schmetterlinge und Pflanzen in die anschauliche Gegenwart zu überführen vermag. Da die Spuren nicht mehr nur auf Abwesendes verweisen, sondern am Produkt einen formalen Sinn erhalten, werden sie nicht mehr als ein dem Produkt äußerlicher Einfluss erfahren, der die intendierte formale Ordnung des Produktes zerstört, sondern im Gegenteil als geplanter Einfluss, der die vom Entwurf angelegten verborgenen Formmomente zuallererst in die anschauliche Anwesenheit überführt. Das, *was* durch die Spuren erscheint, ist entwurfsbestimmt, während die Art und Weise, *wie* diese Formen erscheinen, von den konkreten individuellen Gebrauchsprozessen abhängt bzw. erst eigentlich als Spur angesprochen werden kann.

Eine ganz andere Strategie, Gebrauchsspuren als Teil des Produktes zu gestalten, nutzt Tokujin Yoshioka mit seinem Sessel *Honey Pop* (Abb. 48). Der Sessel besteht aus Papier, das so gefaltet und verklebt wurde, dass sich die in Rollen produzierten Papierschichten zu einem dreidimensionalen Gebilde mit der Grundform eines Sessels aufblättern lassen. Im entfalteten Zustand weist der Sessel eine präzise rautenförmige Wabenstruktur auf, die in einer geschwungenen S-Form Sitzfläche und Lehne durchgängig verbindet. Entscheidend ist, dass diese zarte und homogene Struktur mit dem ersten Gebrauch unumkehrbar zerstört wird, indem sie den Körperabdruck des Gebrauchenden aufnimmt und bewahrt.

Im Gegensatz zu den Beispielen von Bjadaal wird hier durch den Gebrauchsprozess nicht eine vom Entwurf her angelegte Form zur Erscheinung gebracht, sondern es fungiert die entwurfsbestimmte Form mit ihrer makellosen Geometrie umgekehrt als Kontrastmittel, durch das die gebrauchsbestimmende Form des Körperabdrucks überhaupt erst zur Erscheinung kommt. Hierdurch ist es dem Nutzer nicht mehr möglich, den Gebrauch als einen für die Produktwahrnehmung unwesentlichen Prozess aufzufassen, sondern der Gebrauch wird notwendig formgebend. Die unabhängige, autonome Gestalt des Produktes wäre nur zu haben, wenn es nicht gebraucht würde. Hat Bjadaal den unanschaulichen Verweisungscharakter der Gebrauchsspuren dadurch kompensiert, dass diese die entwurfsbestimmte Textur zur Erscheinung bringen, so Yoshioka, indem er sie zum Bestandteil der funktional relevanten Form macht. Erst durch die Spur des Gebrauchenden, seinen Körperabdruck, wandelt sich *Honey Pop* in einen brauchbaren, bequemen Sessel, und genau deshalb wird die den Entwurf zerstörende Spur nicht als ein dem Produkt Äußerliches erfahren, sondern als dessen wesentliches Moment, durch das die Funktion des Produktes erst ermöglicht wird.

Es ist schon anhand dieser wenigen Beispiele deutlich zu sehen, wie das ökologische Design mit der Gebrauchsspur arbeitet. Spuren sollen so entstehen, dass sie nicht nur verweisen, sondern auch präsentieren können. Bei den bisher genannten Beispielen beschränkte sich diese Präsenz auf die figurale Textur und die Funktionalität des Produktes. Es gibt jedoch auch Fälle, in denen die Spurbildung so organisiert ist, dass in den Gebrauchsspuren weder entwurfsbestimmte Motive noch die gebrauchsbestimmende Form des Produktes wahrgenommen werden sollen, sondern die für die Spurbildung relevanten natürlichen Prozesse.

Die beiden Service *Broken White* (Abb. 49) von Simon Heijdens und *CMYK* (Abb. 50) von Matthias Lange sind solche Beispiele. Mit *Broken White* macht sich Simon Heijdens die unterschiedlich starke Ausdehnung zweier Glasuren unter dem Einfluss von Wärme zunutze. Kommt das Geschirr mit warmen Speisen in Kontakt, dehnt sich die in geschwungenen Linien aufgetragene Glasur stärker aus als die darüberliegende, homogen die Oberfläche versiegelnde zweite Glasur. Das Resultat sind feine Sprünge in der zweiten Glasur, die sich entlang der geschwungenen Linie der ersten Glasur bilden. Nach Angaben von Simon Heijdens bilden sich diese Sprünge erst im Laufe des Gebrauchs nach und nach aus.[216] Während Heijdens bewusst einen energetischen Prozess, der in der Regel keine Spuren hinterlässt, nämlich die Wärme von Speisen, spurbildend werden lässt, widmet sich Matthias Lange einem stofflichen Prozess, dessen Spuren uns wohlbekannt sind: die durch Stöße unterschiedlichster Art erzeugten Absplitterungen an den Rändern von Geschirr. Da das Porzellan des Services in jeweils einer der aus der digitalen Drucktechnik bekannten Grundfarben durchgefärbt ist und nur die Glasur dem Geschirr ein homogenes weißes Äußeres verleiht, kommt durch die Absplitterung der Glasur die Farbe des Porzellans zur Erscheinung.

Worin unterscheidet sich nun diese Art des gestalteten Umgangs mit Gebrauchsspuren von den vorangegangenen Beispielen, und was wird durch diese und an ihnen präsent? Auch die Spuren der Service *Broken White* und *CMYK* weisen entwurfsbestimmte Formmomente auf. Im ersten Fall die geschwungene Linie, an der die Spuren entstehen, in zweitem Fall die Farbe, in der die Spuren erscheinen. Diese entwurfsbestimmten Formmomente erfüllen jedoch weder die Funktion einer figuralen Repräsentation, wie bei Bjadaals *Underfull* und *Underskog,* noch einer gebrauchsbestimmenden Form, wie bei Yoshiokas *Honey Pop,* sondern sie fungieren als formale Kontrastmittel für die Spur selber, vor deren Hintergrund die entwurfsunabhängigen Formmomente der Spur besonders deutlich zur Geltung kommen. Bei der Betrachtung von *Broken White* befindet sich nicht etwa die entwurfsbestimmte Linie im Fokus, sondern man richtet die Aufmerksamkeit vor allem auf die ausgefransten, verästelten Formmomente, die sich entwurfsunabhängig und prozessbedingt entlang der Linie bilden. Für das Geschirr *CMYK* gilt dasselbe. Auch hier liegt das eigentliche Wahrnehmungsinteresse nicht auf der entwurfsbestimmten Farbe der Spuren, sondern die Farbe ist bloß das Kontrastmittel, durch das sich die entwurfsunabhängigen Formmomente der Spuren besonders wirkungsvoll von dem umgebenden spurenlosen Weiß abheben können.

Im Gegensatz zu den Entwürfen von Bjadaal findet also eine gewisse Umkehrung im Verhältnis spurbedingter und entwurfsbestimmter Formmomente statt: Während bei Bjadaal die Formmomente der Spur einer entwurfsbestimmten Form zur Erscheinung verhelfen und in ihr aufgehen, verhilft hier eine entwurfsbestimmte Form den spureigenen Formmomenten zur kontrastreichen Erscheinung. Die formale Seite der Spur, ihr je eigener Ausdruck wird so zum Hauptgegenstand der Wahrnehmung, hinter dem ihr Verweisungscharakter in den Hintergrund rückt. So steht bei der Betrachtung der Glasur-Sprünge und der Absplitterungen nicht deren Ursache – wie etwa eine warme Mahlzeit oder ein unvorsichtiger Umgang mit dem Geschirr – im Zentrum des Interesses, sondern die gegenwärtige und präsente Spur selbst.

Was ich im Kapitel *Der Produktionsprozess* in Anlehnung an Jens Soentgen bereits als «Doppelausdruck»[217] der Spur bezeichnet habe, müsste man eigentlich eine doppelte Verfasstheit nennen, die gerade an den Produkten *Broken White* und *CMYK* deutlich wird. Wir können Spuren in zweierlei Hinsicht betrachten: als Wirkungen einer vergangenen Ursache, wenn wir sie als kausalen Verweis lesen, oder, wenn wir ihren Ausdruck reflektieren, als fraktale Gebilde, als die charakteristische Art und Weise, wie die in die Spurbildung involvierten natürlichen Prozesse erscheinen.

Spur als Ausdruck

Der gestaltende Umgang mit der Spur als einem Ausdrucksphänomen, wie ihn Simon Heijdens und Matthias Lange mit *Broken White* und *CMYK* praktizieren, scheint mir in deutlichem Gegensatz zu herkömmlichen Theorien der Spur zu stehen. Der Schwerpunkt der Diskussion um das Phänomen der Spur liegt auf ihrem kausalen Verweisungscharakter, ohne dass hierbei die Spur als Formphänomen, als Ausdrucksträger hinreichend berücksichtigt würde. Symptomatisch hierfür ist die chronische Unterbelichtung ihrer Materialität, die Tatsache, dass Spuren sich grundsätzlich physischen Interaktionsprozessen verdanken. Es wird zwar gelegentlich darauf hingewiesen, dass Spuren nicht das Resultat eines einseitigen Abbildungsprozesses sind, sondern eines Interaktionsprozesses physischer und materieller Körper,[218] doch wird aus dieser Feststellung nicht die Konsequenz gezogen, dass Spuren offenbar auch in doppelter Weise gelesen werden müssen. Denn wenn Spuren das Resultat einer physischen Interaktion sind, so gibt es keinen Grund zu der Annahme, eine Spur verweise lediglich auf eine einzige abwesende Ursache, sondern sie muss dann für alle an der Interaktion beteiligten natürlichen Prozesse sprechend sein. Fußstapfen im Schnee lassen sich eben nicht nur als Spuren eines darübergegangenen Menschen lesen, sondern an ihrem Aussehen – ihrer Tiefe, der Beschaffenheit der Ränder usw. – kommt auch die materielle Verfasstheit des Schnees – ob er weich, gefroren, frisch gefallen oder bereits im Begriff ist zu tauen und Ähnliches – zum Ausdruck. Die Frage ist, warum die Spur als Ausdrucksphänomen dennoch meist unberücksichtigt bleibt. Dies hat, so meine These, mit unserer Einstellung zu tun, mit der wir in der Regel Spuren lesen und deuten.

Die natürlichen Prozesse, die die Spuren unmittelbar erzeugten, machen nur einen geringen Teil des Geschehens aus, das beim Spurenlesen für uns von Interesse ist. So sind wir – beispielsweise am Tatort eines Verbrechens – meist an komplexen Vorgängen interessiert, mit denen die spurerzeugenden Prozesse nur indirekt kausal zusammenhängen, das heißt über eine längere Kausalkette. Bei Bremsspuren beispielsweise geht es um die Frage, wer wem die Vorfahrt genommen hat, und bei Blutspuren, ob es sich um einen Unfall, Notwehr, Mord oder Selbstmord handelt. Für *diese* Vorgänge ist die Spur tatsächlich nur ein völlig ausdrucksloses Indiz, die paradoxe Präsentation des nicht Präsenten.[219] Die Fußspuren im Schnee sind nicht repräsentativ für den Menschen, der sie hinterließ, in den Blutspuren am Tatort bildet sich nicht der Mord ab, und in den Glasur-Sprüngen des Geschirrs *Broken White* bildet sich nicht die warme Mahlzeit ab. Aber all diese Spuren sind sehr wohl ausdruckshaft für die Prozesse, die sie unmittelbar erzeugten, unter anderem auch für das Material, an dem und in dem sie als Formveränderungen auftreten. So sind beispielsweise Bremsspuren für einen Unfall nur ein Indiz, jedoch sind ihre fraktalen Gebilde für die Interaktion der Materialität des Gummis mit dem Asphalt und der einwirkenden Kraft durchaus ausdruckshaft.

Das Spurenlesen ist grundsätzlich darauf angewiesen, dass mit bestimmten Interaktionsprozessen auch bestimmte formale Ausprägungen korrelieren. Diesen Zusammenhang bezeichnet Krämer als Kontinuum, ohne dieses jedoch als ein Problem der Wahrnehmung näher zu bestimmen.[220] Das Kontinuum ist nicht nur ein abstraktes Ursache-Wirkungs-Verhältnis, auf dessen konstante Gültigkeit das Spurenlesen angewiesen ist, sondern diesem korreliert ein konstantes Ausdrucksverhältnis: Ähnliche Interaktionsprozesse erzeugen stets ähnliche fraktale Gebilde. Nur weil die Spur ein Ausdrucksphänomen ist, das in einem gesetzmäßigen Zusammenhang mit natürlichen Prozessen und ihren Wechselwirkungen steht, können

Spuren gelesen werden. Denn anders als bei den Zeichen einer Sprache können wir bei Spuren weder die formale Struktur des Zeichenträgers festlegen – wir können nicht bestimmen, dass die Scherben eines Glases immer so und nicht anders auszusehen haben – noch die Bedeutung der Spur – wir können uns nicht darauf einigen, dass die Scherben eines Glases stets auf ein versehentliches Fallenlassen hinweisen. Die Sprache der Spuren entzieht sich gänzlich jeder Konvention. Dennoch können wir sie lesen, mal mehr, mal weniger erfolgreich. Und diese Tatsache, dass Spurenlesen möglich ist, weist gewissermaßen auf eine Konvention der Natur: Der Ausdruck der Spur ist die eigengesetzliche Art und Weise, wie natürliche Prozesse und ihre Wechselwirkungen erscheinen. Oder, anders ausgedrückt, da bei Spuren das Verhältnis von Bedeutung und Bedeutungsträger nicht durch einen gesetzmäßigen Gebrauch stabilisiert wird, ist das Spurenlesen nur unter der Bedingung möglich, dass ihre wahrnehmbare Struktur von sich aus (das heißt von Natur aus) in einem gesetzmäßigen Zusammenhang mit den spurbildenden natürlichen Prozessen steht. Dass Spuren ausdruckshaft für die sie erzeugenden natürlichen Prozesse sind, ist demnach die Bedingung der Möglichkeit des Spurenlesens. Denn nur so ist es möglich, die stets unwiederholbar individuellen Spurformen auf ähnliche Interaktionsprozesse zurückzuführen. Während die fraktalen Gebilde derselben natürlichen Prozesse in buchstäblicher Hinsicht stets einzigartig sind, besteht eine Verwandtschaft eben nur in ihrem charakteristischen Formausdruck.

Wie sehr im Spurenlesen deren Ausdruck übergangen wird, obwohl er implizit vorausgesetzt wird und die Grundlage des Spurenlesens bildet, wird in der Vorstellung deutlich, es handele sich bei Spuren um Hohlformen oder Abdrücke. So schreibt Krämer: «In der Hohlform des Abdrucks, mit der eine Bewegung in der Zeit sich zur Konfiguration im Raum auskristallisiert, zeigt sich das Vorbeigegangensein von jemandem oder etwas.»[221] Genau betrachtet stellt sich allerdings selbst das Lesen eines simplen Abdrucks als viel komplexer dar. Denn anwesend ist für uns keine Hohlform, sondern ein *Material* mit einer bestimmten Ausprägung, von der wir noch gar nicht wissen können, ob sie nun ein Abdruck bzw. eine Hohlform ist oder nicht. Damit wir diese Ausprägung überhaupt als Abdruck erkennen können, muss sie uns als eine Form erscheinen, die das Material unter den gegebenen Bedingungen nicht von sich aus annehmen würde.[222] Das heißt, bereits für das Bemerken einer Spur muss schon ein bestimmtes Formverständnis von Materialien in Relation zu bestimmten interagierenden Prozessen der Umgebung vorliegen. Von dem Abdruck als einer «Hohlform» zu reden ist deshalb irreführend, da dadurch suggeriert wird, das Material spiele für das Spurenlesen keine Rolle. Es ist aber genau umgekehrt: Nur weil wir ein breites Formverständnis von Materialien und ihren Veränderungen bei bestimmten Interaktionen besitzen, sind wir in der Lage, erstens bestimmte Formveränderungen als Spuren zu bemerken – nämlich als für bestimmte Bedingungen untypische Formveränderungen am Material (Hohlformen) – und zweitens diese Formveränderungen auf das ursächliche Einwirken eines spezifischen Prozesses zurückzuführen. Um Spuren zu lesen, müssen wir die Formensprache natürlicher Prozesse beherrschen, müssen wir vertraut sein mit der Art und Weise, wie natürliche Prozesse erscheinen.

Auf dieser Grundlage lässt sich das Verhältnis von Spuren und fraktalen Gebilden genauer bestimmen, das bei Jens Soentgen nicht hinreichend geklärt ist. Er bezeichnet solche Formen als fraktale Gebilde, die von natürlichen Prozessen selbsttätig hervorgebracht werden, die also nur provoziert, aber nicht produziert werden können,[223] und verwendet den Begriff der Spur meist synonym, ohne das Verhältnis beider Begriffe zu klären.[224] Auch Spuren produzieren wir ähnlich wie fraktale Gebilde nicht, sondern hinterlassen sie unwillkürlich.[225] Oder, anders ausgedrückt, wir sind erst dann und genau dann bereit, etwas als Spur zu lesen, wenn wir der Meinung sind, Formmomente vorzufinden, die nicht das Ergebnis eines Entwurfs, einer Intention sind, sondern das Ergebnis eigengesetzlicher, natürlicher Prozesse. Hierbei ist es allerdings durchaus möglich, dass wir etwas als Spur betrachten, was zugleich Produkt einer produzierenden Absicht ist, wie beispielsweise die *drip-paintings* von Jackson Pollock. Betrachten wir diese als Spur, so versuchen wir genau die Formmomente in den Blick zu bekommen, die uns nicht als das Ergebnis einer produzierenden Absicht erscheinen, sondern von den in den Malvorgang involvierten natürlichen Prozessen hervorgebracht wurden. Und nur diese Formmomente sind in der Lage, uns etwas über den Hergang des tatsächlichen Geschehens zu verraten, so beispielsweise über die Richtung der ausgeführten Bewegungen oder die Viskosität der Farbe.

Hieraus wird deutlich, dass Spuren immer auch fraktale Gebilde sind oder, anders ausgedrückt, dass wir Spuren anhand ihrer fraktalen Formmomente lesen, denn Letztere sind die ausdruckshafte Seite der Spur, die Formmomente, die charakteristisch für die in die Spurbildung involvierten natürlichen Prozesse sind. Der umgekehrte Fall gilt allerdings nicht. Zwar zeigen sich, wie wir gesehen haben, alle natürlichen Prozesse in fraktalen Gebilden, aber nicht alle fraktalen Gebilde sind auch Spuren. Fraktale Gebilde werden für uns zur Spur, wenn die in ihnen erscheinenden natürlichen Prozesse abwesend sind. Deuteten wir ein fraktales Gebilde als Ausdruck eines anwesenden natürlichen Prozesses, so würden wir von einem Symptom sprechen oder einem Anzeichen, aber nicht von einer Spur. Fraktale Gebilde sind also die Art und Weise, wie natürliche Prozesse erscheinen, und alle Spuren sind notwendig auch fraktale Gebilde. Aber nicht alle fraktalen Gebilde deuten wir als Spuren, sondern nur diejenigen, deren erzeugende natürliche Prozesse vergangen sind.

Die ästhetische Reflexion des natürlichen Daseins der Gebrauchsdinge

Im Folgenden werde ich diesen gestaltenden Umgang mit den Gebrauchsspuren in den größeren Zusammenhang der Produkterfahrung im Gebrauch stellen und beschreiben, wie diese sich hierdurch verändert. Wie in dem Kapitel *Produkterfahrung durch Umnutzen* gezeigt, haben wir ein ambivalentes Verhältnis zu den uns umgebenden Gebrauchsdingen. Da wir die Dinge nicht nur betrachten, sondern vor allem auch verwenden, erscheinen sie uns nicht nur als Wahrnehmungsobjekte, sondern auch als Zweckdinge. Je stärker sie in alltägliche Handlungszusammenhänge eingebettet sind und je intensiver sie für das alltägliche Leben benötigt werden, desto vorherrschender wird unser instrumentelles Verhältnis zu Gebrauchsdingen. Wenn wir die Produkte als Wahrnehmungsobjekt betrachten, sehen wir von ihren konkreten Handlungszusammenhängen ab. Wenn wir sie bezogen auf ihre Zwecke, gewissermaßen als Werkzeug oder als Mittel betrachten, interessiert uns an ihnen nur, was auf bestimmte Verwendungsmöglichkeiten hinweist. Beide Betrachtungsweisen stehen unvermittelt nebeneinander, und besonders für unser ästhetisches Verhältnis zum Produkt, das in der Regel durch eine reflexive Einstellung gegenüber dem Wahrnehmungsobjekt bestimmt ist, taucht der konkrete Handlungszusammenhang, in den das Produkt eingebettet ist, nicht auf.

Die im handelnden Umgang erzeugten Spuren am Produkt können diese Dichotomie zwischen Wahrnehmungsobjekt auf der einen Seite und Handlungszusammenhang auf der anderen Seite jedoch durchbrechen. Denn das Gebrauchen bewirkt zumindest eine faktische Veränderung am Produkt. Während wir solche Spuren normalerweise nicht als Teil des Produktes wahrnehmen, sondern bloß als faktische Hinterlassenschaften des Gebrauchs, als «lästige Einbrüche»[226] in die entwurfsbestimmte Produktform, lässt das ökologische Produktdesign die Gebrauchsspuren zu gestaltbildenden Formmomenten und dadurch zu bestimmenden Elementen des Wahrnehmungsobjektes werden.

Diese Integration der Gebrauchsspuren findet auf dreierlei Weise statt. Bei *Underfull* und *Underskog* werden sie zum Bestandteil einer vom Entwurf her angelegten Form und bringen diese überhaupt erst in einer prozessabhängigen und je individuellen Variation zur Erscheinung. Bei *Honey Pop* werden die Gebrauchsspuren zum Bestandteil einer gebrauchsbestimmenden Form, die die Realisierung des Zwecks zuallererst ermöglicht. Und bei *Broken White* und *CMYK* wird die eigenständige Formtendenz der Spur zum bestimmenden Bestandteil der Produktform, zum beherrschenden Moment des Wahrnehmungsobjektes. Für alle Beispiele gilt, dass der konkrete natürliche Verwendungszusammenhang zu einem gestaltbildenden Moment am Produkt wird und so in dessen Wahrnehmung mitreflektiert wird.

Diesen Verwendungszusammenhang möchte ich das je besondere und je individuelle *natürliche Dasein* des Produktes nennen. Denn es sind ja nicht eigentlich die produkteigenen Zwecke und Verwendungsmöglichkeiten, sondern die im Zuge des Gebrauchs und der Zweckrealisierung involvierten natürlichen Prozesse, die zu einem gestaltbildenden Moment des Produktes werden. Also nicht die mit dem Produktgebrauch verbundenen Handlungsintentionen, sondern gerade die nichtintendierten und unwillkürlich im Handeln mit und durch Gegenstände stattfindenden natürlichen Prozesse. Während bei *Underskog*, *Underful* und *Honey Pop* nur in der Art und Weise, *wie* die entwurfsbestimmte figurale Textur oder die gebrauchsbestimmende Zweckform erscheint, etwas von dem natürlichen Dasein des Produktes zum Ausdruck kommt, fällt bei *Broken White* und *CMYK* das Wie mit dem Was zusammen, und es interessiert nur noch, wie sich das natürliche Dasein des Produktes formbildend niederschlägt. Während bei der Koproduktion gerade die Selbstständigkeit des Dinges und die Eigengesetzlichkeit des Materials zur ästhetischen Erfahrung werden, so sind es bei den hier genannten Beispielen die natürlichen Zusammenhänge des Produktgebrauchs. Mit den verschiedenen örtlichen und zeitlichen Bedingungen wandelt sich bei diesen Produkten auch deren ästhetische Erfahrung. Auf diese Weise wird die zeitliche Dimension des Gebrauchs zu einem Moment der ästhetischen Reflexion.

In Bezug auf die Langlebigkeit von Produkten bedeutet das, dass diese weder durch eine unverwüstliche Haltbarkeit des Objektes noch durch eine jede Mode und jeden Geschmackswandel überstehende langlebige Ästhetik erreicht wird, sondern umgekehrt durch eine wandelbare und prozessuale Ästhetik, die das dem Produkt eigene natürliche Gebrauchsleben zur Erscheinung bringt. Langlebigkeit wird also nicht nur hergestellt und sichergestellt, indem das Produkt eine *faktische,* das heißt materielle Resistenz gegenüber äußeren Einflüssen und damit auch gegenüber Gebrauchsspuren aufweist oder indem es sich *sinnlich* resistent oder tolerant gegenüber Gebrauchsspuren verhält, wie beispielsweise durch den Einsatz inhomogener Oberflächen, vor deren Hintergrund die Spuren des Gebrauchs gewissermaßen «untergehen» und kompensiert werden. Stattdessen werden die Spuren zu einem eigenen Ausdrucksmittel, durch das das je individuelle natürliche Dasein des Produktes, sein Gebrauchsleben sich ausspricht und reflektiert wird.

Was die Strategien für eine langlebige Produktbeziehung durch Individualisierung angeht, so sind die sich durch Gebrauch und durch Koproduktion individualisierenden Produkte weder Resultat der individuellen Intentionen des Nutzers, noch spiegelt sich dieser in einer anderen Form im Produkt. Sondern was durch die Koproduktion und den Gebrauch am Produkt erfahren wird, sind gerade die subjektunabhängigen Momente, die das Produkt im handelnden Umgang mit ihm unvorhersehbar und unintendierbar von sich aus hervorbringt. In der körperlichen Auseinandersetzung mit den Dingen, wie sie das ökologische Produktdesign gestaltet, in ihrem *Umnutzen, Bearbeiten,* und *Gebrauchen* werden gerade nicht nur die eigenen Intentionen und Zwecke des Nutzers veräußert und vergegenständlicht, sondern es werden die *Selbstständigkeit der Dinge,* die *Eigengesetzlichkeit des Materials* und das *natürliche Dasein des Produktes* erfahren. Eine solcherart erzeugte und erfahrene Individualität der Dinge scheint die Produktbeziehung des Nutzers erst auf die von Verbeek und Kockelkoren geforderte langlebige Grundlage zu stellen.[227] Denn nur wenn die Produkte in der Lage sind, etwas von ihrer individuellen Eigenart und den je individuellen Bedingungen ihres Gebrauchsdaseins zu zeigen, werden sie ästhetisch wie materiell nicht ersetzbar, da schlechterdings unwiederholbar und unreproduzierbar.

31

33

31 Sebastian Bergne, *Candloop*, 1999
32 Jorre van Ast, *Jar Tops*, 2005–2008
33 Nicolas Le Moigne, *Verso Diverso*, 2005

32

34

35

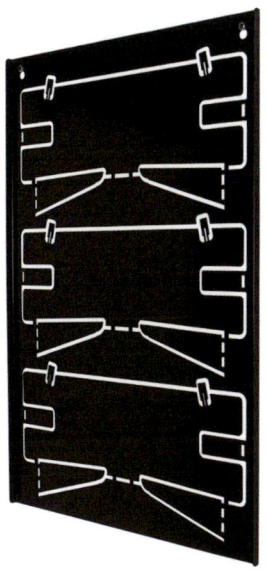
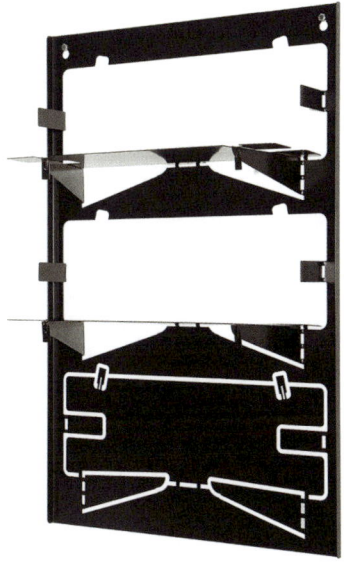

36

34 studio Aisslinger, *books*, 2006
35 Pierre Charpin, *Occasional*, 2007
36 Matthias Ries, *Piegato*, 2007
37 Peter Hils, *Bucky Bowl*, 2006
38 Jaime Salm, *Bendant Lamp*, 2004

37

38

39

39 Oki Sato (nendo),
   Cabbage Chair, 2008
40 Jordi Canudas,
   Less Lamp, 2007
41 Marijn van der Poll,
   Do hit, 1999

ABBILDUNGEN 129

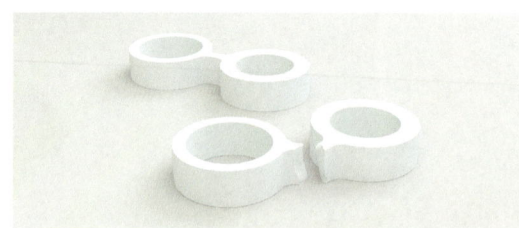

42 Frederik Roijé, *two of a kind*, 2006
43 Frank Tjepkema und Peter van der Jagt, *Do break*, 2000
44 Frank Tjepkema, *Signature Vases*, 2003
45 Jochen Gros, Versuchsobjekt vor und nach Gebrauch, ca. 1976

42

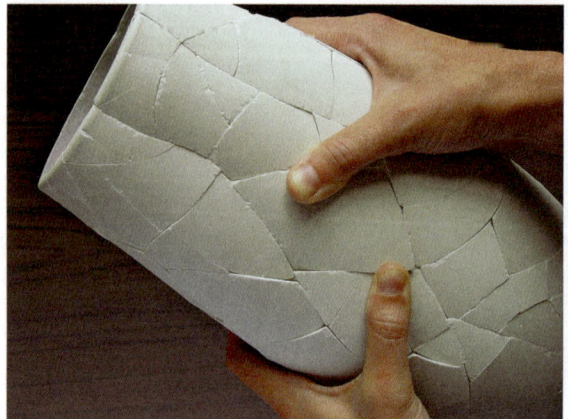

43

44

45

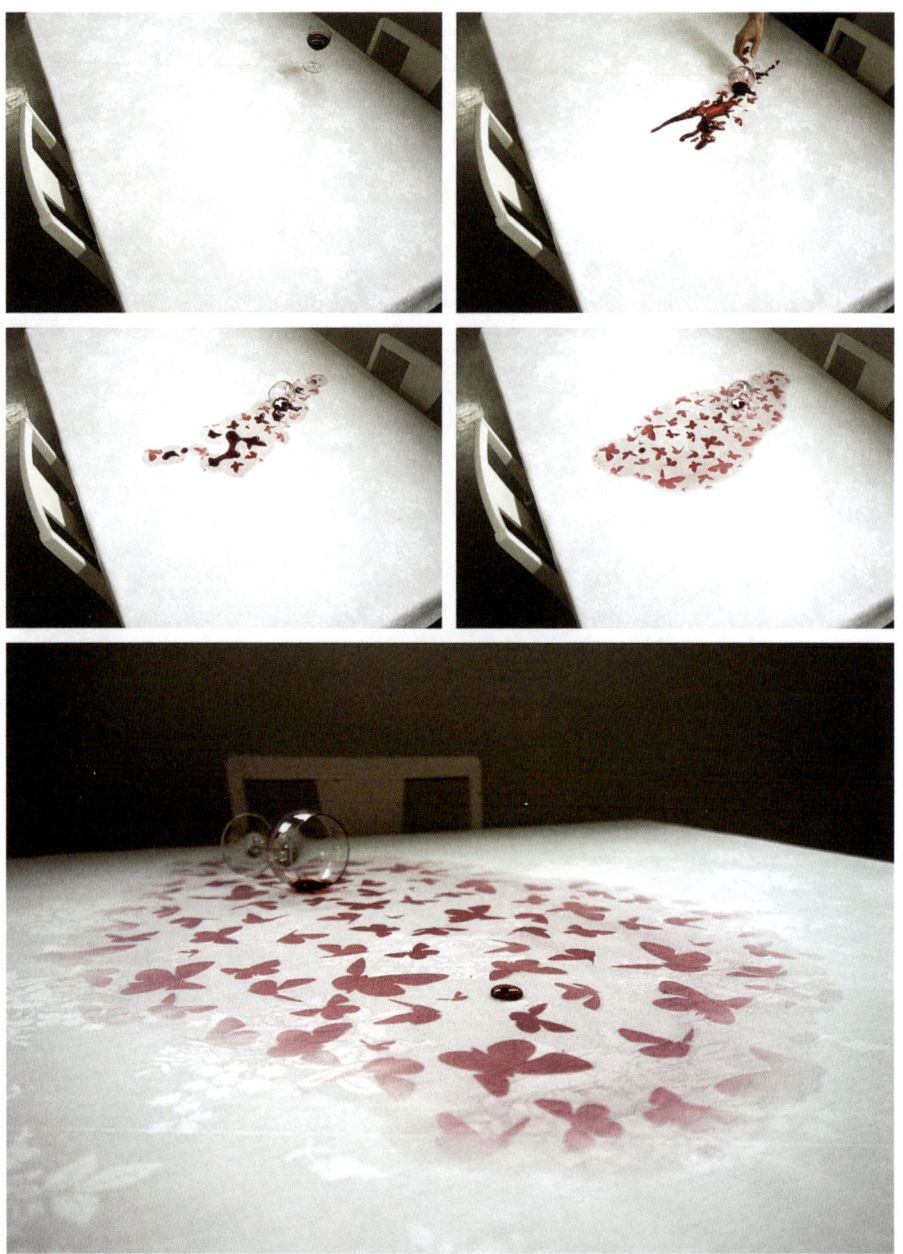

46

46 Kristine Bjaadal, *Underfull*, Prototyp 2009
47 Kristine Bjaadal, *Underskog*, Prototyp 2009

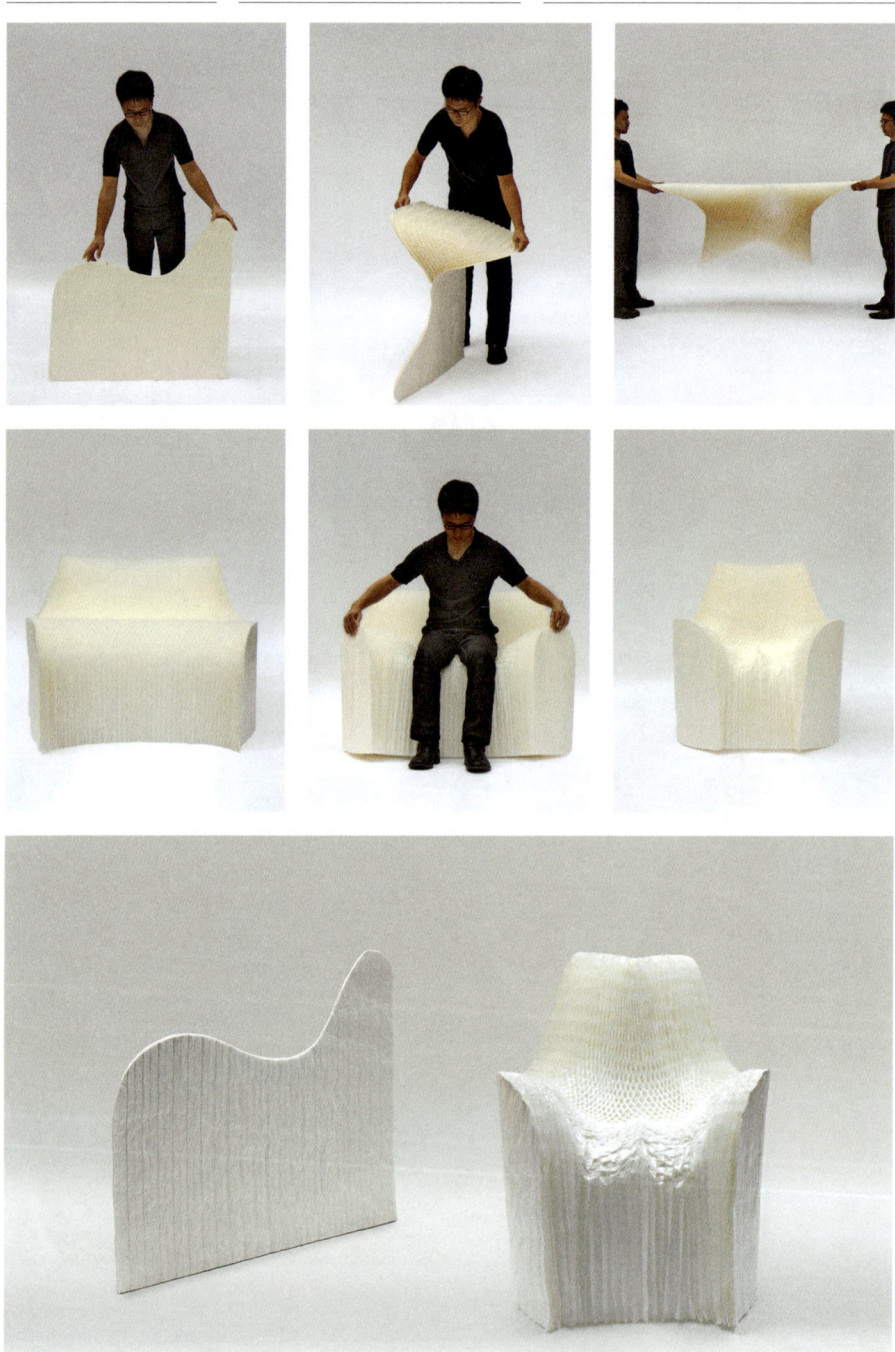

48

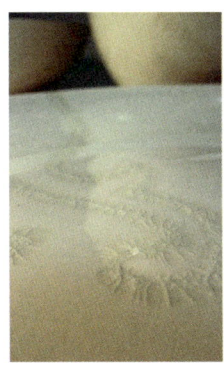

49

50

48 Tokujin Yoshioka, *Honey Pop*, 2000–2001
49 Simon Heijdens, *Broken White*, 2004
50 Matthias Lange, *CMYK*, Prototyp 2008

Ästhetische Reflexionen

Zum Schluss möchte ich an meine phänomenbezogene Untersuchung der Produkte des ökologischen Designs einige allgemeinere Überlegungen anschließen, die hier nur angerissen werden können, aber mit einer gewissen logischen Konsequenz aus dem bisher Dargestellten folgen. Als Bezeichnung einer bestimmten ästhetischen Erfahrung, die im Rahmen des ökologischen Produktdesigns auftritt, werde ich zunächst den Begriff *Prozessästhetik* konkretisieren und diese *reflexive Ästhetik* anschließend von den Vorstellungen einer *normativen* und einer *instrumentellen Ästhetik* abgrenzen.

PROZESSÄSTHETIK ALS SINNLICHE REFLEXION NATÜRLICHER PROZESSE

Vor dem Hintergrund eines ökologischen Bewusstseinswandels gewinnt, wie in den drei Teilen dieses Buches gezeigt, die natürliche Seite des Produktes an Interesse. Die natürlichen Prozesse der Materialgeschichte, der Produktionsgeschichte und der Gebrauchsgeschichte werden zum Gegenstand ästhetischer wie technologischer Gestaltung.

Die Spur ist ein wesentliches Gestaltungsmerkmal für die ästhetische Reflexion dieser Produktdimensionen, und zwar einerseits als kausaler Verweis auf ein abwesendes und vergangenes Geschehen, dem sie ihre Entstehung verdankt, andererseits als fraktales Gebilde, in dem sich der charakteristische Formausdruck interagierender natürlicher Prozesse erhält, während die erzeugenden Prozesse faktisch vergangen sind. Doch die Spur und ihr Formausdruck sind zwar Eigenschaften der Dinge, müssen aber deshalb nicht auch immer und zwangsläufig wahrgenommen werden. Denn streng genommen müsste alles, was überhaupt sichtbar ist, prinzipiell als Spur oder fraktales Gebilde wahrgenommen werden können, da sich alles Sichtbare immer auch natürlichen Prozessen verdankt und mit diesen auch einem kausalen Zusammenhang. Stattdessen hängt es sowohl von der Verfasstheit des Wahrnehmungsobjektes als auch der Verfasstheit unserer Wahrnehmungsweise ab, ob bestimmte Formen als Spuren und als fraktale Gebilde auffällig werden. Ästhetische Gestaltung im Rahmen des ökologischen Produktdesigns bedeutet also zunächst, Gegenstände, ihre Produktion und ihren Gebrauch so zu organisieren, dass sie eine Wahrnehmung und eine Erfahrung im körperlichen Umgang mit ihnen provozieren, in denen Formen des Gegenstandes als Spuren und als fraktale Gebilde auffällig werden. Dies ist jedoch nur der erste Schritt. In einem zweiten Schritt wird mit diesen Spurwahrnehmungen bezogen auf die Produkterfahrung als Ganzes gearbeitet.

Da die mit der *Materialgeschichte* verbundenen natürlichen Prozesse noch vor der eigentlichen Produktentstehung liegen, scheinen die Materialspuren zwar zur natürlichen Identität des Materials zu gehören, jedoch nicht zur Identität des Produktes. Hierdurch werden die Materialspuren nicht als fraktale Gebilde wahrgenommen, in denen die dem Material zugehörigen natürlichen Prozesse zum Ausdruck kommen, sondern als bloßer kausaler Verweis auf diese. Indem jedoch die Produktform sowohl in funktionaler als auch darstellender Hinsicht repräsentativ für diese vorgängigen Prozesse gestaltet wird, wird die natürliche Identität des Materials mit der Identität des Produktes vermittelt. Die natürlichen Prozesse des Materials vermitteln sich so in die Wahrnehmung des Produktes als Ganzes: Was eigentlich bloß dem Material angehört, scheint sich in ungebrochener Kontinuität bis ins Produkt hinein zu verlängern.

Was die *Produktionsgeschichte* betrifft, so wird nicht die Produktform repräsentativ für die natürlichen Prozesse der Produktion, sondern sie gerät als archetypische geometrische Form in ein Spannungsverhältnis zu den heterogenen und chaotischen Abweichungen, die sich durch die Produktion ereignen. Erst durch diesen Kontrast werden die produktionsbedingten Spuren nicht mehr bloß als kausale Verweise wahrgenommen, sondern als fraktale Gebilde, die die natürlichen Produktionsprozesse selbstständig erzeugten. Die vergangene Materialgeschichte wird also vergegenwärtigt, indem Materialwahrnehmung und Produktwahrnehmung in einen Vermittlungsprozess überführt werden, wodurch sich die vergangenen Materialprozesse wahrnehmbar in die Gegenwärtigkeit des Produktes fortzusetzen scheinen. Die vergangene Produktionsgeschichte wird hingegen aktualisiert, indem die entwurfsbedingte Form des Produktes mit den produktionsbedingten fraktalen Gebilden in ein wahrnehmbares Spannungsverhältnis gerät, dem die zeitlich nachgeordnete Modifizierung des Entwurfs durch den Produktionsprozess entspricht. Wir haben es also nicht nur mit dem Auffälligwerden des Produktes für seine Spuren und fraktalen Gebilde zu tun, sondern auch die Zeitlichkeit der natürlichen Prozesse setzt sich in einem einerseits identifizierenden und andererseits spannungserzeugenden *Wahrnehmungsprozess* fort.

Im Zuge der *Gebrauchsgeschichte* geraten die natürlichen Prozesse in die Gegenwart der körperlichen Interaktion mit dem Produkt. Da diese natürlichen Prozesse nicht der Vergangenheit der Produktentstehung angehören, sondern der Gegenwärtigkeit des Produktes, vermittelt sich deren Zeitlichkeit nicht mehr nur in der Prozessualität des Wahrnehmens, sondern auch in einer Prozessualität des Wahrgenommenen. Während also bezogen auf Materialgeschichte und Produktionsgeschichte unveränderliche Formmomente am Produkt so organisiert werden, dass ein Wahrnehmungsprozess angestoßen wird, der als die sinnliche Vermittlung eines vergangenen Prozesses erscheint, verändert sich bezogen auf die Gebrauchsgeschichte mit dem Wahrnehmen auch das Wahrgenommene. Die prozessuale Veränderung des Gegenstandes wird in dem formalen Spannungsverhältnis von geometrisiertem Ausgangszustand und fraktalen Formmomenten zu einem immanenten Prozess des Wahrnehmens und zugleich in der realen Veränderung dieses Spannungsverhältnisses zu einem Prozess des Wahrgenommenen.

Das ökologische Produktdesign nimmt seinen Ausgang also von der Betrachtung der mit dem Produkt verbundenen natürlichen Prozesse und gestaltet die Produkte so, dass deren Wahrnehmung zum Nachvollzug dieser Prozesse wird, diese gleichsam in der Produktwahrnehmung erscheinen. Dieser Vorgang geschieht auf doppelte Weise: Einerseits richtet sich die Wahrnehmung auf die den natürlichen Prozessen eigenen gestaltbildenden Formmomente wie Spuren und fraktale Gebilde, und andererseits wird sowohl das Wahrnehmen in eine prozessuale Bewegung überführt als auch das Wahrgenommene. Diese Art der Wahrnehmung, in der diese *gehaltvoll* wird für Momente der Wirklichkeit, von denen wir in einer anderen Form bloß wissen oder auf die wir im Normalfall anhand der Wahrnehmung bloß schließen, möchte ich als die eigentliche Ästhetik des Produktdesigns fassen. Da diese Art der Wahrnehmung nicht bloß ein inhaltsloser Wahrnehmungsvollzug ist, sondern in ihr und durch sie etwas wahrnehmbar scheint, was für gewöhnlich der Wahrnehmung bloß fragmentarisch oder gar nicht gegenwärtig ist, könnte man sie auch eine *reflexive Wahrnehmung* nennen, in der sinnlich reflektiert wird, was meist anhand der Wahrnehmung bloß gedanklich reflektiert oder im Hinblick auf Zwecke verändert wird. Um diese Auffassung des Ästhetischen von anderen abzugrenzen, möchte ich sie eine *reflexive Ästhetik* nennen, wobei nicht eigentlich die *Ästhetik,* sondern die Wahrnehmungsart, die sie bezeichnet, reflexiv zu nennen wäre.

Demnach sind ästhetische Phänomene zumindest im ökologischen und modernen Produktdesign immer an einen Gehalt gekoppelt, der sinnlich-reflexiv erscheint. Das Ästhetische kann hier also nicht für sich, sondern nur bezogen auf konkrete ästhetische Phänomene und deren sinnlich-reflexiven Gehalt bestimmt werden. Aus diesem Grund möchte ich die ästhetischen Phänomene, die sich im Produktdesign vor dem Hintergrund einer ökologischen Betrachtungsweise der Dinge entwickeln, *Prozessästhetik* nennen. Mit «Prozess» sind allerdings nicht alle prozessualen Vorgänge überhaupt gemeint – wie beispielsweise auch soziale Prozesse –, ebenso wenig mit «Prozessästhetik» einfach eine «prozessuale Ästhetik». Stattdessen bezeichnet der Begriff «Prozessästhetik» nur solche sinnlichen Reflexionen, in denen *natürliche Prozesse* gleichsam wahrnehmbar erscheinen. Dass sowohl dem Wahrnehmen als auch dem Wahrgenommenen prozessualen Charakter zukommt, zeigt die untrennbare Verbindung zwischen der Form des Erscheinens und dem, was erscheint. Die Abstraktion der Form des Erscheinens von dem, was erscheint, beispielsweise indem von einer «prozessualen Ästhetik» die Rede ist, würde eben bloß eine Abstraktion bleiben, der der Gehalt der ästhetischen Phänomene entgleitet. *Prozessästhetik* benennt die konkreten im Zuge dieser Arbeit betrachteten ästhetischen Phänomene des ökologischen Produktdesigns, die synonym auch eine Ästhetik natürlicher Prozesse genannt werden können.

NORMATIVE UND INSTRUMENTELLE ANSÄTZE DES ÄSTHETISCHEN

Von dieser *reflexiven* Ästhetik möchte ich nicht nur eine *deterministische* und *arbiträre* Vorstellung von Ästhetik unterscheiden – wie in der Einleitung zu dieser Arbeit –, sondern auch verschiedene *normative* und *instrumentelle* Vorstellungen, die gerade im Rahmen ökologischer und nachhaltiger Bestrebungen häufig anzutreffen sind. Während die Produktästhetik in den Anfängen der ökologischen Bewegung einen zweifelhaften Ruf genoss, da sie den Konsumenten zu verführen und zwangsläufig ökonomischen Interessen zu dienen schien,[228] wandelte sich diese Vorstellung zu der Ansicht, dass das Ästhetische auch bewusst und gezielt für ökologische Interessen einsetzbar sei. Diese jüngeren Vorstellungen befreien zwar die Produktästhetik von ihrer notwendigen Koppelung an ökonomische Interessen, indem sie diese auch für ökologische Zwecke instrumentalisierbar halten, erhalten damit aber die Vorstellung der instrumentellen Verfasstheit des Ästhetischen.[229] Diese Indienstnahme des Ästhetischen für ökologische Interessen spielt sich auf unterschiedlichen Ebenen ab. So gibt es verschiedene Bestrebungen, eine Ästhetik der Nachhaltigkeit einzufordern, gewissermaßen als kulturelle Säule einer auf nachhaltige Entwicklung hin ausgerichteten Gesellschaft. Sie soll nicht etwa bloß das Produktdesign oder die Kunst betreffen, sondern überhaupt alle kulturellen Erscheinungs- und Erfahrungsformen. In den zwölf «Toblacher Thesen» heißt es beispielsweise: «Schönheit und Nachhaltigkeit gehören zusammen. Schönheit als Weg zur Erkenntnis und als eine der stärksten Triebfedern des menschlichen Handelns muss in Zukunft verstärkt für eine umfassende ökologische Wende genutzt werden.»[230] Und Astrid Wehrle und Detlev Ipsen schreiben: «Normative und politische Begriffe bleiben ohne ein ästhetisches Korrelat stumpf, sie müssen die Sinne ansprechen, um Menschen zu mobilisieren und Machtkonstellationen zu verschieben.»[231] Beide Zitate sprechen das Ästhetische unverkennbar als Mittel an, und zwar entweder als Mittel zur Erkenntnis – wohl ökologische Erkenntnis – oder als Mittel des Handelns, unter das auch das politische Handeln fällt. Das Ästhetische läuft in diesem Kontext Gefahr, für die Interessen einer nachhaltigen Entwicklung vereinnahmt zu werden, zu einer Art Didaktik, einer Illustration der Umweltprobleme zu verkommen oder zu einem politischen Instrument zu werden, einem Mittel um ökologisch verträgliches Verhalten zu initiieren. Deshalb wird auch immer gefragt, wie eine nachhaltige Ästhetik aussehen müsste, damit sie diese Handlungsziele unterstützt, oder welche Rolle die Ästhetik im Diskurs der Nachhaltigkeit spielen könnte usw. Es sind also immer bestimmte Handlungsziele, von denen her eine Ästhetik der Nachhaltigkeit bestimmt werden soll. Dieses Verfahren unterscheidet sich kaum von der Indienstnahme des Ästhetischen für propagandistische Zwecke, sei es als aufklärendes Instrument im Sinne einer Wissensvermittlung oder als handlungsleitendes Instrument im Sinne eines politischen Mittels.

Während diese Bestrebungen die Rolle des Ästhetischen für eine nachhaltige Entwicklung gegenstandslos konzipieren, als eine Art Umorganisation aller ästhetischen Erfahrungsformen überhaupt, gibt es auch Forderungen nach einer produktbezogenen Ästhetik, die ökologischen Interessen dienlich sein soll. So schreibt Kaufmann-Hayoz: «Für die Gebrauchstauglichkeit selbst sind meines Wissens noch keine ökologischen Kriterien entwickelt worden. Hierfür müsste die Frage gestellt werden, ob das Produkt durch seine Existenz, seine Konstruktion und Gestaltung umweltgerechtes Verhalten begünstigt oder erschwert, vielleicht sogar unmöglich macht.»[232] An die Feststellung «[...] durch die Gestaltung eines Objektes oder eines Raumes werden bestimmte Handlungsangebote gemacht, die entsprechenden Handlungen werden also begünstigt, während andere Handlungen gehemmt werden»[233] schließt sie die Forderung an: «Diese Aspekte müssten aber – so meine Schlussfolgerung – Eingang in ein umfassendes Konzept ökologisch orientierten Designs finden.»[234]

Auch in Fragen der Langlebigkeit wird Ästhetik als Mittel verstanden, eine andauernde Bindung des Nutzers an das Produkt zu initiieren, wie beispielsweise durch unterschiedliche Personalisierungsstrategien, die das Produkt den Wünschen des Konsumenten angleicht,[235] oder umgekehrt durch den Versuch, langlebige Formen zu finden, die sich als resistent gegenüber dem Modewechsel erweisen. So fragt beispielsweise Michael McCoy: «So what makes an enduring (and endearing) form?»,[236] und gibt als Antwort aerodynamische Formen, einfache und minimalistische Formen sowie Formen, die mit der Art der Herstellung und dem Material übereinstimmen.[237] Alle diese Gestaltungsansätze wenden sich gegen Strategien der geplanten Obsoleszenz, ohne zu bemerken, dass zwar die Ziele und Zwecke andere sind, die instrumentelle Auffassung des Ästhetischen aber beibehalten wird. An der Auffassung des Ästhetischen als bloßes Mittel ändert sich nichts, ob dieses nun für eine vorzeitige Entwertung des Produktes oder dessen langfristige Aufwertung eingesetzt wird.[238]

Diese Ansätze lassen sich nun in zweifacher Weise charakterisieren: Während sie als Theorie *normativ* sind, sind sie bezogen auf ästhetische Phänomene *instrumentell*. Sowohl für die Theorie als auch für die Phänomene gilt, dass durch sie erst Wirklichkeit werden soll, was noch nicht Wirklichkeit ist. Die Theorie soll ästhetische Phänomene initiieren, und die Phänomene sollen etwas Außerästhetisches realisieren, wie eine ökologische Lebensweise oder eine ökologische Meinung. *Normativ* ist also eine Theorie, die nicht aus den vorhandenen ästhetischen Phänomenen entwickelt wird, sondern die als erdachtes Programm angibt, wie die ästhetischen Phänomene zu sein haben. *Instrumentell* sind bestimmte Vorstellungen des Ästhetischen, die ästhetische Phänomene nicht anhand ihrer eigenen Verfasstheit bestimmen, sondern durch außerästhetische Momente, die die ästhetischen Phänomene mittelbar realisieren sollen. Ästhetische Phänomene haben dann nicht für sich einen Sinn, sondern erhalten diesen durch außerästhetische Ziele und Zwecke, wodurch sie konsequenterweise auch ihre Daseinsberechtigung verlieren, sobald diese Ziele und Zwecke realisiert sind. Normativ sind also die theoretischen und instrumentell die phänomenalen Ausprägungen einer Ästhetik, die ihren Ausgangspunkt nicht von dem nehmen, was ist, sondern von dem, was sein soll. Zwar gründet jede instrumentelle Auffassung ästhetischer Phänomene in einer normativen Theorie, die die Gründe liefert, warum diese so und nicht anders zu sein haben – beispielsweise mit der Begründung, eine nachhaltige Entwicklung zu unterstützen –, aber nicht jede normative Ästhetik versteht ihren Gegenstandsbereich als instrumentell verfasst.

Die in diesem Buch beschriebene Produktästhetik könnte in keinem deutlicheren Kontrast zu diesen Auffassungen stehen. Um sie zu entwickeln, erwies sich genau der umgekehrte Weg als methodisch wie inhaltlich fruchtbar. Als ästhetisches Phänomen tritt etwas in Erscheinung, was bereits in einer nichtästhetischen Form existiert, beispielsweise als natürlicher Prozess. Und auch die Ästhetik als Wissenschaft und Theorie solcher Phänomene bringt etwas in gedankliche Form, was als ästhetisches Phänomen nicht erst sein soll, sondern bereits da ist. Die reflexive Ästhetik richtet sich also als Theorie ebenso wie als Phänomen jeweils auf ein Sein und nicht auf etwas, das erst sein soll. Ästhetische Phänomene entstehen nur durch einen gestaltenden Umgang mit nichtästhetischen sinnlichen Phänomenen und ästhetische Theorien nur durch die Reflexion dieser ästhetischen Phänomene. Das heißt, ästhetische Theorien gehen immer von ästhetischen Phänomenen aus, erhalten ihren Sinn also nie losgelöst von diesen Phänomenen, beispielsweise in Form von ewig gültigen ästhetischen Gesetzmäßigkeiten. Denn ihre Empirie haben ästhetische Theorien in ästhetischen Phänomenen, und sie sind deshalb nur so viel wert, wie sie zur Erfahrung und zum Verständnis dieser Phänomene beitragen. Normative und instrumentelle Ansätze sind also offensichtlich mit den Ergebnissen dieses Buches unvereinbar. Das liegt meines Erachtens nicht daran, dass diese Ansätze sich einfach auf eine andere Art ästhetischer Phänomene beziehen oder eine andere Art des Nachdenkens über das Ästhetische sind, sondern das Ästhetische überhaupt zu verfehlen scheinen, und zwar aus folgenden Gründen.

Die *instrumentellen* Ansätze verstehen das Ästhetische als bloß Sinnliches. Es hat die Wirklichkeit mittelbar zu verändern, um sich vor dieser zu rechtfertigen, da es nicht als reflexive Sinnlichkeit, als ein Modus der Wirklichkeitserfahrung aufgefasst wird. Diese unwillkürliche Gleichsetzung des Ästhetischen mit dem Sinnlichen ist charakteristisch für Ansätze, die das Ästhetische als Mittel zur Initiierung ökologischer Lebens- und Konsumweisen verstehen. So führt Daniela Triebel stets sinnliche Merkmale an, die einen verhaltensändernden Effekt bewirken könnten.[239] McCoy nennt bloß bestimmte Klassen von Formen,[240] ohne zu berücksichtigen, dass nicht Formen und Materialien an sich das Ästhetische ausmachen, sondern die Art und Weise, wie sie wahrgenommen werden, sodass je nach Gestaltung dieselben Formen und Materialien zu ganz unterschiedlichen ästhetischen Phänomenen führen können. Die Personalisierungsstrategien wiederum, von denen man sich eine langlebige Bindung des Nutzers an das Produkt verspricht, richten ihr Augenmerk bloß auf die Tatsache, dass eine Veränderung der sinnlichen Produktmerkmale durch den Nutzer stattfindet, ohne zu berücksichtigen, inwiefern die Erfahrungen dieser Individualisierungsprozesse überhaupt ästhetisch genannt werden können.

Die Vorstellung von einer instrumentellen Ästhetik ist demnach der im Design weitverbreiteten Ansicht geschuldet, man habe es schon dann mit Fragen der Ästhetik zu tun, wenn nicht nur über die materiellen Eigenschaften des Gegenstandes gesprochen wird, die einen direkten Effekt auf die körperliche Interaktion im Gebrauch haben, sondern auch über vornehmlich visuelle Eigenschaften, wie Farben und Formen. So gliedert etwa Beat Schneider das Design eines Produktes in drei Funktionskomplexe, nämlich praktisch-technische, ästhetische und symbolische Funktionen. Zwischen praktisch-technischen und ästhetischen Funktionen wird hierbei wie folgt unterschieden: «*Praktisch-technische Funktionen*. Sie bezeichnen Handhabbarkeit, Haltbarkeit, Zuverlässigkeit, Sicherheit, technische Qualität, Ergonomie und den ökologischen Wert. [...] *Ästhetische Funktionen*. Solche Funktionen sind Form, Farbe, Material und die Oberfläche, welche die Gestalt eines Gebrauchsgegenstands ausmachen.»[241] Der Designdiskurs tendiert also einerseits dahin, alle materiellen Eigenschaften eines Produktes als dessen Technik zu verstehen, und andererseits dahin, alle sinnlichen und visuellen Eigenschaften mit dessen Ästhetik gleichzusetzen. Werden nun sinnliche Eigenschaften für Zwecke eingesetzt wie eine dauerhafte Bindung des Nutzers an das Produkt, einen sparsamen Gebrauch oder Wissensaneignung, dann scheint es auf Grundlage dieser Ansicht folgerichtig, von einem instrumentellen Einsatz des Ästhetischen auszugehen, das von dem bloß Sinnlichen ja nicht unterschieden wird.

Wie die materiellen Eigenschaften eines Gegenstandes technisch, also im Hinblick auf Zwecke eingesetzt werden können, so können jedoch auch die sinnlichen und vornehmlich visuellen Eigenschaften technisch eingesetzt werden. Statt anhand bestimmter Produkteigenschaften zwischen Technik, Ästhetik und Symbol zu unterscheiden, müsste anhand des Umgangs mit diesen Eigenschaften unterschieden werden. Eine Farbe kann beispielsweise sowohl Teil eines ästhetischen Phänomens sein, als Zeichen eingesetzt werden, beispielsweise als Signalfarbe, als auch zum Mittel einer Handlung werden, etwa wenn sie den Produktgebrauch durch eine schnelle Auffindbarkeit des Gegenstandes erleichtert. Der Unterschied zwischen Technik und Ästhetik besteht nicht in unterschiedlichen Klassen von Eigenschaften, sondern in einer unterschiedlichen Verwendung dieser Eigenschaften. Die Technik nutzt Eigenschaften, um etwas außerhalb ihrer selbst Liegendes zu verwirklichen, und die Ästhetik nutzt dieselben Eigenschaften, um in und durch diese hindurch etwas erfahrbar zu machen, das in einer anderen Form bereits ist und nicht erst mittelbar über diese Eigenschaften zu realisieren ist.

Technik ist damit die *instrumentelle* Verwendung einer Eigenschaft gleich welcher Art zur Realisation eines Zweckes. Ist dieser Zweck ein *Handlungszweck,* so haben wir es mit einer *Technik des Handelns* zu tun, ist dieser Zweck ein *Kommuni-*

kationszweck, so haben wir es mit einer *Technik des Wissens* zu tun, unter die auch das fällt, was Schneider unter symbolischen Funktionen versteht.[242] *Symbolisch* werden in diesem Sinne Dinge, wenn ihre Eigenschaften *instrumentell* für Wissensaneignung eingesetzt werden oder allgemein informieren sollen. *Ästhetisch* werden die Dinge hingegen, wenn ihre Eigenschaften *sinnlich-reflexiv* werden, also weder bloß Mittel für einen Handlungszweck noch bloß Stellvertreter für eine Bedeutung sind, also Mittel für einen Kommunikationszweck, sondern wenn in ihnen und durch sie bestimmte Aspekte der Wirklichkeit wahrnehmbar scheinen. Wäre die instrumentelle Verwendung des Sinnlichen bereits ein ästhetisches Phänomen, müsste das Kommunikationsdesign notwendig – schon allein durch die Tatsache, dass es sinnliche Eigenschaften instrumentell für einen Kommunikationszweck einsetzt – ästhetische Phänomene hervorbringen. Aber auch das Kommunikationsdesign bedient sich ebenso wie das Produktdesign einer Technologie, nur ist diese eben vornehmlich eine Technologie mit sinnlichen Mitteln. Entsprechend ist das Ästhetische ebenso wie im Produktdesign dort zu suchen, wo diese sinnlichen Mittel nicht bloß informieren, sondern reflexiv werden.

Der Unterschied zwischen einer reflexiven und einer angeblich instrumentellen Ästhetik liegt demnach nicht in einem unterschiedlichen Umgang mit dem *Ästhetischen* begründet, sondern in einem unterschiedlichen Umgang mit dem *Sinnlichen*. Erst durch die unbegründete Gleichsetzung des Sinnlichen mit dem Ästhetischen erscheint die Vorstellung einer instrumentellen Ästhetik als widerspruchslos. Die Konzeption einer instrumentellen Ästhetik ist deshalb in sich widersprüchlich, wohingegen durchaus von einer instrumentellen Sinnlichkeit gesprochen werden kann. Macht sich das ökologische Produktdesign eine instrumentelle Sinnlichkeit zu eigen, so gehört diese zur *Technologie* des ökologischen Produktes, durch die *instrumentell* ein anderer faktischer Umgang mit natürlichen Prozessen realisiert werden soll. Erst wenn diese sinnlichen Mittel auch *reflexiv* für Momente der Produktwirklichkeit werden, nämlich die natürlichen Prozesse, mit denen das Produkt zusammenhängt, führen sie zur *Ästhetik* des ökologischen Produktdesigns.

Die *normativen* Ansätze sind hingegen von der Ansicht geleitet, der gestaltende Umgang mit sinnlichen Phänomenen sei für das Ästhetische nicht wesentlich. Sie setzen implizit voraus, man könnte eine *Ästhetik* zunächst erdenken und erst anschließend realisieren. Ästhetische Phänomene wären dann bloße Realisationen ästhetischer Theorien, und man müsste ihnen folglich jeglichen Mehrwert gegenüber ästhetischen Theorien absprechen. Diese Konsequenz ist jedoch sowohl unvereinbar mit der Praxis ästhetischer Gestaltung als auch mit der Rezeption ihrer Resultate. Denn weder zeichnet sich der Gestaltungsprozess dadurch aus, dass etwas zunächst ausgedacht und anschließend genau so realisiert wird – das experimentelle Vorgehen vieler Designer spricht dagegen –, noch sind wir als Rezipienten gewöhnlich der Meinung, dass das, was wir ästhetisch erfahren, ebenso gut durch ästhetische Theorien substituiert werden könnte, dass ästhetische Erfahrungen also eine nette, aber unwesentliche Demonstration dessen seien, was bereits gedacht wurde.

Auf der rein theoretischen Suche nach einer angemessenen Produktästhetik in Zeiten nachhaltigen Wirtschaftens vergessen die normativen Ansätze, dass nicht das Produkt Umweltprobleme zu thematisieren hat, sondern umgekehrt die Umweltprobleme das Produkt zum Thema werden lassen. Denn die ökologische Krise ist ja nicht einfach eine Krise der Natur, sondern die Krise eines Verhältnisses, und zwar der Gesellschaft zur Natur. In diesem Verhältnis spielt das Gebrauchsprodukt insofern eine hervorgehobene Rolle, als sich in ihm und an ihm sozusagen das materielle Verhältnis der Gesellschaft zur Natur manifestiert. Sofern die Art dieses materiellen Verhältnisses gerade das Problem darstellt, wird zwangsläufig auch das Gebrauchsprodukt im Mittelpunkt der ökologischen Thematik stehen. Hierdurch ändert sich das ganze Produktverständnis, neue Dimensionen des Produktes werden aufgedeckt, und es erscheint in einem anderen Licht. Wenn das Produkt unter ökologischen Gesichtspunkten zum Thema wird, ist auch zu erwarten, dass sich im Produktdesign neue Formen des Ästhetischen entwickeln, die nicht erst erdacht und diesem übergestülpt werden müssen, sondern sich als die Fortführung der Reflexion des produkteigenen ökologischen Zusammenhangs in wahrnehmbarer Form erweisen.

Insofern trifft Stuart Walker einen richtigen Punkt, wenn er die Suche nach einem ökologischen Stil oder einer ökologischen Ästhetik kritisiert.[243] Die Lösung kann allerdings nicht in der Annahme liegen, an die ökologischen Technologien werde sich von selbst eine Ästhetik anschließen. Die Produktästhetik geht weder aus bloß kognitiven Operationen hervor, noch schließt sie sich an ein bloß zweckgerichtetes Umgehen mit den Dingen, also ihre Technologie an, sondern sie entwickelt sich aus einer Umgestaltung des Sinnlichen. Die ökologische Produktästhetik ist weder ein *politisches Instrument* ökologischer Lebensweise noch ein *didaktisches Instrument* ökologischer Bildung, sondern schlicht die sinnliche Reflexion eines Produktes auf seinen je eigenen ökologischen Zusammenhang, der als solcher auch nicht erst initiiert wird, sondern schon gegeben ist, sobald überhaupt materielle Güter produziert werden. Da also ein ökologischer Zusammenhang jedem Produkt wesentlich ist – denn Produzieren besteht immer auch darin, Natur zu gebrauchen, das heißt in natürliche Prozesse einzugreifen und mit ihnen umzugehen –, muss die sinnliche Reflexion dieses Zusammenhanges weder normativ erdacht noch instrumentell begründet werden.

Anhang

ENDNOTEN

1 Die erste Ausgabe des Buches erschien auf Schwedisch: Victor Papanek, *Miljön och miljonerna, Design som tjänst eller förtjänst?*, Stockholm 1970, und ein Jahr später auf Amerikanisch: Victor Papanek, *Design for the real world, Human Ecology and Social Change*, New York 1971. Vgl. ebenso: Victor Papanek und James Hennessey, *Nomadic Furniture 1. How to build and where to buy lightweight furniture that folds, inflates, knocks down, stacks, or is disposable and can be recycled*, New York 1973.
2 Vgl. Jochen Gros und weitere Mitglieder der Gruppe Des-In, *des-in – ein neues Ornament?*, in: IDZ Berlin (Hg.), *Produkt und Umwelt*, Berlin 1974, S. 58 ff.; Jochen Gros, *Eine Design-Initiative: «des-in»*, in: form, Zeitschrift für Gestaltung, Heft 79, 1977, S. 15 ff.; Jochen Gros, *Halbfertigdesign, Auf der Suche nach Modellen und Beispielen für mehr Eigenarbeit*, in: Helmut Gsöllpointner (Hg.), *Design ist unsichtbar*, Wien 1981; Jochen Gros, *Alternativdesign – selber gemacht*, in: Kunst + Unterricht, Heft 56, 1979, S. 34 f.
3 Vgl. Bernd Löbach, *Umwelterkenntnisse*, Bielefeld 1972; Bernd Löbach, *Design durch alle, Alternativen zur fremdbestimmten Massenproduktkultur*, Braunschweig 1983; Bernd Löbach, *Welche Chancen hat ökologisch orientiertes Design?*, in: Bauwelt, Heft 29, 1985, S. 1157–1159.
4 Vgl. beispielsweise: Sim Van der Ryn, Stuart Cowan, *Ecological Design*, 2007; Alastair Fuad-Luke, *The eco-design handbook*, London 2009; Silvia Barbero, Brunella Cozzo, *ecodesign*, Berlin 2009.
5 «Unter Oecologie verstehen wir die gesammte Wissenschaft von den Beziehungen des Organismus zur umgebenden Außenwelt, wohin wir im weiteren Sinne alle ‹Existenz-Bedingungen› rechnen können. Diese sind theils organischer theils anorganischer Natur.» (Ernst Haeckel, *Generelle Morphologie der Organismen. Allgemeine Grundzüge der organischen Formen-Wissenschaft, mechanisch begründet durch die von Charles Darwin reformirte Descendenz-Theorie*, Berlin 1866, Bd. 2, S. 286.) Vgl. auch eine jüngere Definition: «Ökologie ist die Wissenschaft vom Stoff- und Energiehaushalt der Biosphäre und ihrer Untereinheiten (zum Beispiel Ökosysteme) sowie von den Wechselbeziehungen zwischen den verschiedenen Organismen, zwischen Organismen und den auf sie wirkenden Umweltfaktoren sowie zwischen den einzelnen unbelebten Umweltfaktoren.» (Hartmut Bick, *Grundzüge der Ökologie*, Stuttgart 1998, S. 8.)
6 Zur Entwicklung der ökologischen Bewegung vgl. auch: Pauline Madge, *Ecological Design, A new Critique*, in: Richard Buchanan, Dennis Doordan, Victor Margolin (Hg.), *The Designed World, Images, Objects, Environments*, Oxford/New York 2010, S. 328 ff.
7 Eine frühe Verwendung des Begriffs findet sich in einem Buch von 1713 zur «Wilden Baum-Zucht», in dem Carlowitz der Frage nachgeht, «wie eine sothane Conservation und Anbau des Holtzes anzustellen / daß es eine continuierliche beständige und nachhaltende Nutzung gebe.» (H. C. Carlowitz [1713], *Sylvicultura oeconomica, oder Haußwirthliche Nachricht und Naturmäßige Anweisung zur Wilden Baum-Zucht ...* Leipzig, Reprint Freiberg 2000, S. 105.) Vgl. auch: Ulrich Grober, *Tiefe Wurzeln: Eine kleine Begriffsgeschichte von ‹Sustainable development› – Nachhaltigkeit*, in: Natur und Kultur, Jg. 3/1 (2002), S. 116–128.
8 Im engl. Original heißt es: «Humanity has the ability to make development sustainable to ensure that it meets the needs of the present without compromising the ability of future generations to meet their own needs.» (*Our Common Future, Report of the Wold Commission on Environment and Development*, Teil 1 «The Global Challenge», Kapitel 3 «Sustainable Development», Artikel 27, 1987, zit. nach: www.un-documents.net/ocf-ov.htm#I.3 [zuletzt aufgerufen Dezember 2014], übersetzt durch Verfasser.)
9 Vgl.: «Yet in the end, sustainable development is not a fixed state of harmony, but rather a process of change in which the exploitation of resources, the direction of investments, the orientation of technological development, and institutional change are made consistent with future as well as present needs.» (*Our Common Future, Report of the Wold Commission on Environment and Development*, Teil 1 «The Global Challenge», Kapitel 3 «Sustainable Development», Artikel 30, 1987, zit. nach: www.un-documents.net/ocf-ov.htm#I.3 [zuletzt aufgerufen Dezember 2014].)
10 Vgl. zur Geschichte des Nachhaltigkeitsbegriffs: Ulrich Grober, *Die Entdeckung der Nachhaltigkeit, Kulturgeschichte eines Begriffs*, München 2010.
11 Victor Papanek, *Design für die reale Welt, Anleitung für eine humane Ökologie und sozialen Wandel*, hrsg. von Florian Plumhösl, Thomas Geisler, Martina Fineder, Gerald Bast, Wien 2009, S. 226 f.
12 Vgl. Papanek u. Hennesey 1973.
13 Es sei hier darauf hingewiesen, dass gerade die produktspezifische Reflexion sozialer Zusammenhänge und Prozesse sich als wesentlich für das postmoderne Produktdesign mit seinen kommunikationstheoretischen, soziologischen und kontextualistischen Ansätzen erweisen könnte. Diese Sicht auf das postmoderne Produktdesign kann in diesem Buch nicht weiter ausgeführt werden, würde aber das Verhältnis von postmodernem zu ökologischem Produktdesign womöglich insofern klären können, als

beide Gestaltungsrichtungen die objektübergreifenden Zusammenhänge in den Blick nehmen, wobei allerdings das postmoderne Produktdesign den Schwerpunkt auf die sozialen und das ökologische Produktdesign auf die natürlichen Zusammenhängen legt.

14 Stuart Walker, *Conscientious Objects: Products aesthetics and sustainability*, in: Ed van Hinte, *Eternally yours, visions on product endurance*, Rotterdam 1997, S. 179. Und vgl. ebenso den deterministischen Zusammenhang, den Evelin Möller zwischen der faktischen und der ästhetischen Seite des ökologischen Produktes herstellt: «Was in Herstellung, Gebrauch und Verbrauch Luft und Wasser reinhält und Rohstoffe schont, dem ist von vornherein ein gewisses Maß an Schönheit inhärent.» (Evelin Möller, *Design-Philosophie der 80er Jahre [2]*, in: form, Zeitschrift für Gestaltung, Heft 98, S. 7.)

15 Diese und weitere Eigenschaften und Verfahren entscheiden darüber, welche Produkte in der folgenden Publikation unter den Titel «ecodesign» gefasst werden: Barbero 2009, S. 36 f.

16 Daniela Triebel, *Ökologisches Industriedesign, Rahmenfaktoren – Möglichkeiten – Grenzen*, Wiesbaden 1997, S. 165.

17 Triebel 1997, S. 164.

18 Triebel 1997, S. 166.

19 Für die vollständige Liste der «Gestaltungsmittel mit ökologischer Anmutung» vgl. Triebel 1997, S. 169.

20 Triebel 1997, S. 167.

21 Vgl. zur problematischen Gleichsetzung von Ästhetik und Sinnlichkeit meine Ausführungen in dem Kapitel *Normative und instrumentelle Ansätze des Ästhetischen*.

22 Beim Funktionalismus oder dem modernen Produktdesign im Allgemeinen sind wir uns dieses Zusammenhangs implizit bewusst. Denn ebenso wenig wie ein Produkt schon deshalb ein Beispiel für ökologische Produktästhetik ist, weil es sich einer ökologischen Technologie bedient, also faktisch ökologisch ist, ist ein Produkt schon exemplarisch für die Ästhetik des Funktionalismus, weil es «gut» funktioniert bzw. effizient zu gebrauchen ist. Ebenso ist ein Produkt nicht schon deshalb charakteristisch für die Ästhetik des modernen Produktdesigns, weil es sich der seriellen industriellen Produktion verdankt. Die zahllosen Produkte des Bauhauses, die nicht seriell, sondern handwerklich hergestellt wurden und dennoch als paradigmatisch für das moderne Design angesehen werden, sowie die zahllosen ornamentierten industriellen Serienerzeugnisse um die Jahrhundertwende, die wir dennoch nicht als Beispiel für die Produktästhetik der Moderne auffassen, beweisen wirkungsvoll, dass die faktische Seite eines Produktes nicht die Kriterien für die Auseinandersetzung mit dessen Ästhetik liefern kann.

23 Triebel 1997, S. 147–182.

24 Moritz Gekeler, *Konsumgut Nachhaltigkeit, Zur Inszenierung neuer Leitmotive in der Produktkommunikation*, Bielefeld 2012.

25 Vgl. zur Unterscheidung zwischen instrumenteller und reflexiver Sinnlichkeit meine Ausführungen in dem Kapitel *Normative und instrumentelle Ansätze des Ästhetischen*.

26 Walker 1997.

27 Bernd Löbach, Ernst Albrecht Fiedler, *Design und Ökologie*, Cremlingen 1995, S. 88.

28 Vgl.: «Auf eine weniger augenfällige Weise informieren ästhetische Details von Produkten an deren Umweltbezug, zum Beispiel – durch die Schliereneffekte an der Oberfläche von Produkten, die aus recyceltem Kunststoff gespritzt wurden, – durch die graue Farbe des Papiers, das aus Recyclingsprozessen gewonnen wurde, – durch die Farben Grün, Braun, Ocker, Beige, Olive, die beim Betrachter Assoziationen zur Natur erwecken können, – oder aber durch Aufkleber wie ‹Energiesparend›, ‹Umweltfreundlich›, ‹Aus Recyclingprozessen› oder durch den ‹Blauen Engel› des Umweltbundesamtes wird eine zeichenhafte Assoziation zu umweltbezogenen Inhalten hergestellt.» (Löbach 1995, S. 92.)

29 Vgl.: «Die Betonung von Sinnlichkeit und Emotionalität drängt sich nun geradezu auf, wenn man nach Möglichkeiten sucht, weniger Konsum zu kompensieren. Erstens können libidinös-ästhetische Momente am Designobjekt, die ja nicht viel kosten müssen, durchaus den Statusgewinn teurer Materialien durch sinnlichen Reiz ausgleichen – wie das Beispiel des Hippieschmucks zeigt – und zweitens wird dadurch, im Gegensatz zum Dogma des praktisch-sachlichen, ganz allgemein eine ‹Bedürfnisschicht› bekräftigt, die in Generalisierung nicht mehr unbedingt durch Produkte befriedigt werden muss.» (Gros u. Des-In, in: IDZ Berlin 1974, S. 65.)

30 Gros 1974, S. 68.

31 Gros 1974, S. 64.

32 Für die historische Aufarbeitung dieses Ansatzes als gesellschaftskritische Kommunikationstechnik vgl.: Martina Fineder, «*Jute Not Plastic*»: *Alternative Product Culture between Environmental Crisis and Fashion*, in: Elke Gaugele (Hg.), *Aesthetic Politics in Fashion*, Wien 2014, S. 186 ff.

33 Vgl. hierzu die frühe und beispielhafte Publikation: Evelin Möller, *Unternehmen pro Umwelt*, München 1989.

34 Vgl.: «Gut und schön: der Designer muss sich seiner sozialen und moralischen Verantwortung bewusst sein. Denn Design, Formgestaltung, ist das wichtigste Werkzeug für den Menschen, seine Produkte, seine Umwelt und damit letzten Endes sich selbst zu prägen; mit Design muss er die Vergangenheit und auch die vorhersehbaren zukünftigen Konsequenzen seines Tuns analysieren.» (Victor Papanek, *Das Papanek-Konzept, Design für eine Umwelt des Überlebens*, übers. aus dem Amerikanischen von Wolfgang Schmidbauer, München 1972, S. 91.)

35 Ästhetik gehört für ihn in widersprüchlicher Weise einerseits zum Funktionskomplex des Gegenstands, ist also ein Mittel oder eine Funktion, soll sich aber andererseits wiederum jenseits dieser Funktionen, als «Einfachheit» oder «Präzision» finden: «Designer versuchen oft, über die primären funktionellen Forderungen von *Methode, Verwendung, Bedürfnis, Telesis, Assoziation und Ästhetik* hinauszukommen; sie bemühen sich um bündigere Feststellungen: Präzision, Einfachheit. Wird ein solcher Zustand erreicht, so finden wir in ihm eine Art ästhetischer Befriedigung, wie sie auch die logarithmische Spirale einer Nautilusschale, der Flug einer Seemöwe, die Stärke eines knorrigen Baumstumpfes oder die Farbe des Sonnenuntergangs vermitteln.» (Papanek 1972, S. 32.) Die Ästhetik ist also eine Art unwandelbares Prinzip, das dem Produkt zukommen kann oder auch nicht. Aus diesem Grund erübrigt sich für ihn auch die Frage, wie sich die Produktästhetik durch ökologische Gestaltung ändern könnte. Über die Bestrebungen im ökologischen Design, die Ästhetik in den Dienst ökologischer Zwecke zu stellen und als Funktion aufzufassen, sie also zum Bestandteil einer ökologischen Technologie werden zu lassen, am Ende dieser Arbeit mehr.

36 Paradigmatisch für diese Sicht auf die Produktästhetik und das Verhältnis der Designdisziplin zu Fragen der Ästhetik bis heute maßgeblich bestimmend war die auf der marxistischen Kapitalismustheorie aufbauende philosophische Abhandlung: Fritz Haug, *Kritik der Warenästhetik*, Frankfurt am Main 1971. Schon 1970 veröffentlichte er in einem Umfrageband des Internationalen Design Zentrums Berlin (IDZ Berlin) einen Satz, der schnell zu einem populären Zitat kritischer Äußerungen gegenüber jeglichen ästhetischen Tendenzen im Produktdesign wurde: «In kapitalistischer Umwelt kommt dem Design eine Funktion zu, die sich mit der Funktion des Roten Kreuzes im Krieg vergleichen lässt. Es pflegt einige wenige – niemals die schlimmsten – Wunden, die der Kapitalismus schlägt. Es betreibt Gesichtspflege und verlängert so, indem es an einigen Stellen verschönernd wirkt und die Moral hochhält, den Kapitalismus wie das Rote Kreuz den Krieg. Das Design hält so durch eine besondere Gestaltung die allgemeine Verunstaltung aufrecht. Es ist zuständig für Fragen der Aufmachung, der Umwelt-Aufmachung.» (Wolfgang Fritz Haug, in: IDZ Berlin (Hg.), *Design? Umwelt wird in Frage gestellt*, Berlin 1970, S. 55f.)

37 Papanek 1972, S. 100.

38 Papanek 1972, S. 142.

39 Es wurden und werden durchaus sinnliche Merkmale in Überlegungen zum ökologischen Design berücksichtigt. Diese Berücksichtigung sinnlicher Merkmale ist aber nicht zwangsläufig auch ästhetischer Art, sondern kann beispielsweise auf eine ökologische Kommunikationstechnik zielen. Vgl. hierzu das Kapitel *Ästhetische Reflexionen*.

40 Vgl. Richard Buckminster Fuller, *Operating Manual for Spaceship Earth*, Carbondale, Ill. 1969.

41 Vgl. R. Buckminster Fuller, *Bedienungsanleitung für das Raumschiff Erde und andere Schriften*, Verlag der Kunst, Dresden 1998, S. 48.

42 Dennis L. Meadows, *Die Grenzen des Wachstums: Bericht des Club of Rome zur Lage der Menschheit*, Deutsche Verlags-Anstalt, Stuttgart 1972.

43 Herbert Gruhl, *Ein Planet wird geplündert: die Schreckensbilanz unserer Politik*, Fischer Verlag, Frankfurt am Main 1975.

44 «Material» wird hier im geläufigen stofflichen Sinne verstanden und nicht im Sinne Adornos, wonach «Material» funktional bestimmt wird als alle Elemente, die für ästhetische Gestaltung Verwendung finden: «Material dagegen ist, womit die Künstler schalten: was an Worten, Farben, Klängen bis hinauf zu Verbindungen jeglicher Art bis zu je entwickelten Verfahrungsweisen fürs Ganze ihnen sich darbietet: insofern können auch Formen Material werden; also alles ihnen Gegenübertretende, worüber sie zu entscheiden haben.» (Theodor W. Adorno, *Ästhetische Theorie, Gesammelte Schriften*, Bd. 7, Frankfurt am Main 2003, S. 222.) Der Ausdruck «Material», wie ich ihn hier verwende, bezeichnet stattdessen nur solche Elemente eines Produktes, von denen es in *materieller* Hinsicht Gebrauch macht, und nicht auch solche Momente, von denen es überhaupt Gebrauch macht, wie etwa ein bestimmtes Formenvokabular oder bestimmte Symbole und Ähnliches.

45 Als Teil des Projektes «Couleur Locale, Droog Design for Oranienbaum» wurde die *Tree Trunk Bench* ursprünglich im Freien präsentiert. Zunächst in Mailand und etwas später im Park des Schlosses Oranienbaum der gleichnamigen Stadt. Vgl. Renny Ramakers, Anneke Moors (Hg.), *simply droog, 10+3 years of creating innovation and discussion*, 2. Auflage, Amsterdam 2006, S. 207ff.

46 Marcel Duchamp, *Der Fall Richard Mutt*, in: ders., *Die Schriften*, Bd. 1, hrsg. und übers. von Serge Stauffer, Zürich 1981, S. 228.
47 Gernot Böhme, *Für eine ökologische Naturästhetik*, Frankfurt am Main 1989, S. 183.
48 Vgl. hierzu Martin Seel: «Sobald er [der eigenmächtige Charakter der Natur] etwa im Sinn naturwissenschaftlich beschreibbarer *Gesetzmäßigkeit* verstanden wird, löst sich mit dem Unterschied zwischen Naturobjekten und Artefakten auch der Unterschied zwischen ‹natürlichen› und ‹nicht-natürlichen› Lebensbereichen auf. Was überhaupt in der gegenständlichen Welt geschieht, ob durch menschliches Tun oder natürliches Werden, wird von dieser Beschreibung umfasst. Mensch und Natur, Faktum und Artefaktum unterliegen den physikalisch-chemischen Gesetzen ‹der Natur›, womit jetzt das bezeichnet ist, was durch diese Gesetze erfasst werden kann. [...] Die so objektivierte Natur ist auch weder veränderbar, noch zerstörbar – ist sie doch definiert als das, was bei allem, das als Veränderung oder Zerstörung wahrgenommen werden kann, gleichwohl unverändert und unzerstört bleibt: das Gesetz ihrer beobachtbaren Verläufe.» (Martin Seel, *Eine Ästhetik der Natur*, Frankfurt am Main 1991, S. 22).
49 Jens Soentgen bestimmt die Natürlichkeit von Materialien ebenso als ein Merkmal ihres Aussehens und nicht ihres Stoffes. Abweichend von meiner Darstellung ist das Kriterium für «natürlich aussehen» bei ihm allerdings, dass die Ursache des Aussehens im Stoff selbst liegt, im Unterschied zu «künstlich aussehen», bei dem die Ursache des Aussehens außerhalb des Stoffes liegt. Vgl.: Jens Soentgen, *Das Unscheinbare, Phänomenologische Beschreibungen von Stoffen, Dingen und fraktalen Gebilden*, Berlin 1997, S. 196–201.
50 Zu einer ausführlichen Analyse der Spurwahrnehmung und ihrer ästhetischen Integration in die Produktwahrnehmung siehe Kapitel *Die ästhetische Reflexion der natürlichen Materialgeschichte*. Wie «Spuren», «natürliche Prozesse» und «natürliche Formen» – die ich später als «fraktale Gebilde» bestimmen werde – zueinander ins Verhältnis zu setzen sind, wird im Laufe des Buches gegenstandsbezogen präzisiert werden, um diese Begriffe nicht den durch das ökologische Design erfahrbaren Phänomenen voranzustellen, sondern sie umgekehrt aus diesen zu entwickeln.
51 Vgl. Markus Frenzl, *Kernholz und Kernaussagen*, in: ders., *Was heißt hier Designkultur?, Essays zum zeitgenössischen Design 2006–2009*, Frankfurt am Main 2009, S. 112.
52 Frenzel 2009, S. 112
53 Vgl. www.vitra.com/de-de/product/vegetal?subfam.id=38774 (zuletzt aufgerufen Dezember 2014).
54 Zu einer Beschreibung des Stuhls *Vegetal* unter weiteren Gesichtspunkten siehe S. 63 f.
55 Vgl. hierzu die wenigen Angaben zu *Split Bamboo* in: Barbero u. Cozzo 2009, S. 116.
56 Vgl. hierzu Walter R. Stahel, *Langlebigkeit und Materialrecycling, Strategien zur Vermeidung von Abfällen im Bereich der Produkte*, Essen 1991, und Michael Braungart, William McDonough, *Cradle to Cradle, remaking the way we make things*, Berlin 2002.
57 Vgl. für die geschichtlichen Anfänge des Recyclings auch die Publikation zu dem Kongress «Recycling Design» des IDZ Berlin: IDZ Berlin (Hg.), *Materialien und Dokumente, Forum-Kongress, Recycling Design*, Berlin 1976. Da das Verfahren des Recyclings dort unter rein technologischen Aspekten betrachtet wird und nicht unter ästhetischen Gesichtspunkten, findet sie hier keine weitere Berücksichtigung.
58 Vgl. IDZ Berlin 1974, S. 11.
59 Zur Geschichte der Gruppe vgl. die Diplomarbeit des Gruppenmitgliedes Lothar Müller in Form eines Erfahrungsberichtes: Lothar Müller, *des-in & Entwurfsbeispiele für eine alternative Produktionsform*, unveröffentlichte Diplomarbeit an der HfG Offenbach, 1977, die ausführliche Darstellung der Gruppe in: Petra Eisele, *BRDesign, Deutsches Design als Experiment seit den 1960er Jahren*, Köln 2005, S. 119–132, sowie die Ausführungen in: Finodor 2014.
60 Siehe Anm. 42.
61 Müller 1977, S. 3.
62 Müller 1977, S. 5. Alle von Des-In eingereichten Arbeiten sind in der Publikation zum Wettbewerb dokumentiert: IDZ Berlin 1974, S. 11 ff.
63 Die Entstehung dieser Möbel müsste vor 1977 liegen, da einige Exemplare bereits in der Diplomarbeit von Lothar Müller abgebildet sind, und nach 1975, da sie zum Zeitpunkt der Ausschreibung «Produkt und Umwelt» des IDZ Ende des Jahres 1974 noch nicht vorlagen, was ebenfalls aus der Diplomarbeit von Lothar Müller hervorgeht.
64 Müller 1977, S. 22 f.
65 Vgl. hierzu die Angaben zur Entwicklungs- und Unternehmensgeschichte in: Lars Müller (Hg.), *Freitag, individual recycled freeway bags*, Baden 2001, S. 454.
66 Vgl. hierzu die Materialangaben in: Müller 2001, S. 98.

67 Der Deutsche Werkbund wurde 1907 auf Anregung von Hermann Muthesius als wirtschaftskulturelle Vereinigung mit dem Ziel gegründet, die durch die Industrialisierung bewirkte arbeitsteilige Trennung von technologischer und ästhetischer Entwicklung in der Produktkultur wieder zu verbinden. Zur Geschichte des Deutschen Werkbundes vgl. Joan Campbell, *Der Deutsche Werkbund: 1907–1934*, Stuttgart 1981.

68 Vgl. Monika Wagner, «*Materialgerechtigkeit*». Debatten um Werkstoffe in der Architektur des 19. und frühen 20. Jahrhunderts, in: Jürgen Pursche (Hg.), *Historische Architekturoberflächen, Kalk – Putz – Farbe*, München 2003, S. 135. Wagner weist den Begriff in *Deutsche Bauhütte*, Hannover 1902, S. 370 nach.

69 Günter Bandmann, *Der Wandel der Materialbewertung in der Kunsttheorie des 19. Jahrhunderts*, in: Helmut Koopmann und Adolf Schmoll (Hg.), *Beiträge zur Theorie der Künste im 19. Jahrhundert*, Band 1, Frankfurt am Main 1971, S. 129–157.

70 Zur historischen Entwicklung der materialästhetischen Aufwertung siehe: Bandmann 1971; Wolfgang Kemp, *Holz – Figuren des Problems Material*, in: Staatliche Kunsthalle Baden-Baden (Hg.), *Holz = Kunst-Stoff*, Baden-Baden 1976, S. 9 ff.; Wagner 2003; Thomas Raff, *Die Sprache der Materialien*, Münster 2008, S. 38–47; Nadine Rottau, «*Everyone to his taste*» or «*truth to material?*»: the role of materials in collections of applied arts, in: John Potvin, Alla Myzelev (Hg.), *Material Cultures, 1740–1920, The Meanings and Pleasures of Collecting*, Ashgate 2009, S. 71 ff.

71 Johann Wolfgang von Goethe, *Material der Bildenden Kunst*, in: ders., *Gesamtausgabe der Werke und Schriften*, hg. von Wolfgang von Löhneysen, Bd. 16, *Schriften zur Kunst I*, Stuttgart 1961, S. 665.

72 Gottfried Semper, *Der Stil in den technischen und tektonischen Künsten, oder praktische Ästhetik*, Bd. 1, Mittenwald 1977, seitengleicher Faksimileabdruck der Ausgabe Frankfurt am Main 1860, S. 8.

73 Ich spreche von «mechanischen Eigenschaften», da von Semper offensichtlich nicht alle denkbaren Materialeigenschaften benannt werden, sondern nur solche, die für eine statische und mechanische Verwendung relevant sind. Vgl.: «Es lassen sich vier Hauptkategorien feststellen, nach welchen die Rohstoffe in Bezug auf die Weise ihrer Benutzung für technische Zwecke zu klassifizieren sind. Dieselben sind ihren besonderen Eigenschaften nach 1) biegsam, zäh, dem Zerreissen in hohem Grade widerstehend, von grosser absoluter Festigkeit; 2) weich, bildsam (plastisch), erhärtungsfähig, mannichfaltiger Formierung und Gestaltung sich leicht fügend und die gegebene Form in erhärtetem Zustande unveränderlich behaltend; 3) stabförmig, elastisch, von vornehmlich *relativer*, d. h. der senkrecht auf die Länge wirkenden Kraft widerstehender Festigkeit; 4) fest, von *dichtem Aggregatzustande*, dem Zerdrücken und Zerknicken widerstehend, also von bedeutender *rückwirkender* Festigkeit, dabei geeignet, sich durch Abnehmen von mässigen Stücken zu festen Systemen zusammenfügen zu lassen, bei welchen die rückwirkende Festigkeit das Princip der Konstruktion ist.» (Semper 1860, Bd. 1, S. 9.)

74 Semper 1860, Bd. 1, S. 10.

75 Semper 1980, S. 10

76 Bandmann 1971, S. 144.

77 «Vernichtung der Realität, des Stofflichen, ist nothwendig, wo die Form als bedeutungsvolles Symbol als selbständige Schöpfung des Menschen hervortreten soll» (Semper 1860, Bd. 1, S. 231, Anm. 2).

78 Semper 1860, Bd. 1, S. 95.

79 Wilhelm Michel, *Materialgemäß*, in: *Deutsche Kunst und Dekoration*, Bd. 16, 1905, S. 630.

80 August Endell, *Kunstgewerbliche Erziehung* (1904), in: ders., *Vom Sehen, Texte 1896–1925, über Architektur, Formkunst und «Die Schönheit der großen Stadt»*, hg. von Helge David, Basel 1995, S. 103.

81 Vgl. Karl Kumm, *Über den Ursprung des Schönen, Entwurf einer empirischen Aesthetik der Bildenden Künste*, Hannover-Linden 1896, S. 44.

82 Im Original heißt es: «Now the subject of Material is clearly the foundation of architecture, and perhaps one would not go very far wrong if one defined architecture as the art of building suitably with suitable material.» (William Morris, *The Influence of Building Materials upon Architecture* (1892), in: ders., *The Collected Works of William Morris*, Bd. 22, London u. a. 1914, S. 391, übersetzt durch Verfasser.)

83 Im Original heißt es: «You can see, in fact, the actual bones and structure. But it is something more than that; you can see in point of fact the life of it by studying the actual walls.» (Morris 1914, S. 393, übersetzt durch Verfasser.)

84 Heinrich Seipp, *Materialstil und Materialstimmung in der Baukunst*, in: Deutsche Bauhütte, Nr. 6, 1902, S. 373.

85 Seipp 1902, S. 373

86 Seipp 1902, S. 373

87 Seipp 1902, S. 373

88 Konrad Lange, *Das Wesen der Kunst, Grundzüge einer illusionistischen Kunstlehre*, Berlin 1907, S. 358.

89 Hermann Muthesius, *Die Bedeutung des Kunstgewerbes, Eröffnungsrede zu den Vorlesungen über modernes Kunstgewerbe an der Handelshochschule in Berlin*, in: Dekorative Kunst, Nr. 10, 1907, S. 181.

90 Konrad Lange, *Geschmacksverirrungen im Kunstgewerbe*, in: Dekorative Kunst, Bd. 17, 1909, S. 455.
91 Vgl. hierzu: «Ich will mich nicht länger bei diesen beständigen Übeltaten aufhalten, und bemerke, dass es Menschen in unserer Zeit gibt, die Schönes geschaffen haben, einzig deshalb schön, weil die Dinge nach der Logik, nach der Vernunft, nach den Prinzipien des vernünftigen Seins der Dinge und nach den genauen, notwendigen und natürlichen Gesetzen des dazu verwandten Materials hergestellt wurden.» (Henry van de Velde, *Kunstgewerbliche Laienpredigten*, hg. von Helmut Geisert, Fritz Neumeyer, Faksimile der Ausgabe von 1902, Berlin 1999, S. 171 f.)
92 Vgl. hierzu Gustav E. Pazaureks Auflistung von «Materialfehlern» in: Gustav E. Pazaurek, *Geschmacksverirrungen im Kunstgewerbe, Führer für die neue Abteilung im königlichen Landes-Gewerbe-Museum Stuttgart*, Stuttgart 1909, S. 12.
93 Vgl.: «[...] Härte, Festigkeit, Zähigkeit, Sprödigkeit, Tragfähigkeit, Dichtigkeit, Porösität, Spaltbarkeit [...]» (Seipp 1902, S. 372). Es ist wichtig, sich vor Augen zu halten, dass eine Auflistung der Materialeigenschaften auch nach ganz anderen Qualitäten erfolgen könnte. So zum Beispiel nach Farben, Formen, Strukturen, Geschmack, Geruch, Haptik, thermischer Leitfähigkeit usw. Das zeigt, dass die Forderung nach Berücksichtigung der Materialeigenschaften eben nicht auf alle Eigenschaften zielte, sondern nur ganz bestimmte, die eben nicht in darstellender, sondern in mechanischer Hinsicht relevant sind, das heißt als Mittel für mechanische Zwecke. Gleichwohl waren die Protagonisten einer materialgerechten Gestaltung der Meinung, mit den mechanischen die Gesamtheit aller Materialeigenschaften benannt zu haben.
94 Erwin Straus, *Über Gedächtnisspuren*, in: Der Nervenarzt, 31. Jahrgang, Heft 1, S. 1–12, Heidelberg 1960.
95 Straus 1960, S. 5.
96 Straus 1960, S. 5.
97 Vgl.: «Es gibt drei Arten von Zeichen. Erstens gibt es *Similes* oder Ikons, die die Ideen der von ihnen dargestellten Dinge einfach dadurch vermitteln, dass sie sie nachahmen. Zweitens gibt es *Indikatoren* oder Indizes, die etwas über die Dinge zeigen, weil sie physisch mit ihnen verbunden sind. [...] Drittens gibt es *Symbole* oder allgemeine Zeichen, die mit ihren Bedeutungen durch ihre Verwendung verknüpft worden sind.» (Charles Sanders Peirce, *Die Kunst des Räsonierens*, in: ders., *Semiotische Schriften*, Bd. 1, hg. u. übers. v. Christian Kloesel u. Helmut Pape, Frankfurt am Main 1986, S. 193.)
98 Straus 1960, S. 5.
99 Straus 1960, S. 6.
100 Vgl.: «Die Spur spricht nicht von sich aus, wir müssen sie zum Sprechen bringen. Dazu müssen wir das Sichtbar-Gegenwärtige im Zusammenhang mit seiner Entstehungsgeschichte begreifen.» (Straus 1960, S. 6.)
101 Kemp 1976, S. 10.
102 Kemp 1976, S. 10.
103 Soentgen 1997a, S. 236. Soentgen schreibt weiter: «Die Materialikonologie interessiert sich besonders für solche Meinungen über den Stoff, die nicht aufgrund seiner Erscheinung selbstverständlich sind, sondern ein gewisses Überraschungsmoment enthalten. Das sind etwa Meinungen, die nur innerhalb eines bestimmten historischen Kontextes verständlich sind. Die Materialikonologie untersucht nicht die Materialien selbst, sondern den ‹Ruf›, den sie in bestimmten Kreisen zu bestimmten Zeiten genießen.» (Ebd.)
104 Vgl. für ein zeichentheoretisches Verständnis von Materialien und Gegenständen besonders Jean Baudrillard, *Das System der Dinge, Über unser Verhältnis zu den alltäglichen Gegenständen*, Frankfurt am Main 1991.
105 Dieser neue Blick auf die Produktion zeigt sich beispielsweise bei Evelin Möller, die fordert, Hersteller und Designer sollten sich die Frage stellen: «Welche *Produktionsfolgen* hat die Herstellung des Produktes, und welche, die Umwelt weniger belastende Alternativen gäbe es?» (Möller 1982, S. 0). Ähnlich bei Bernd Löbach, der fragt: «Aber warum sollte der Designer beim Entwurf von umweltfreundlichen Produkten nicht mehr als bisher die Bedingungen der Fertigung mit in seine Überlegungen einbeziehen und durch eine Zusammenarbeit mit dem Fertigungsingenieur durch die Art der Produktgestaltung auch die Möglichkeit der Anwendung umweltfreundlicher Fertigungsverfahren mit begünstigen?» (Löbach 1995, S. 98), oder bei Victor Papanek, wenn er in Bezug auf den Produktionsprozess feststellt: «The questions facing the designer are: Is there anything in the manufacturing process itself that might endanger the workplace or the workers, such as toxic fumes or radioactive materials? Are there air-pollutants from factory smokestacks, such as the gases that cause acid rain? Are liquid wastes from the factory leaking into the ground and destroying agricultural land or – worse still – entering the water supply?» (Victor Papanek, *The Green Imperative, Natural Design for the Real World*, London 1995, S. 29).
106 Zur Verwendung eines unter ökologischen Gesichtspunkten bedenklichen Leimes vgl. Beate Lakotta, *Jenseits der Jute, Umweltfreundliche Produkte erhöhen die Marktchancen*, in: Spiegel Special, Nr. 6, 1995, S. 125.

107 Alle produktspezifischen Angaben entnehme ich: Christian Tröster, *Der Bürger und der Rowdy, «No.1» und «Jim Nature» – zwei neue Fernseher von Philippe Starck suchen ihr Publikum*, in: design report, Heft 1, 1994, S. 48.
108 Vgl. hierzu: Thomas Edelmann, *Freundliche Hüllen*, in: design report, Heft 3, 1995, S. 86f.
109 Triebel 1997, S. 164.
110 Vgl. www.jenspraet.com/projects_shredded_2010.html (zuletzt aufgerufen Dezember 2014).
111 Vgl. hierzu Jens Soentgens Beschreibung des Spurenverlustes synthetischer Materialien am Beispiel des Betons: «Obwohl auch der Beton aus kleinen Partikeln besteht, die eine Geschichte haben, ist dieser geschichtliche Kontext im Verlauf der Verarbeitung des Stoffes gewissermaßen zermalmt worden.» (Soentgen 1997a, S. 195f.)
112 Wesentliche Teile dieses Kapitels wurden zuerst in folgendem Aufsatz veröffentlicht: Johannes Lang und Bernhard Schieder, *Formen des «Kontingenten» in Land-Art und ökologischem Design*, in: Frédéric Döhl, Daniel Martin Feige, Thomas Hilgers, Fiona McGovern (Hg.), *Konturen des Kunstwerks, Zur Frage von Relevanz und Kontingenz*, Wilhelm Fink Verlag, München 2013, S. 51–74.
113 Vgl. Alastair Fuad-Luke, *design activism, beautiful strangeness for a sustainable world*, London 2009, S. 107.
114 Vgl. Miriam Irle, *Aufzucht und Pflege eines Stuhls,* in: form, The Making of Design, Heft 223, Basel 2008, S. 54.
115 Vgl. Irle 2008, S. 54
116 Siehe hierzu die Ausführungen Ed van Hintes zu diesem Thema: Ed van Hinte, *form follows process*, in: Renny Ramakers und Anneke Moors (Hg.), *simply droog, 10 + 3 years of creating innovation and discussion*, Amsterdam, 2006, S. 159.
117 Jens Soentgen, *Fraktale Gebilde*, in: Gernot Böhme, Gregor Schiemann (Hg.), *Phänomenologie der Natur*, Frankfurt am Main 1997b, S. 262f.
118 Vgl.: «Jede Spur, die auf einem Ding zu finden ist, ist ein Doppelausdruck, einerseits drückt sie das Ding selbst aus, andererseits verweist sie auf etwas anderes. Am Ding selbst verweisen solche Spuren besonders auf den Soff, aus dem es gemacht ist.» (Soentgen 1997a, S. 68.)
119 Soentgen 1997b, S. 246.
120 Ed van Hinte, *form follows process*, in: Ramakers u. Moors 2006, S. 159.
121 Hinte 2008, S. 159
122 Hinte 2008, S. 159
123 Diese und alle weiteren produktspezifischen Angaben entnehme ich www.mischertraxler.com/projects_the_idea_of_a_tree_objects.html (zuletzt aufgerufen Dezember 2014) sowie www.mischertraxler.com/projects_the_idea_of_a_tree_recorder_one.html (zuletzt aufgerufen Dezember 2014).
124 Reyner Banham, *Die Revolution der Architektur, Theorie und Gestaltung im ersten Maschinenzeitalter*, Hamburg 1964, S. 267.
125 Schon Semper verwendet den Begriff der Funktion in Relation zur Form, um die Form des Fußes bestimmter keramischer Gefäße zu erklären: «Jener ist, wie gezeigt wurde, als Stütze *nur* für das Getragene vorhanden, bethätigt sich für letzteres, er ist ausserdem in Abhängigkeit von dem Erdboden, auf den er seine Last zu übertragen hat; daher oben aufnehmend, unten mittheilend. Diese doppelte Funktion drückt sich aus in Form und Schmuck.» (Semper, *Der Stil in den technischen und tektonischen Künsten oder praktische Ästhetik*, Bd. 2, Mittenwald 1977, seitengleicher Nachdruck der Ausgabe München 1863, S. 95f.)
126 Vgl. zur dialektischen Gegenüberstellung des Zweckhaften und Zweckfreien: Albrecht Wellmer, *Kunst und industrielle Produktion*, in: ders., *Zur Dialektik von Moderne und Postmoderne*, Frankfurt am Main 1985, S. 115–117.
127 Andreas Dorschel, *Gestaltung, zur Ästhetik des Brauchbaren*, Heidelberg 2002, S. 38.
128 Vgl. ausführlicher, Dorschel 2002, S. 38ff.
129 Hartmut Seeger, *Funktionalismus im Rückspiegel des Design*, in: form, Zeitschrift für Gestaltung, Heft 48, Basel 1968, S. 10.
130 Seeger 1968, S. 10
131 Karin Hirdina, *Der Funktionalismus und seine Kritiker*, in: form + zweck, Fachzeitschrift für industrielle Formgestaltung, Heft 3, 1975, S. 11.
132 Gerda Müller-Krauspe, *Opas Funktionalismus ist tot*, in: form, Zeitschrift für Gestaltung, Heft 46, 1969, S. 32.
133 Vgl. hierzu: «Die Faszination und die Tragik des Funktionalismus liegt nun aber darin begründet, dass an diese ingenieurwissenschaftlichen Konstruktionsprinzipien der Glaube einer gültigen ästhetischen Konzeption oder einer ‹Mechanischen Ästhetik›, wie T. v. Doesburg es in den 20er Jahren formulierte, geknüpft wurde.» (Seeger 1968, S. 10.)

134 Heinrich Klotz, *Moderne und Postmoderne*, in: Wolfgang Welsch (Hg.), *Wege aus der Moderne, Schlüsseltexte der Postmoderne-Diskussion*, Weinheim 1988, S. 108.
135 Louis H. Sullivan, *Das große Bürogebäude, künstlerisch betrachtet* (1896), in: Sherman Paul (Hg.), Louis H. Sullivan, *Ein amerikanischer Architekt und Denker*, Berlin/Frankfurt am Main 1963, S. 148.
136 An späterer Stelle wird besonders deutlich, dass von Sullivan das Verhältnis von Form und Funktion nicht als ein deterministisches Verhältnis, sondern als ein zu gestaltendes Ausdrucksverhältnis gesehen wird: «Zeigt dies nicht klar und deutlich und endgültig, dass eine oder zwei der untersten Etagen einen besonderen Charakter, entsprechend den besonderen Bedürfnissen, zum Ausdruck bringen müssen? Dass die Reihen der eigentlichen Büros, die die gleiche unveränderte Funktion haben, die gleiche unveränderte Form behalten müssen? Dass für die Funktion der obersten Etage, die spezifischen und abschließenden Charakter hat, in bezug auf Kraft, Bedeutung, Endgültigkeit der geeignete Ausdruck gefunden werden muss?» (Ebd.)
137 Auch Richard Neutras Sicht auf den Funktionalismus ist von dieser Vorstellung geleitet: «In der Nachfolge von William James verkündeten Dewey und der Instrumentalismus, ein Gedanke sei dann wahr, wenn er wirksam sei. Wenn etwas wahr war, weil es wirkte, dann hatte es also jetzt auch Schönheit, weil es funktionierte.» (Richard Neutra, *Gestaltete Umwelt*, Dresden 1976, S. 42.)
138 Eine ähnliche Gegenüberstellung nimmt Albrecht Wellmer in seiner Beschreibung der Massenprodukte der Moderne vor: «[I]ndustrielle Massenprodukte, wo sie nicht von außen ornamental oder auch symbolisch aufgeladen werden, bringen vermöge ihrer eigenen Komplexion keinen Zusammenhang von *Bedeutungen* zum Ausdruck; sie *verkörpern* einen Zusammenhang von *Funktionen*, aber sie drücken ihn nicht aus.» (Wellmer 1985, S. 128 f.)
139 In Adolf Loos' ökonomischem Argument gegen das Ornament wird seine stillschweigende Kopplung des Ornaments an die handwerkliche Arbeit besonders deutlich: «Da das ornament nicht mehr ein natürliches produkt unserer kultur ist, also entweder eine rückständigkeit oder eine degenerationserscheinung darstellt, wird die arbeit des ornamentikers nicht mehr nach gebühr bezahlt. [...] Der ornamentiker muß zwanzig stunden arbeiten, um das einkommen eines modernen arbeiters zu erreichen, der acht stunden arbeitet. Das ornament verteuert in der regel den gegenstand, trotzdem kommt es vor, dass ein ornamentierter gegenstand bei gleichem materialpreis und nachweislich dreimal längerer arbeitszeit um den halben preis angeboten wird, den ein glatter gegenstand kostet. Das fehlen des ornamentes hat eine verkürzung der arbeitszeit und eine erhöhung des lohnes zur folge.» (Adolf Loos, *Ornament und Verbrechen* (1908), in: Adolf Loos, *Gesammelte Schriften*, hrsg. von Adolf Opel, Wien 2010, S. 367 f.) Dass das Ornament bereits zu seiner Zeit auch seriell und maschinell, kostengünstig und materialeffizient und mit geringem Arbeitsaufwand hergestellt werden kann, wird ihm gar nicht bewusst. Er geht stillschweigend davon aus, dass das Ornament notwendig handwerklich produziert ist. So ist für ihn der Kampf gegen bestimmte Formen, nämlich ornamentale, gleichbedeutend mit dem Kampf gegen ineffiziente und, gemessen an der industriellen Produktion, veraltete Produktionsbedingungen.
140 Hermann Muthesius, *Die moderne Umbildung unserer ästhetischen Anschauungen*, in: DMLG, Deutsche Monatsschrift für das gesamte Leben der Gegenwart, 1902, S. 690.
141 Muthesius 1902, S. 698.
142 Semper 1860, Bd. 1, S. 8, siehe Anm. 72.
143 Peter Behrens, *Kunst und Technik*, Vortrag gehalten auf der 18. Jahresversammlung des Verbandes Deutscher Elektrotechniker in Braunschweig am 26.5.1910, in: Tilmann Buddensieg (Hg.), *Peter Behrens und die AEG, 1907–1914*, Berlin 1981, S. D 284.
144 Grundsätzlich scheint Behrens einer deterministischen Ästhetik jedoch skeptisch gegenüberzustehen, auch wenn er sich hin und wieder deterministischer Formulierungen bedient, um seine eigenen ästhetischen Ambitionen zu begründen: «Ich versuche zu zeigen, dass Kunst und Technik ihrem Wesen nach zwei sehr verschiedene Geistesäußerungen sind, und dass es ein ästhetischer Trugschluss ist, wenn man glaubt, aus den technischen Prinzipien, also aus der äußersten und knappsten Zweckerfüllung allein könnte das Schönheitsmoment entstehen, und soeben stellte ich die Forderung auf, Kunst und Technik zu einer Tat zu verschmelzen.» (Behrens 1910, S. D 282.)
145 J. J. P. Oud, *Kunst und Maschine* (1918), in: Hagen Bächler und Herbert Letsch (Hg.), *De Stijl, Schriften und Manifeste zu einem theoretischen Konzept ästhetischer Umweltgestaltung*, Leipzig/Weimar 1984, S. 232; Erstveröffentlichung: J. J. P. Oud, *Kunst en machine*, in: De Stijl, Januar 1918, Nr. 3.
146 Ebd.
147 William Richard Lethaby, *Kunst und Handwerk* (1913), in: Ulrich Conrads, Peter Neitzke (Hg.), *Ästhetik der schönen Genügsamkeit oder Arts and Crafts als Lebensform, Programmatische Texte, erläutert von Gerda Breuer*, Bauwelt Fundamente 112, Braunschweig/Wiesbaden 1998, S. 165.
148 Muthesius 1902, S. 698; siehe Anm. 141.

149 Oud 1918, S. 232; siehe Anm. 145.
150 Behrens 1910, S. D 284.
151 Herbert Read, *Das Ornament der Maschine*, in: Herbert Read, *Kunst und Industrie, Grundsätze individueller Formgebung*, Suttgart o. J., S. 164; Erstveröffentlichung: Herbert Read, *Art and Industry*, London 1934.
152 Read 1934, S. 164.
153 Der beratende Ingenieur der AEG-Fabriken, Michael von Dolivo-Dobrowolsky, reflektiert diesen Zusammenhang von «Präzision» und «formaler Identität» explizit: «Bei der ersten Gattung [Handarbeit] ist etwas wie ‹Kunst› oder gar die ‹Kunst selbst› vorhanden, bei der zweiten [maschinelle Herstellung] haben wir zwar monotone, aber gewollte ‹Gleichheit›, die bis zur ‹Genauigkeit› oder gar ‹Präzision› (Identität) hinaufwachsen kann» (Michael von Dolivo-Dobrowolsky, *Die moderne Massenfabrikation in der Apparate-Fabrik der AEG*, Vortrag, gehalten am 17.1.1912 im Sitzungssaal der AEG, in: Buddensieg 1981, S. D 314).
154 Dorschel 2002, S. 41.
155 Peter Behrens fordert eine solche Verlagerung des individuellen Gestaltungsmomentes von den Formelementen auf die Proportionen des Produktes, allerdings begründet er diese nicht mit veränderten Produktionsbedingungen, sondern mit den veränderten Funktionen von Produkten: «Von vornherein muss betont werden, dass es sich bei sämtlichen Gegenständen, Bogenlampen, Ventilatoren usw. nicht um sogenannte kunstgewerbliche Erzeugnisse handelt, sondern um Nutzobjekte, die weniger zur Verschönerung der Umgebung des Menschen dienen, sondern vor allem einen praktischen Zweck zu erfüllen haben. Schon aus diesem Grunde, um ihren Charakter nicht zu trüben, kann es sich bei der Gestaltung nicht um eine Bereicherung ihrer Form handeln, sondern der Schwerpunkt ist auf die gute Proportionierung zu legen. Darum ist mehr eine Vereinfachung, die die klaren Maßverhältnisse der einzelnen Teile begünstigt, zu erstreben als eine reiche Ornamentierung.» (*Prof. Peter Behrens über Ästhetik in der Industrie*, Wiedergabe eines Vortragsreferates, in: Buddensieg 1981, S. D275 f.; Erstveröffentlichung: AEG-Zeitung, 11. Jg., Nr. 12, Juni 1909, S. 5–7.)
156 Dolivo-Dobrowolsky 1912, in: Buddensieg 1981, S. D 315.
157 Gernot Böhme, *Natürliche Natur, Natur im Zeitalter ihrer technischen Reproduzierbarkeit*, Frankfurt am Main 1992, S. 154. Böhme entlehnt den Ausdruck der «anschaulichen Unvorhersehbarkeit» wiederum Ludwig Klages' Schrift: Grundlegung der Wissenschaft vom Ausdruck, Bonn 1970, S. 45.
158 Böhme 1992, S. 155.
159 Selbstverständlich wird die Auswirkung des Gebrauchs auf die Umwelt von Designern auch in kleinerem Maßstab reflektiert, so schreibt beispielsweise Victor Papanek am Beispiel des Schneemobils: «Other products threaten the ecological balance even more directly. Snowmobiles, which are largely sold as winter-sports and recreation equipment, are so noisy that when they go into roadless terrain they destroy breeding grounds and habitats.» (Papanek 1995, S. 30.)
160 Vance Packard, *The Waste Makers*, New York 1960.
161 Selbstverständlich ist die Thematisierung von langlebigen Produkten älter als die ökologische Bewegung und dürfte in unterschiedlichen Spielarten stattgefunden haben, seitdem es Menschen gibt, die Produkte produzieren. Dieses Kapitel untersucht stattdessen nur die Veränderung der Auffassung von Langlebigkeit durch den Einbezug ökologischer Gesichtspunkte.
162 Brooks Stevens erklärt «planned obsolescence» wie folgt: «Instilling in the buyer the desire to own something a little newer, a little better, a little sooner than is necessary» (zit. nach Glenn Adamson, *Industrial Strength Design, How Brooks Stevens shaped your world*, Cambridge 2003, S. 4).
163 Vgl.: «Für unsere Betrachtung moderner Marketingpraktiken müssen wir den Begriff aufgliedern und drei verschiedene Arten der Obsoleszenz unterscheiden, nämlich: *Funktionelle Obsoleszenz*. D. h.: Ein vorhandenes Erzeugnis veraltet durch Einführung eines neuen, das seine Funktionen besser erfüllt. *Qualitative Obsoleszenz*. D. h.: Ein Erzeugnis versagt oder verschleißt zu einem bestimmten geplanten, gewöhnlich nicht allzu fernen Zeitpunkt. *Psychologische Obsoleszenz*. D. h.: Ein Erzeugnis, das qualitativ und in seiner Leistung noch gut ist, wird als überholt und verschlissen betrachtet, weil es aus Modegründen oder wegen anderer Veränderungen weniger begehrenswert erscheint.»
(Vance Packard, *Die große Verschwendung*, Titel des Originals: *The Waste Makers*, Übers. Walter Schwerdtfeger, Frankfurt am Main/Hamburg 1964, S. 61.)
164 Jonathan Chapman, *Subject/Object Relationships and Emotionally Durable Design*, in: Tim Cooper, *Longer Lasting Products*, Farnham/Burlington 2010, S. 61.
165 Bernhard E. Bürdek, *Durch Design wird nicht Verschleiß erzeugt, sondern reduziert!*, in: Marketing Journal, 1977, 1/77, S. 36.
166 Bürdek 1977, S. 37.

167 Ein Satz von Jasper Morrison ist für diese Sicht der Langlebigkeit von Produkten paradigmatisch: «Am besten, Designer entwerfen Dinge für den langfristigen Gebrauch – Dinge, die natürlich gut aussehen sollen, aber die auch noch in 40 Jahren gut aussehen und einwandfrei funktionieren. So wird weniger verbraucht und Abfall vermieden.» (Jasper Morrison, «*Wir müssen Verantwortung übernehmen*», in: form, The Making of Design, Heft 216, Basel 2007, S. 44.)

168 Vgl. Peter-Paul Verbeek und Petran Kockelkoren, *Things that matter*, in: Richard Buchanan, Dennis Doordan, Victor Margolin (Hg.), *The Designed World, Images, Objects, Environments*, Oxford/New York 2010, S. 85.

169 Verbeek und Kockelkoren 2010, S. 85

170 Vgl. hierzu insbesondere die Publikation Jonathan Chapman, *Emotionally Durable Design, Objects, Experiences and Empathy*, London 2005.

171 Chapman 2010, S. 71.

172 Chapman 2010, S. 62.

173 Miles Park, *Defying Obsolescence*, in: Cooper 2010, S. 99.

174 Es sei hier nur angedeutet, dass insbesondere die Idee einer offenen Form, die je individuelle Sichtweisen und Interpretationen herausfordert, gerade charakteristisch für postmoderne Bestrebungen ist und viel weniger für ökologische Ansätze in der Gestaltung, auch wenn in der Thematisierung der Langlebigkeit von Produkten diese genuin postmoderne Idee übernommen wurde. Man vergleiche hierzu nur Umberto Eco, Das offene Kunstwerk (1962), Frankfurt am Main 1973; Charles Jencks, The Language of Post-Modern Architecture, New York 1977; Robert Venturi, Complexity and Contradiction in Architecture, New York 1966; oder auch die Produkte des postmodernen *Neuen Deutschen Designs* mit ihren gezielt eingesetzten Doppeldeutigkeiten wie bei der Designikone *Consumer's Rest* von Stiletto. Auch der Ansatz einer Individualisierung durch Auswahl ist typisch für den weniger konsumkritischen Strang der Postmoderne. Mit ihr geht grundsätzlich eine Bejahung des vielfältigen und heterogenen Produktangebots einher, womit sie sich gegen die Vorstellung der allgemeingültigen «guten Form» (Schlagwort und Prädikat einer jährlichen Auszeichnung des 1953 gegründeten *Rat für Formgebung*) wehrt und einen Schwerpunkt auf den individuellen Konsum legt. Von ökologischer Seite hingegen ist gerade das Überangebot am Markt und der rasche Modewechsel immer wieder kritisiert worden. Was die Individualisierung durch Entwurf angeht, fordert zwar Papanek die Integration der Ziel- oder Betroffenengruppe in den Designprozess, für diese Forderung sind aber keine ökologischen, sondern rein soziale Motive ausschlaggebend (vgl. Papanek 1972, S. 96 f.). Diese dritte Möglichkeit der Individualisierung durch Entwurf ist allerdings nahezu zwangsläufig der Individualisierung durch Produktion inhärent, die ich im Folgenden als den eigentlich entscheidenden Beitrag der ökologischen Bewegung zur Beziehung des Nutzers zum Produkt herausstellen möchte.

175 Grundgedanken dieses Kapitels wurden zuerst in folgendem Aufsatz veröffentlicht: Johannes Lang, *Production as Aesthetic Experience, Examples of Ecological Design*, in: Judith Seng (Hg.), *Acting Things*, Berlin 2013, S. 80–83.

176 Vgl. Hennessey u. Papanek 1973.

177 Gert Selle, *Design auf der Suche nach Freiräumen*, form, Zeitschrift für Gestaltung, Heft 88, 1979, S. 6 ff.

178 Jochen Gros, *Halbfertigdesign, Auf der Suche nach Modellen und Beispielen für mehr Eigenarbeit*, in: Helmut Gsöllpointner (Hg.), *Design ist unsichtbar*, Wien 1981, S. 582.

179 Selle 1979, S. 583.

180 Bernd Löbach, *Design durch alle, Alternativen zur fremdbestimmten Massenproduktkultur*, Braunschweig 1983.

181 Vgl. hierzu Petra Eisele, *Do-it-yourself-Design. Die IKEA-Regale IVAR und BILLY*, in: Zeithistorische Forschungen/Studies in Contemporary History, Online-Ausgabe, 3 (2006) H. 3, URL: www.zeithistorische-forschungen.de/16122041-Eisele-3-2006 (zuletzt aufgerufen Dezember 2014).

182 Haug 1971.

183 Selle 1979, S. 6.

184 Selle 1979, S. 7.

185 Selle 1979, S. 10.

186 «Wenn ich selber gleich nach dem Kauf die Etiketten herauslöse, Phantasie-Warennamen, Plaketten, Zierleisten, Krims-Krams entferne, so eigne ich mir die Gegenstände ein wenig gegen ihren Warencharakter an. Ich stoße sie in die Anonymität des Massenprodukts zurück, präge ihnen die ersten Spuren meines Gebrauchs auf. Mein Gebraucher-Ich setzt sich an die Stelle einer sogenannten Marke.» (Selle 1979)

187 Selle 1979

188 Ebd. Auch in den spärlichen Ausführungen von Bernd Löbach wird die Erfahrung im Akt des Selbermachens nicht eigens reflektiert, sondern es wird bloß die Möglichkeit für Eigenaktivität gefordert: «Die Vollkommenheit der Anordnung von Bedien- und Anzeigenelementen kann zu einem Monotonie und Langeweile auslösenden Faktor werden. Diese ‹geschlossene› Art der Gestaltung lässt zwischen Benutzer und Produkt eine Distanz entstehen, die als ‹Entfremdung in den Objektbeziehungen› bezeichnet werden kann. Selten werden ‹offene Gestaltungskonzepte› realisiert, bei denen eine Offenheit für gestalterische Eigenaktivitäten der Nutzer angestrebt wird.» (Löbach 1983, S. 20.)

189 Gert Selle und Jutta Boehe, *Leben mit den schönen Dingen, Anpassung und Eigensinn im Alltag des Wohnens*, Hamburg 1986, S. 50.

190 Selle u. Boehe 1986, S. 52.

191 Vgl.: «Auf dem Hintergrund dieser Thematik des Heimwerkens lässt sich der Heimwerker in seiner psycho-logischen Gegenständlichkeit als ein eigentümliches ‹Verbindungsorgan› charakterisieren; als etwas, mit dem in prototypischer Weise – als praktische Fertigkeit – zu probieren und zu vergewissern ist, was in seiner Verallgemeinerung nicht unwesentlich die Souveränität eines Subjektes ausmacht: Verbindung herstellen und Verhältnisse setzen zu können.» (Friedrich Wolfram Heubach, *Der ‹Heimwerker› oder Die Dinge sind nicht immer entweder Mittel oder Motiv oder Symbol oder Ersatz, manchmal sind sie das alles zugleich: Symptome*, in: Ders., *Das bedingte Leben, Entwurf zu einer Theorie der psycho-logischen Gegenständlichkeit der Dinge*, München 1987, S. 143.)

192 Vgl. hierzu auch: «Die Gerätschaft ‹Heimwerker› [ein Werkzeugkasten] steht in diesem Sinne psychologisch für den Anspruch auf ein spezifisches Sein, das man vielleicht als ein sich in Werken allseitig selbstverwirklichendes charakterisieren könnte.» (Heubach 1987, S. 142.)

193 In der Publikation *Design durch Gebrauch*, auf die ich später noch einmal zurückkommen werde, wird dieser Prozess wie folgt beschrieben: «Wir haben bereits darauf hingewiesen, dass bei NID [Nicht Intentionales Design] unsere Assoziationsfähigkeit eine entscheidende Rolle spielt, mit der wir in der Lage sind, Eigenschaften der Gegenstände losgelöst von ihrer eigentlichen Funktion zu sehen, um diese für nicht intentionale Zwecke einsetzen zu können.» (Uta Brandes, Sonja Stich, Miriam Wender, *Design durch Gebrauch, die alltägliche Metamorphose der Dinge*, Basel 2009, S. 149.) Zu dem problematischen Begriff «Nicht Intentionales Design» und der damit verbundenen Annahme, dass es so was wie «nicht-intentionale Zwecke» gebe, später mehr. Auch hier wird auf das für die Umnutzung notwendige Absehen von den Zwecken der Dinge hingewiesen. Allerdings würde ich diese Fähigkeit des Absehens von Zwecken nicht als «Assoziationsfähigkeit» beschreiben, sondern höchstens als das Gegenteil, nämlich eine «Dissoziationsfähigkeit», die aber nur die heuristische Grundlage ist, um den Gegenstand jenseits seiner Funktion in den Blick zu nehmen. Entscheidend ist nicht das Dissoziieren, sondern die Wahrnehmung, die durch das Dissoziieren ermöglicht wird.

194 Vgl. hierzu die Angaben auf der Webpage von *nendo*: www.nendo.jp/en/works/cabbage-chair-2/?erelease (zuletzt aufgerufen Dezember 2014) und in: Barbero Cozzo 2009, S. 78.

195 Nur auf diese zweite Seite dessen, was im Bearbeiten oder auch Selbermachen erfahren wird, reflektieren Gert Selle, Friedrich Heubach, Jochen Gros, Bernd Löbach oder die Literatur zu Langlebigkeit durch Individualisierung. Dass in diesem Prozess auch die Selbstständigkeit der Dinge mal weniger, mal mehr, jedoch zumindest rudimentär miterfahren wird, bleibt unberücksichtigt.

196 Vgl.: «Der Schwerpunkt der Fragestellung in der Design-Literatur liegt nach wie vor eindeutig auf der Beschäftigung mit dem Produkt, seiner Semantik, Funktionalität sowie in der Beziehung Design–Designer. Designer und Designerinnen folgen immer noch dem Anspruch, so zu gestalten, dass die Art der Verwendung ihrer Objekte durch die Gestaltung vorgegeben oder zumindest nahegelegt wird.» (Brandes, Stich u. Wender 2009, S. 23.)

197 Brandes, Stich u. Wender 2009, S. 35.

198 In ähnlicher Weise beschreiben auch die Autoren die alltägliche Situation des Umnutzens, ohne jedoch hierin einen Widerspruch zu dem Begriff des «Nicht Intentionalen Designs» zu sehen: «Typisch für die Entstehung von NIDs ist die sofortige Lösung eines Problems. Meist entstehen NIDs, wenn wir keine Zeit haben, uns den fehlenden, vorgesehenen Gegenstand zu organisieren, aber dringend Abhilfe benötigen. Dann werden Handtücher zu Aufnehmern für Wasserpfützen in Bad und Küche, Messer zum Hammer oder Schraubenzieher; mit Schlüsseln werden Briefe geöffnet und mit T-Shirt-Zipfeln Brillen geputzt. Spontaneität und Zeitdruck sind wichtige Kriterien für die Schaffung vieler NIDs.» (Brandes, Stich u. Wender 2009, S. 150.)

199 Vgl. hierzu: «Umnutzungen im Sinne von NID sind bei diesen Gegenständen [den alltäglichen einfachen Dingen] so selbstverständlich, dass wir diese oft gar nicht mehr wahrnehmen.» (Brandes, Stich u. Wender 2009, S. 123.)

200 Zur Entstehung des Begriffs vgl. Heubach 1987, S. 141.

201 Hier sei nochmals auf den Aufsatz von Petra Eisele hingewiesen, der den historischen Zusammenhang zwischen der Do-it-yourself-Bewegung und IKEA darstellt, ohne jedoch die mit dem Selbermachen verbundenen Erfahrungsformen zu reflektieren: Eisele 2006.
202 Heubach 1987, S. 141.
203 Heubach 1987, S. 143.
204 Heubach 1978, S. 143.
205 Deshalb unterscheidet sich die Art der Produktpräsentation der IKEA-Möbel auch maßgeblich von den hier behandelten Beispielen, die den Nutzer als Koproduzenten involvieren. Während die IKEA-Möbel durch die Präsentation ihrer Bausätze niemals ästhetisch gewinnen könnten, wird bei allen hier behandelten Beispielen der Ausgangszustand des Produktes mitpräsentiert, als Teil des Produktes.
206 Teile dieses Kapitels wurden zuerst veröffentlicht in dem Aufsatz *Design und ökologische Wirklichkeit*, in: Lotte Everts, Johannes Lang, Michael Lüthy, Bernhard Schieder (Hg.), *Kunst und Wirklichkeit heute, Affirmation – Kritik – Transformation*, Bielefeld 2015, S. 91–108.
207 Jochen Gros, *Sinn-liche Funktionen im Design*, form, Zeitschrift für Gestaltung, Heft 75, 1976, S. 16.
208 Gros 1976, S. 16
209 Vollständig heißt es dort: «Strohdächer, hölzerne Möbel, Kupferkessel, Lederschürzen, Keramikschalen – alle diese Dinge altern mit Anmut. Sie bekommen kleine Kratzer und Kerben, bleichen aus und nehmen eine leichte Patina an; schließlich zerfallen sie wieder in ihre organischen Komponenten. Heute lehrt man uns, dass Altern eigentlich etwas Schlechtes ist. Wir tragen, benützen, freuen uns an Dingen nur, solange sie wie eben gekauft aussehen.» (Papanek 1972, S. 224.)
210 Ed van Hinte, *Eternally yours, visions on product endurance*, Rotterdam 1997, S. 19.
211 Park 2010, S. 84.
212 Auch Carl Aigner begnügt sich mit dem Hinweis, dass Gebrauchsspuren ästhetische Phänomene sein können, ohne jedoch dieses Phänomen näher zu beschreiben: «Als sinnlich wahrnehmbare Differenzen sind sie auch ästhetische Phänomene. Spuren sind sichtbare Indizien dafür, dass Dinge in einem Gebrauchszusammenhang stehen. Sie sind gewissermaßen ‹Festspeicher› von historischen und biographischen Ereignissen, die sie hervorgerufen haben» (Carl Aigner [Hg.], *Haltbar bis ... immer schneller, Design auf Zeit*, Köln 1999, S. 84).
213 Vgl. David Kasparek, *der schöne gebrauch, Mehrwert: Wertsteigerung durch Abnutzung*, in: Bund Deutscher Architekten BDA (Hg.): der architekt, Heft 3, Berlin 2010, S. 10 f.
214 Vergleiche hierzu auch meine Ausführungen im Kapitel *Die ästhetische Reflexion der natürlichen Materialgeschichte*.
215 Sybille Krämer, *Was also ist eine Spur? Und worin besteht ihre epistemologische Rolle? Eine Bestandsaufnahme*, in: Dies., Werner Kogge, Gernot Grube (Hg.): *Spur. Spurenlesen als Orientierungstechnik und Wissenskunst*, Frankfurt am Main 2007, S. 15.
216 Vgl. simonheijdens.com/index.php?type=project&name=Broken%20White (zuletzt aufgerufen Dezember 2014).
217 Soentgen 1997a, S. 68, siehe Seite 65.
218 Vgl.: «Die Eigenart des Vorgangs sowie die des Materials und das Verhältnis der beiden bestimmen das Resultat. Die Spur ist kein Abbild eines Vorgangs auf neutralem Grund.» (Straus 1960, S. 6.) Vgl. ebenso: «Spuren treten gegenständlich vor Augen: ohne physische Signatur auch keine Spur. Spuren entstehen durch Berührung, also durchaus ‹stofflich›: Sie zeigen sich im und am Material.» (Krämer 2007, S. 15.)
219 Vgl.: «Die Spur macht das Abwesende niemals präsent, sondern vergegenwärtigt seine Nichtpräsenz» (Krämer 2007).
220 Vgl.: «Nur kraft eines Kontinuums in der Materialität, Körperlichkeit und Sinnlichkeit der Welt ist das Spurenhinterlassen und Spurenlesen also möglich.», Krämer 2007, S. 15.
221 Krämer 2007, S. 14.
222 Krämer weist auf diesen Umstand wie folgt hin: «Auffällig können Spuren nur werden, wenn eine Ordnung gestört ist, wenn im gewohnten Terrain das Unvertraute auffällt oder das Erwartete ausbleibt.» (Krämer 2007, S. 16.) So formuliert bleibt die Art und Weise, wie uns etwas als Spur erscheint, völlig unkonkret. Denn um welche Ordnung handelt es sich, die gestört wird, und was wäre das Unvertraute, das auffällt, und das Erwartete, das ausbleibt? Damit eine Ordnung gestört werden kann, muss es ja zunächst eine Ordnung geben. Diese Ordnung hat sich hier als die *formale* Ordnung natürlicher Prozesse erwiesen. Konkret heißt dies, dass etwas als Spur genau dann auffällt, wenn bestimmte Formveränderungen nicht mit unserem Formverständnis der gewohnten natürlichen Bedingungen in Einklang zu bringen sind.
223 Siehe Anm. 117.
224 Hier seien nur zwei Stellen herausgegriffen, in denen jeweils einmal der Begriff «Spur» und einmal der des «fraktalen Gebildes» verwendet wird, um dasselbe zu bezeichnen, nämlich die formale Bedingung

dafür, dass uns etwas als Stoff erscheint: «Meine These ist: Stofflich wirkt ein Ding genau dann, wenn an ihm zahlreiche Spuren stofflicher Eigenaktivität sichtbar sind.» (Soentgen 1997a, S. 185.) Und: «Wenn wir aus irgendeinem Grund doch einmal ein Ding als Stoffvorkommen ansehen müssen, wenn wir also einmal Anlass haben, auf das Material eines Stoffes zu achten, dann haken wir uns oft bei den fraktalen Gebilden ein: wir sehen uns die Textur der Oberfläche an.» (Soentgen 1997a, S. 137.)

225 Vgl. hierzu: «Spuren werden nicht gemacht, sondern unabsichtlich hinterlassen. Auch das Löschen der Spur hinterlässt Spuren. Und umgekehrt: Wo etwas als Spur bewusst gelegt und inszeniert wird, da handelt es sich gerade nicht mehr um eine Spur.» (Krämer 2007, S. 16.)
226 Gros 1976, S. 16; siehe Anm. 207.
227 Verbeek u. Kockelkoren 2010, S. 85, und vgl. hierzu meine Ausführungen auf S. 93 f.
228 Vgl. hierzu besonders Haug 1971 und ebenso meine Ausführungen in dem Kapitel *Methodik und Forschungsstand*.
229 Vgl. hierzu: «Es bestehen Befürchtungen, sich mit einer ‹Ästhetik Nachhaltiger Entwicklung› in die Fortsetzung der gegenwärtigen medialen Strategien totaler Ästhetisierung als Dauerphänomen einzureihen. Oder schlimmer noch, in die Nähe totalitärer Gestaltungskonzepte zu geraten. *Die Sorge ist nur dann berechtigt*, wenn auch eine Ästhetik der Nachhaltigen Entwicklung der manipulativen Vereinnahmung, der Indoktrination ‹totalen Konsums› dient.» (Reinhard Komar, *Die Bauhaus Idee lebt! Design ist ein eminent politisches Programm!*, in: ders., *Grünes Bauhaus, Wir brauchen völlig neue Formen, Dokumente eines Diskurses*, Oldenburg 2008, S. 71.) Im Umkehrschluss heißt dies, dass für Reinhard Komar eine «manipulative Vereinnahmung» und «Indoktrination» durch Ästhetik offenbar unproblematisch ist, sofern sie nicht dem Konsum, sondern der nachhaltigen Entwicklung dient. Ob Gestaltungskonzepte totalitär sind oder nicht, hängt bei dieser Verwendung des Wortes «totalitär» eben nicht von der *Art* der politischen Ziele ab, für die sie eingesetzt werden, sondern davon, *dass* sie für politische Ziele eingesetzt werden, gleich welcher Art.
230 Jacob Radloff (Hg.), *Schönheit, Grundlage und Antrieb für Zukunftsfähigkeit*, Auszug aus den 12 «Toblacher Thesen», die im Rahmen der «Toblacher Gespräche» (jährlich stattfindende Konferenz zu Umweltthemen) vom 10. bis 12. September 1998 aufgestellt wurden, in: Jacob Radloff (Hg.), *LebensKunst, Auf den Spuren einer Ästhetik der Nachhaltigkeit*, politische ökologie, Heft 69, München 2001, S. 7.
231 Detlev Ipsen und Astrid Wehrle, *Vom Triumph des Augenblicks zur Ästhetik der Dauer*, in: Radloff 2001, S. 10. Vgl. auch, wie Reinhard Komar eine Ästhetik der Nachhaltigkeit einfordert, ohne jedoch auszuführen, was unter einer solchen zu verstehen wäre: «Und damit komme ich zum letzten, abschließenden Teil, um auf die Notwendigkeit neuer umfassender und übergreifender Bilder, *einer neuen Ästhetik*, einzugehen und auf die Frage, wie eine neue ‹Kultur der Nachhaltigkeit› entstehen kann. Verblüffend ist, dass das Thematisieren einer Ästhetik der Nachhaltigkeit dreißig bis vierzig Jahre später beginnt, als der Diskurs um Nachhaltige Entwicklung selbst – obwohl gerade den Theoretikern der Nachhaltigen Entwicklung bewusst sein müsste, welch eine zentrale Stellung in der gesellschaftlichen Entwicklung deren ästhetische Transformation einnimmt.» (Komar 2008, S. 70.)
232 Ruth Kaufmann-Hayoz, *Entdecke die Möglichkeiten*, in: Radloff 2001, S. 37.
233 Kaufmann-Hayoz 2001, S. 40.
234 Ebd.
235 Vgl. hierzu meine Ausführungen im Kapitel *Langlebigkeit durch Individualisierung*.
236 Michael McCoy, *Angling for endurance*, in: Ed van Hinte, *Eternally yours, visions on product endurance*, Rotterdam 1997, S. 192.
237 «Clearly those artifacts that are shaped in response to natural forces like the plough – shaped to move efficiently through the soil without clogging – or the airplane – shaped for lift soil and control in the air – are enduring forms that are both pleasing and deeply understandable. [...] An accepted strategy for designing products that endure is to keep the form very simple and minimal. [...] Another enduring quality is the coherence of form, way of making and material.» (McCoy 1997, S. 192 f.)
238 Vgl. auch die Publikation Alastair Fuad-Luke, *design activism, beautiful strangeness for a sustainable world*, London 2009, in der das ökologische Design ausschließlich als politisches Instrument nachhaltiger Interessen verstanden wird und in Hinblick auf bestimmte Produktstrategien untersucht wird, die geeignet scheinen, ein für die nachhaltige Entwicklung dienliches Verhalten zu initiieren.
239 Vgl. meine Ausführungen in dem Kapitel *Produkttechnologie und Produktästhetik*.
240 Vgl. Anmerkung 236.
241 Beat Schneider, *Design – Eine Einführung, Entwurf im sozialen, kulturellen und wirtschaftlichen Kontext*, Basel 2005, S. 198.
242 «Die verschlüsselten Bedeutungen eines Gebrauchsgegenstands, die von der Besitzerin oder dem Besitzer an die Mitmenschen weitergegeben werden, nennt man symbolische Funktionen.» (Schneider 2005, S. 198.)
243 Vgl. Kapitel *Produkttechnologie und Produktästhetik*.

LITERATURVERZEICHNIS

Adamson, Glenn: Industrial Strength Design, How Brooks Stevens shaped your world, Cambridge 2003
Adorno, Theodor W.: Ästhetische Theorie, Gesammelte Schriften, Bd. 7, Frankfurt a. M. 2003
Aigner (Hg.), Carl: Haltbar bis ... immer schneller, Design auf Zeit, Köln 1999
Bandmann, Günter: Der Wandel der Materialbewertung in der Kunsttheorie des 19. Jahrhunderts, in: Helmut Koopmann und Adolf Schmoll (Hg.): Beiträge zur Theorie der Künste im 19. Jahrhundert, Band 1, Frankfurt a. M. 1971
Banham, Reyner: Die Revolution der Architektur, Theorie und Gestaltung im ersten Maschinenzeitalter, Hamburg 1964
Barbero, Silvia und Brunella Cozzo: ecodesign, Königswinter 2009
Baudrillard, Jean: Das System der Dinge, Über unser Verhältnis zu den alltäglichen Gegenständen, Frankfurt a. M. 1991
Prof. Peter Behrens über Ästhetik in der Industrie, Wiedergabe eines Vortragsreferates, in: Buddensieg 1981; Erstveröffentlichung: AEG-Zeitung, 11. Jg., Nr. 12, Juni 1909, S. 5–7
Behrens, Peter: Kunst und Technik, Vortrag gehalten auf der 18. Jahresversammlung des Verbandes Deutscher Elektrotechniker in Braunschweig am 26.5.1910, in: Buddensieg 1981
Bick, Hartmut: Grundzüge der Ökologie, Stuttgart 1998
Böhme, Gernot: Für eine ökologische Naturästhetik, Frankfurt a. M. 1989
Böhme, Gernot: Natürliche Natur, Natur im Zeitalter ihrer technischen Reproduzierbarkeit, Frankfurt a. M. 1992
Brandes, Uta; Sonja Stich; Miriam Wender: Design durch Gebrauch, Die alltägliche Metamorphose der Dinge, Basel 2009
Braungart, Michael und McDonough, William: Cradle to Cradle, remaking the way we make things, Berlin 2002
Buddensieg, Tilmann (Hg.): Peter Behrens und die AEG, 1907–1914, Berlin 1981
Bürdek, Bernhard E.: Durch Design wird nicht Verschleiß erzeugt, sondern reduziert!, in: Marketing Journal, 1/77, 1977
Campbell, Joan: Der Deutsche Werkbund, 1907–1934, Stuttgart 1981
Carlowitz, H. C.: Sylvicultura oeconomica, oder Haußwirthliche Nachricht und Naturmäßige Anweisung zur Wilden Baum-Zucht ... Leipzig [1713], Reprint Freiberg 2000
Chapman, Jonathan: Emotionally Durable Design, Objects, Experiences and Empathy, London 2005
Chapman, Jonathan: Subject/Object Relationships and Emotionally Durable Design, in: Tim Cooper, Longer Lasting Products, Farnham/Burlington 2010
Dolivo-Dobrowolsky, Michael von: Die moderne Massenfabrikation in der Apparate-Fabrik der AEG, Vortrag, gehalten am 17.1.1912 im Sitzungssaal der AEG, in: Buddensieg 1981
Dorschel, Andreas: Gestaltung, zur Ästhetik des Brauchbaren, Heidelberg 2002
Duchamp, Marcel: Die Schriften, Bd. 1, hrsg. und übers. von Serge Stauffer, Zürich 1981
Eco, Umberto: Das offene Kunstwerk, Frankfurt 1973
Edelmann, Thomas: Freundliche Hüllen, in: design report, Heft 3, 1995
Eisele, Petra: BRDesign, Deutsches Design als Experiment seit den 1960er Jahren, Köln 2005
Eisele, Petra: Do-it-yourself-Design: Die IKEA-Regale IVAR und BILLY, in: Zeithistorische Forschungen/Studies in Contemporary History, Online-Ausgabe, 3 (2006) H. 3, URL: http://www.zeithistorische-forschungen.de/1612041-Eisele-3-2006 (zuletzt aufgerufen Dezember 2014)
Fineder, Martina: «Jute Not Plastic»: Alternative Product Culture between Environmental Crisis and Fashion, in: Elke Gaugele (Hg.), Aesthetic Politics in Fashion, Wien 2014
Frenzl, Markus: Kernholz und Kernaussagen, in: Ders, Was heißt hier Designkultur?, Essays zum zeitgenössischen Design 2006–2009, Frankfurt a. M. 2009
Fuad-Luke, Alastair: design activism, beautiful strangeness for a sustainable world, London 2009
Fuad-Luke, Alastair: The eco-design handbook, London 2009
Fuller, Richard Buckminster: Bedienungsanleitung für das Raumschiff Erde und andere Schriften, Dresden 1998
Gekeler, Moritz: Konsumgut Nachhaltigkeit, Zur Inszenierung neuer Leitmotive in der Produktkommunikation, Bielefeld 2012
Goethe, Johann Wolfgang von: Material der Bildenden Kunst, in: Ders., Gesamtausgabe der Werke und Schriften, hg. von Wolfgang von Löhneysen, Bd. 16, Schriften zur Kunst I, Stuttgart 1961
Grober, Ulrich: Die Entdeckung der Nachhaltigkeit, Kulturgeschichte eines Begriffs, München 2010

Grober, Ulrich: Tiefe Wurzeln: Eine kleine Begriffsgeschichte von «Sustainable development» – Nachhaltigkeit, in: Natur und Kultur, Jg. 3, Heft 1, 2002
Gros, Jochen und Des-In: des-in – ein neues Ornament?, in: IDZ Berlin (Hg.), Produkt und Umwelt, Berlin 1974
Gros, Jochen: Sinn-liche Funktionen im Design, form, Zeitschrift für Gestaltung, Heft 75, 1976
Gros, Jochen: Eine Design-Initiative: «des-in», in: form, Zeitschrift für Gestaltung, Heft 79, 1977
Gros, Jochen: Alternativdesign – selber gemacht, in: Kunst + Unterricht, Heft 56, 1979
Gros, Jochen: Halbfertigdesign, Auf der Suche nach Modellen und Beispielen für mehr Eigenarbeit, in: Helmut Gsöllpointner (Hg.), Design ist unsichtbar, Wien 1981
Gruhl, Herbert: Ein Planet wird geplündert: die Schreckensbilanz unserer Politik, Fischer Verlag, Frankfurt a. M. 1975
Haeckel, Ernst: Generelle Morphologie der Organismen, Allgemeine Grundzüge der organischen Formen-Wissenschaft, mechanisch begründet durch die von Charles Darwin reformirte Descendenz-Theorie, Bd. 2, Berlin 1866
Haug, Wolfgang Fritz, in: IDZ Berlin (Hg.), Design? Umwelt wird in Frage gestellt, Berlin 1970
Haug, Wolfgang Fritz: Kritik der Warenästhetik, Frankfurt a. M. 1971
Heubach, Friedrich Wolfram: Der «Heimwerker» oder Die Dinge sind nicht immer entweder Mittel oder Motiv oder Symbol oder Ersatz, manchmal sind sie das alles zugleich: Symptome, in: Ders., Das bedingte Leben, Entwurf zu einer Theorie der psychologischen Gegenständlichkeit der Dinge, München 1987
Hinte, Ed van: Eternally yours, visions on product endurance, Rotterdam 1997
Hinte, Ed van: form follows process, in: Renny Ramakers und Anneke Moors (Hg.): simply droog, 10+3 years of creating innovation and discussion, Amsterdam 2006
Hirdina, Karin: Der Funktionalismus und seine Kritiker, in: form + zweck, Fachzeitschrift für industrielle Formgestaltung, Heft 3, 1975
IDZ Berlin (Hg.): Produkt und Umwelt, Berlin 1974
IDZ Berlin (Hg.): Materialien und Dokumente, Forum-Kongress, Recycling Design, Berlin 1976
Ipsen, Detlev und Wehrle, Astrid: Vom Triumph des Augenblicks zur Ästhetik der Dauer, in: Jacob Radloff (Hg.), LebensKunst, Auf den Spuren einer Ästhetik der Nachhaltigkeit, politische ökologie, Heft 69, München 2001
Irle, Miriam: Aufzucht und Pflege eines Stuhls, in: form, The Making of Design, Heft 223, Basel 2008
Jencks, Charles: The Language of Post-Modern Architecture, New York 1977
Kasparek, David: der schöne gebrauch, Mehrwert: Wertsteigerung durch Abnutzung, in: Bund Deutscher Architekten BDA (Hg.): der architekt, Heft 3, Berlin 2010
Kaufmann-Hayoz, Ruth: Entdecke die Möglichkeiten, in: Jacob Radloff (Hg.), LebensKunst, Auf den Spuren einer Ästhetik der Nachhaltigkeit, politische ökologie, Heft 69, München 2001
Kemp, Wolfgang: Holz – Figuren des Problems Material, in: Staatliche Kunsthalle Baden-Baden (Hg.), Holz = Kunst-Stoff, Baden-Baden 1976
Klotz, Heinrich: Moderne und Postmoderne, in: Wolfgang Welsch (Hg.), Wege aus der Moderne, Schlüsseltexte der Postmoderne-Diskussion, Weinheim 1988
Komar, Reinhard: Die Bauhaus Idee lebt! Design ist ein eminent politisches Programm!, in: Ders., Grünes Bauhaus, Wir brauchen völlig neue Formen, Dokumente eines Diskurses, Oldenburg 2008
Krämer, Sybille: Was also ist eine Spur? Und worin besteht ihre epistemologische Rolle? Eine Bestandsaufnahme, in: Ders., Werner Kogge, Gernot Grube (Hg.): Spur. Spurenlesen als Orientierungstechnik und Wissenskunst, Frankfurt 2007
Kumm, Karl: Über den Ursprung des Schönen, Entwurf einer empirischen Aesthetik der Bildenden Künste, Hannover-Linden 1896
Lang, Johannes: Design und ökologische Wirklichkeit, in: Lotte Everts, Johannes Lang, Michael Lüthy, Bernhard Schieder (Hg.), Kunst und Wirklichkeit heute, Affirmation – Kritik – Transformation, Bielefeld 2015
Lang, Johannes und Schieder, Bernhard: Formen des «Kontingenten» in Land-Art und ökologischem Design, in: Frédéric Döhl, Daniel Martin Feige, Thomas Hilgers, Fiona McGovern (Hg.), Konturen des Kunstwerks, Zur Frage von Relevanz und Kontingenz, München 2013
Lang, Johannes: Production as Aesthetic Experience, Examples of Ecological Design, in: Judith Seng (Hg.), Acting Things, Berlin 2013
Lakotta, Beate: Jenseits der Jute, Umweltfreundliche Produkte erhöhen die Marktchancen, in: Spiegel Special, Nr. 6, 1995
Lange, Konrad: Das Wesen der Kunst, Grundzüge einer illusionistischen Kunstlehre, Berlin 1907
Lange, Konrad: Geschmacksverirrungen im Kunstgewerbe, in: Dekorative Kunst, Bd. 17, 1909

Lethaby, William Richard: Kunst und Handwerk (1913), in: Ulrich Conrads, Peter Neitzke (Hg.), Ästhetik der schönen Genügsamkeit oder Arts and Crafts als Lebensform, Programmatische Texte, erläutert von Gerda Breuer, Bauwelt Fundamente 112, Braunschweig/Wiesbaden 1998

Löbach, Bernd: Umwelterkenntnisse, Bielefeld 1972

Löbach, Bernd: Design durch alle, Alternativen zur fremdbestimmten Massenproduktkultur, Braunschweig 1983

Löbach, Bernd: Welche Chancen hat ökologisch orientiertes Design?, in: Bauwelt, Heft 29, 1985

Löbach, Bernd: Design und Ökologie, Cremlingen 1995

Loos, Adolf: Ornament und Verbrechen (1908), in: Adolf Loos, Gesammelte Schriften, hrsg. von Adolf Opel, Wien 2010

Madge, Pauline: Ecological Design, A new Critique, in: Richard Buchanan, Dennis Doordan, Victor Margolin (Hg.), The Designed World, Images, Objects, Environments, Oxford/New York 2010

Maier-Aichen, Hansjerg (Hg.): New Talents: Stand der Dinge, state of the arts, Ludwigsburg 2009

McCoy, Michael: Angling for endurance, in: Ed van Hinte, Eternally yours, visions on product endurance, Rotterdam 1997

Meadows, Dennis L.: Die Grenzen des Wachstums: Bericht des Club of Rome zur Lage der Menschheit, Deutsche Verlags-Anstalt, Stuttgart 1972

Michel, Wilhelm: Materialgemäß, in: Deutsche Kunst und Dekoration, Bd. 16, 1905

Möller, Evelin: Design-Philosophie der 80er Jahre (2), in: form, Zeitschrift für Gestaltung, Heft 98, 1982

Möller, Evelin: Unternehmen pro Umwelt, München 1989

Morris, William: The Influence of Building Materials upon Architecture (1892), in: Ders., The Collected Works of William Morris, Bd. 22, London u. a. 1914

Morrison, Jasper: «Wir müssen Verantwortung übernehmen», in: form, The Making of Design, Heft 216, Basel 2007

Müller, Lars (Hg.): Freitag, individual recycled freeway bags, Baden 2001

Müller, Lothar: DES-IN & Entwurfsbeispiele für eine alternative Produktionsform, unveröffentlichte Diplomarbeit an der HfG Offenbach, 1977

Müller-Krauspe, Gerda: Opas Funktionalismus ist tot, in: form, Zeitschrift für Gestaltung, Heft 46, Basel 1969

Muthesius, Hermann: Die moderne Umbildung unserer ästhetischen Anschauungen, in: DMLG, Deutsche Monatsschrift für das gesamte Leben der Gegenwart, 1902

Muthesius, Hermann: Die Bedeutung des Kunstgewerbes, Eröffnungsrede zu den Vorlesungen über modernes Kunstgewerbe an der Handelshochschule in Berlin, in: Dekorative Kunst, Nr. 10, 1907

Neutra, Richard: Gestaltete Umwelt, Dresden 1976

Oud, J. J. P.: Kunst und Maschine (1918), in: Hagen Bächler und Herbert Letsch (Hg.), De Stijl, Schriften und Manifeste zu einem theoretischen Konzept ästhetischer Umweltgestaltung, Leipzig/Weimar 1984, S. 232; Erstveröffentlichung: J. J. P. Oud, Kunst en machine, in: De Stijl, Januar 1918, Nr. 3

Packard, Vance: Die große Verschwendung (Titel des Originals: The Waste Makers), Übers. Walter Schwerdtfeger, Frankfurt a. M./Hamburg 1964

Papanek, Victor: Das Papanek-Konzept, Design für eine Umwelt des Überlebens, übers. aus dem Amerikanischen von Wolfgang Schmidbauer, München 1972

Papanek, Victor und Hennessey, James: Nomadic Furniture 1. How to build and where to buy lightweight furniture that folds, inflates, knocks down, stacks, or is disposable and can be recycled, New York 1973

Papanek, Victor: The Green Imperative, Natural Design for the Real World, London 1995

Papanek, Victor: Design für die reale Welt, Anleitung für eine humane Ökologie und sozialen Wandel, hrsg. von Florian Plumhösl, Thomas Geisler, Martina Finedar, Gerald Bast, Wien 2009

Park, Miles: Defying Obsolescence, in: Tim Cooper, Longer Lasting Products, Farnham/Burlington 2010

Pazaurek, Gustav E.: Geschmacksverirrungen im Kunstgewerbe, Führer für die neue Abteilung im königlichen Landes-Gewerbe-Museum Stuttgart, Stuttgart 1909

Peirce, Charles Sanders: Die Kunst des Räsonierens, in: ders., Semiotische Schriften, B. 1, hg. U. übers. v. Christian Kloesel u. Helmut Pape, Frankfurt 1986

Radloff, Jacob (Hg.): Schönheit, Grundlage und Antrieb für Zukunftsfähigkeit, Auszug aus den 12 «Toblacher Thesen», die im Rahmen der «Toblacher Gespräche» vom 10.–12.9.1998 aufgestellt wurden, in: Ders. (Hg.), LebensKunst, Auf den Spuren einer Ästhetik der Nachhaltigkeit, politische ökologie, Heft 69, München 2001

Raff, Thomas: Die Sprache der Materialien, Münster 2008

Ramakers, Renny und Moors, Anneke (Hg.): simply droog, 10+3 years of creating innovation and discussion, Amsterdam 2006

Read, Herbert: Das Ornament der Maschine (1934), in: Herbert Read, Kunst und Industrie, Grundsätze individueller Formgebung, Suttgart o. J., S. 164; Erstveröffentlichung: Herbert Read, Art and Industry, London 1934

Rottau, Nadine: «Everyone to his taste» or «truth to material?», the role of materials in collections of applied arts, in: John Potvin, Alla Myzelev (Hg.), Material Cultures, 1740–1920, The Meanings and Pleasures of Collecting, Ashgate 2009

Ryn, Sim van der; Stuart Cowan: Ecological Design, 2007

Schneider, Beat: Design – Eine Einführung, Entwurf im sozialen, kulturellen und wirtschaftlichen Kontext, Basel 2005

Schouwenberg, Louise: Hella Jongerius, London 2003

Seeger, Hartmut: Funktionalismus im Rückspiegel des Design, in: form, Zeitschrift für Gestaltung, Heft 48, Basel 1968

Seel, Martin: Eine Ästhetik der Natur, Frankfurt a. M. 1991, S. 22

Seipp, Heinrich: Materialstil und Materialstimmung in der Baukunst, in: Deutsche Bauhütte, Nr. 6, 1902

Selle, Gert: Design auf der Suche nach Freiräumen, form, Zeitschrift für Gestaltung, Heft 88, 1979

Selle, Gert und Boehe, Jutta: Leben mit den schönen Dingen, Anpassung und Eigensinn im Alltag des Wohnens, Hamburg 1986

Selle, Gert: Geschichte des Design in Deutschland, Frankfurt a. M. 1994

Semper, Gottfried: Der Stil in den technischen und tektonischen Künsten oder praktische Ästhetik, Bd. 1, Mittenwald 1977, seitengleicher Faksimileabdruck der Ausgabe Frankfurt 1860

Semper, Gottfried: Der Stil in den technischen und tektonischen Künsten oder praktische Ästhetik, Bd. 2, Mittenwald 1977, seitengleicher Nachdruck der Ausgabe München 1863

Soentgen, Jens: Das Unscheinbare, Phänomenologische Beschreibungen von Stoffen, Dingen und fraktalen Gebilden, Berlin 1997a

Soentgen, Jens: Fraktale Gebilde, in: Gernot Böhme, Gregor Schiemann (Hg.), Phänomenologie der Natur, Frankfurt a. M. 1997b

Stahel, Walter R.: Langlebigkeit und Materialrecycling, Strategien zur Vermeidung von Abfällen im Bereich der Produkte, Essen 1991

Straus, Erwin: Über Gedächtnisspuren, in: Der Nervenarzt, 31. Jahrgang, Heft 1, Springer-Medizin, Heidelberg 1960

Sullivan, Louis H.: Das große Bürogebäude, künstlerisch betrachtet (1896), in: Sherman Paul (Hg.), Louis H. Sullivan, Ein amerikanischer Architekt und Denker, Berlin/Frankfurt a. M. 1963

Triebel, Daniela: Ökologisches Industriedesign, Rahmenfaktoren – Möglichkeiten – Grenzen, Wiesbaden 1997

Tröster, Christian: Der Bürger und der Rowdy, «No.1» und «Jim Nature» – zwei neue Fernseher von Philippe Starck suchen ihr Publikum, in: design report, Heft 1, 1994

Velde, Henry van de: Kunstgewerbliche Laienpredigten, hg. von Helmut Geisert, Fritz Neumeyer, Faksimile der Ausgabe von 1902, Berlin 1999

Venturi, Robert: Complexity and Contradiction in Architecture, New York 1966

Verbeek, Peter-Paul und Kockelkoren, Petran: Things that matter, in: Richard Buchanan, Dennis Doordan, Victor Margolin (Hg.), The Designed World, Images, Objects, Environments, Oxford/New York 2010

Wagner, Monika: «Materialgerechtigkeit», Debatten um Werkstoffe in der Architektur des 19. und frühen 20. Jahrhunderts, in: Jurgen Pursche (Hg.), Historische Architekturoberflächen, Kalk – Putz – Farbe, München 2003

Walker, Stuart: Conscientious Objects, Products aesthetics and sustainability, in: Ed van Hinte, Eternally yours, visions on product endurance, Rotterdam 1997

Wellmer, Albrecht: Kunst und industrielle Produktion, in: Ders, Zur Dialektik von Moderne und Postmoderne, Frankfurt 1985

BILDNACHWEISE

Abb. 1: Studio Makkink & Bey, *Tree Trunk Bench*, 1998. Foto: Studio Marsel Loermans. Zur Verfügung gestellt von Studio Makkink & Bey BV, www.studiomakkinkbey.nl.
Abb. 2: Tom Dixon, *S-Chair*, 1991. Foto: Cappellini. Zur Verfügung gestellt von Cap Design Spa, www.cappellini.it.
Abb. 3: Philipp Mainzer, *ST04 Backenzahn*, Beistelltisch, 1996. Foto: Martin Url. Zur Verfügung gestellt von Philipp Mainzer Office for Architecture and Design, www.philippmainzer.com.
Abb. 4: Ronan und Erwan Bouroullec, *Vegetal chair: Blooming*, 2008. Foto: Paul Tahon und R & E Bouroullec. Zur Verfügung gestellt von Ronan und Erwan Bouroullec, www.bouroullec.com.
Abb. 5: Lex Pott, *Fragments of Nature*, Tisch, 2009. Foto: Lex Pott. Zur Verfügung gestellt von Lex Pott, www.lexpott.nl.
Abb. 6: Lex Pott, *Fragments of Nature*, Bank, 2009. Foto: Lex Pott. Zur Verfügung gestellt von Lex Pott, www.lexpott.nl.
Abb. 7: Jos van der Meulen, *Pinch*, 1993. Foto: Goods Design Products. Zur Verfügung gestellt von Goods Design Products, www.goods.nl.
Abb. 8: Jinhong Lin, *Split Bamboo*, Prototyp 2008. Foto: Jinhong Lin. Quelle: Silvia Barbero und Brunella Cozzo, ecodesign, Königswinter 2009, S. 116–117.
Abb. 9: Des-In, *Reifensofa*, 1974. Foto: Jochen Gros. Zur Verfügung gestellt von Jochen Gros, www.jochen-gros.de.
Abb. 10: Lothar Müller (Des-In), *Teekistenschrank*, 1975–77. Foto: Jochen Gros. Zur Verfügung gestellt von Jochen Gros, www.jochen-gros.de.
Abb. 11: Achille und Pier Giacomo Castiglioni, *220 Mezzadro*, Entwurf 1957. Foto: Zanotta Spa – Italy. Zur Verfügung gestellt von Zanotta Spa, www.zanotta.it.
Abb. 12: Daniel und Markus Freitag, *Prototyp der ersten Tasche*, Museum für Gestaltung Zürich, 1993. Foto: U. Romito, © ZHdK. Zur Verfügung gestellt von FREITAG lab. ag, www.freitag.ch.
Abb. 13: Daniel und Markus Freitag, *F12 Dragnet – Messenger Bag*, Entwurf 1994. Foto: Noë Flum. Zur Verfügung gestellt von FREITAG lab. ag, www.freitag.ch.
Abb. 14: Philippe Starck, *Jim Nature*, 1994. Quelle: design report, Heft 1, 1994, S. 48.
Abb. 15: Philippe Starck, *Zeo TV*, 1994. Foto: Die Neue Sammlung – The International Design Museum Munich (A. Laurenzo). Quelle: www.die-neue-sammlung.de.
Abb. 16: Verner Panton, *Panton Chair*, Entwurf 1959–1960. Foto: © Vitra. Zur Verfügung gestellt von Vitra AG, www.vitra.com.
Abb. 17: Jasper Morrison, *Cork Chair*, 2007. Foto: Morrison Studio. Zur Verfügung gestellt von Jasper Morrison Ltd, www.jaspermorrison.com.
Abb. 18: Jens Praet, *SHREDDED Series 1*, Regal, Hocker, Beistelltisch, 2010. Foto: studio Jens Praet. Zur Verfügung gestellt von Studio Jens Praet, www.jenspraet.com.
Abb. 19: Jens Praet, *SHREDDED Series 1*, Beistelltisch, 2010. Foto: studio Jens Praet. Zur Verfügung gestellt von Studio Jens Praet, www.jenspraet.com.
Abb. 20: Richard Liddle (Cohda Design Ltd), *RD (Roughly Drawn) Legs Chair*, 2008. Foto: Cohda Studio. Zur Verfügung gestellt von Richard Liddle, www.cohda.com.
Abb. 21: Herstellung eines *RD Legs Chair*. Foto: Cohda Studio. Zur Verfügung gestellt von Richard Liddle, www.cohda.com.
Abb. 22: Hella Jongerius, *B-Set*, 1997. Foto: Hella Jongerius / Jongeriuslab. Zur Verfügung gestellt von Hella Jongerius / Jongeriuslab, www.jongeriuslab.com.
Abb. 23: Hella Jongerius, *B-Set*, Teller, 1997. Foto: Royal Tichelaar Makkum. Zur Verfügung gestellt von Hella Jongerius / Jongeriuslab, www.jongeriuslab.com.
Abb. 24: Frederik Roijé, *Spineless Lamps*, 2003. Foto: Studio Frederik Roijé. Zur Verfügung gestellt von Frederik Roijé, www.roije.com.
Abb. 25: Katharina Mischer und Thomas Traxler, *The Idea of a Tree*, Bank, 2008. Foto: mischer'traxler studio. Zur Verfügung gestellt von mischer'traxler studio, www.mischertraxler.com.
Abb. 26: Katharina Mischer und Thomas Traxler, *The Idea of a Tree*, Recorder One, 2008. Foto: mischer'traxler studio. Zur Verfügung gestellt von mischer'traxler studio, www.mischertraxler.com.
Abb. 27: Elektrische Kochgeräte im AEG-Katalog von 1897. Quelle: Gert Selle, Geschichte des Design in Deutschland, Frankfurt am Main 2007, S. 101.

Abb. 28: Werbung für AEG-Wasserkessel (achteckige Form). Abgebildete Entwurfsvarianten und Grafik von Peter Behrens, 1908. Quelle: Tilmann Buddensieg (Hg.), Industriekultur: Peter Behrens und die AEG 1907–1914, Berlin 1979, S. D193.
Abb. 29: Werbung für AEG-Wasserkessel (ovale Form). Abgebildete Entwurfsvarianten und Grafik von Peter Behrens, 1908. Quelle: Tilmann Buddensieg (Hg.), Industriekultur: Peter Behrens und die AEG 1907–1914, Berlin 1979, S. D193.
Abb. 30: Werbung für AEG-Wasserkessel (runde Form). Abgebildete Entwurfsvarianten und Grafik von Peter Behrens, 1908. Quelle: Tilmann Buddensieg (Hg.), Industriekultur: Peter Behrens und die AEG 1907–1914, Berlin 1979, S. D192.
Abb. 31: Sebastian Bergne, *Candloop*, 1999. Foto: Alexander Böhle. Zur Verfügung gestellt von Sebastian Bergne Ltd., www.sebastianbergne.com.
Abb. 32: Jorre van Ast, *Jar Tops*, 2005–2008. Foto: Royal VKB. Quelle: www.royalvkb.com.
Abb. 33: Nicolas Le Moigne, *Verso Diverso*, 2005. Foto: Anoush Abrar. Zur Verfügung gestellt von Nicolas Le Moigne, www.nicolaslemoigne.ch.
Abb. 34: studio Aisslinger, *books*, 2006. Foto: Steffen Jänicke, © studio Aisslinger. Grafik: © studio Aisslinger. Zur Verfügung gestellt von studio Aisslinger, www.aisslinger.de.
Abb. 35: Pierre Charpin, *Occasional*, 2007. Foto: Fabrice Gousset. Zur Verfügung gestellt von Pierre Charpin, www.pierrecharpin.com.
Abb. 36: Matthias Ries, *Piegato*, 2007. Foto: Matthias Ries. Zur Verfügung gestellt von Matthias Ries, www.matthiasries.com.
Abb. 37: Peter Hils, *Bucky Bowl*, 2006. Foto: Peter Hils. Zur Verfügung gestellt von Peter Hils, www.hilsgestaltung.de.
Abb. 38: Jaime Salm, *Bendant Lamp*, 2004. Foto: Robert Hakalski und Alex Undi. Zur Verfügung gestellt von Jaime Salm, www.mioculture.com.
Abb. 39: Oki Sato (nendo), *Cabbage Chair*, 2008. Foto: Masayuki Hayashi. Zur Verfügung gestellt von nendo, www.nendo.jp.
Abb. 40: Jordi Canudas, *Less Lamp*, 2007. Foto: Jordi Canudas. Zur Verfügung gestellt von Jordi Canudas, www.jordicanudas.com.
Abb. 41: Marijn van der Poll, *Do hit*, 1999. Foto: Droog. Zur Verfügung gestellt von Marijn van der Poll, www.marijnvanderpoll.com.
Abb. 42: Frederik Roijé, *two of a kind*, 2006. Foto: Studio Frederik Roijé. Zur Verfügung gestellt von Frederik Roijé, www.roije.com.
Abb. 43: Frank Tjepkema und Peter van der Jagt, *Do break*, 2000. Foto: Tjep. Zur Verfügung gestellt von Frank Tjepkema, www.tjep.com.
Abb. 44: Frank Tjepkema, *Signature Vases*, 2003. Foto: Tjep. Zur Verfügung gestellt von Frank Tjepkema, www.tjep.com.
Abb. 45: Jochen Gros, Versuchsobjekt vor und nach Gebrauch, ca. 1976. Quelle: form, Zeitschrift für Gestaltung, Heft 75, 1976, S. 16.
Abb. 46: Kristine Bjaadal, *Underfull*, Prototyp 2009. Foto: Kristine Bjaadal. Zur Verfügung gestellt von Kristine Bjaadal, www.kristinebjaadal.no.
Abb. 47: Kristine Bjaadal, *Underskog*, Prototyp 2009. Foto: Kristine Bjaadal. Zur Verfügung gestellt von Kristine Bjaadal, www.kristinebjaadal.no.
Abb. 48: Tokujin Yoshioka, *Honey Pop*, 2000–2001. Foto: Tokujin Yoshioka Inc. Zur Verfügung gestellt von Tokujin Yoshioka Inc., www.tokujin.com.
Abb. 49: Simon Heijdens, *Broken White*, 2004. Foto: Simon Heijdens. Zur Verfügung gestellt von Simon Heijdens, www.simonheijdens.com.
Abb. 50: Matthias Lange, *CMYK*, Prototyp 2008. Foto: Matthias Lange. Zur Verfügung gestellt von Matthias Lange.

PRODUKTVERZEICHNIS

220 Mezzadro (Abb. 11); Design: Achille und Pier Giacomo Castiglioni; Jahr: 1957; Material: lackierter Traktorsitz, verchromter Stahl, Buche; Abmessungen: 51 × 49 × 51 cm; Hersteller: Zanotta (Italien); Sammlung: The Museum of Modern Art (New York), Die Neue Sammlung (München).

B-Set (Abb. 22 u. 23); Design: Hella Jongerius; Jahr: 1997; Material: glasiertes Porzellan; Hersteller: Royal Tichelaar Makkum (Holland); Sammlung: Centraal Museum (Utrecht), Gemeentemuseum (Den Haag), Stedelijk Museum ('s-Hertogenbosch), Droog Design (Amsterdam), Zuiderzee Museum (Enkhuizen). www.jongeriuslab.com

Bendant Lamp (Abb. 38); Design: Jaime Salm; Jahr: 2004; Material: lasergeschnittenes und pulverbeschichtetes Stahlblech; Abmessungen: 59,7 × 59,7 cm; Hersteller: MIO (USA). www.mioculture.com

books (Abb. 34); Design: studio Aisslinger; Jahr: 2006; Hersteller: studio Aisslinger (Deutschland), Prototyp. www.aisslinger.de

Broken White (Abb. 49); Design: Simon Heijdens; Jahr: 2004; Material: glasierte Keramik, Hersteller: Droog (Holland) für eine Ausstellung in Lille (Frankreich) 2004. www.simonheijdens.com

Bucky Bowl (Abb. 37); Design: Peter Hils; Jahr: 2006; Material: lasergeschnittenes und pulverbeschichtetes Stahlblech; Abmessungen: 39 × 39 cm; Hersteller: Pulpo (Deutschland); Sammlung: Die neue Sammlung – The International Design Museum Munich (Deutschland). www.hilsgestaltung.de

Cabbage Chair (Abb. 39); Design: Oki Sato (nendo); Jahr: 2008; Material: mit Harz imprägniertes Papier; Abmessungen: geschlossen 91 × 50 cm, geöffnet 73 × 83 cm; Klient: 21_21 Design Sight (Japan); Sammlung: Museum of Modern Art (New York). www.nendo.jp

Candloop (Abb. 31); Design: Sebastian Bergne; Jahr: 1999; Material: Edelstahldraht, Blech; Abmessungen: Spannweite 47 cm; Hersteller: 1999 Wireworks (England), danach von details, produkte+ideen (Deutschland). www.sebastianbergne.com

CMYK (Abb. 50); Design: Matthias Lange; Jahr: 2008; Material: glasiertes Porzellan; Hersteller: Prototyp für die Diplomarbeit des Designers an der Köln International School of Design (KISD).

Cork Chair (Abb. 17); Design: Jasper Morrison; Jahr: 2007; Material: recycelte Weinkorken; Hersteller: Vitra (Schweiz), auf 25 Stück limitierte Edition. www.jaspermorrison.com

Do break (Abb. 43); Design: Frank Tjepkema und Peter van der Jagt; Jahr: 2000; Material: Porzellan, Gummi, Silikon; Abmessungen: 15 × 34 cm; Hersteller: Droog (Holland). www.tjep.com

Do hit (Abb. 41); Design: Marijn van der Poll; Jahr: 1999; Material: Edelstahlblech, Hammer; Abmessungen: 100 × 70 × 75 cm; Hersteller: Marijn van der Poll, ab 2000 Droog (Holland); Sammlung: Yerba Buena Center fort he Arts (San Francisco), Victoria & Albert Museum (London). www.marijnvanderpoll.com

F12 Dragnet – Messenger Bag (Abb. 13); Design: Daniel und Markus Freitag; Jahr: 1994; Material: gebrauchte Lkw-Plane (Polyester-Gewebe PVC-beschichtet), Fahrradschlauch, Autogurt; Abmessungen: 36 × 34/55 × 15 cm; Hersteller: FREITAG lab. ag (Schweiz). www.freitag.ch

Fragments of Nature, Bank (Abb. 6); Design: Lex Pott; Jahr 2009; Material: Douglasie; Hersteller: Lex Pott (Holland), Prototypen in unterschiedlichen Ausführungen. www.lexpott.nl

Fragments of Nature, Tisch (Abb. 5); Design: Lex Pott; Jahr 2009; Material: Douglasie; Hersteller: Lex Pott (Holland), Prototypen in unterschiedlichen Ausführungen. www.lexpott.nl

Honey Pop (Abb. 48); Design: Tokujin Yoshioka; Jahr: 2000–2001; Material: Pergamentpapier; Abmessungen: geschlossen 80 × 81 × 81 cm, entfaltet 80 × 93 × 2 cm; Hersteller: Tokujin Yoshioka Inc (Japan); Sammlung: Museum of Modern Art (New York), Vitra Design Museum (Weil am Rheiin), Centre Pompidou (Paris), Victoria & Albert Museum (London). www.tokujin.com

Jar Tops (Abb. 32); Design: Jorre van Ast; Jahr: 2005–2008; Material: Polypropylene; Herstellung: Royal VKB (England); Sammlung: The Museum of Modern Art (New York). www.jorrevanast.com

Jim Nature (Abb. 14); Design: Philippe Starck; Jahr: 1994; Material: verleimte Holzspäne, Kunststoff, wasserlösliche Farben, Bildröhre, Elektronik; Abmessungen: 37 × 40 × 38 cm; Hersteller: Thomson Consumer Electronics GmbH & Co, SABA (Frankreich); Sammlung: Museum of Modern Art. www.starck.com

Less Lamp (Abb. 40); Design: Jordi Canudas; Jahr: 2007; Material: lackierte Keramik, Picke; Hersteller: Metalarte (Spanien); Sammlung: Museum of Modern Art (New York). www.jordicanudas.com

Occasional (Abb. 35); Design: Pierre Charpin; Jahr: 2007; Material: Weißbuche; Abmessungen: 33 × 33 × 42 cm; Klient: Galerie Kreo (Frankreich), limitierte Edition. www.pierrecharpin.com

Panton Chair (Abb. 16); Design: Verner Panton; Jahr: 1959–1960; Material: Vollkunststoffschale aus Hartschaum; Abmessungen: 83 × 50 × 60 cm; Hersteller: Vitra (Schweiz) ab 1967; Sammlung: The Museum of Modern Art (New York), Vitra Design Museum (Weil am Rhein).

Piegato (Abb. 36); Design: Matthias Ries; Jahr: 2007; Material: lasergeschnittenes und pulverbeschichtetes Stahlblech; Abmessungen: 100 × 66 × 20 cm; Hersteller: 2007–2009 Matthias Ries (Deutschland), ab 2009 Serafini (Deutschland). www.matthiasries.com

Pinch (Abb. 7); Design: Jos van der Meulen; Jahr 1993; Material: Traubenkirsche; Abmessungen: ca. 10 × 30 × 10 cm; Hersteller: Jos van der Meulen, Vertrieb: Goods Design Products (Holland). www.josvandermeulen.nl

Prototyp der ersten Tasche, Museum für Gestaltung Zürich (Abb. 12); Design: Daniel und Markus Freitag; Jahr: 1993; Material: gebrauchte Lkw-Plane (Polyester-Gewebe PVC-beschichtet), Fahrradschlauch, Autogurt; Abmessungen: 38 × 38 × 15 cm; Hersteller: FREITAG lab. ag (Schweiz); Sammlung: Museum für Gestaltung Zürich. www.freitag.ch

RD (Roughly Drawn) Legs Chair (Abb. 20); Design: Richard Liddle (Cohda Design Ltd); Jahr: 2008; Material: recyceltes Polyethylen (HDPE); Abmessungen: 65 × 50 × 78 cm; Hersteller: Cohda Design Limited (England). www.cohda.com

Reifensofa (Abb. 9); Design: Des-In; Jahr 1974; Material: gebrauchte Autoreifen, Jute; Hersteller: Des-In (Eigenproduktion). www.jochen-gros.de

S-Chair (Abb. 2); Design: Tom Dixon; Jahr: 1991; Material: dunkel lackierter Eisenrahmen, Sumpfstroh; Abmessungen: 50 × 42 × 47 cm; Hersteller: Cappellini (Italien); Sammlung: Museum of Modern Art. www.tomdixon.net

SHREDDED Series 1, Regal, Hocker, Beistelltisch (Abb. 18 u. 19); Design: Jens Praet; Jahr:, 2010; Material: geschredderte Dokumente und Magazine, transparentes und halbtransparentes Kunstharz; Abmessungen: Regal 100 × 120 × 30 cm, Hocker 40 × 60 × 35 cm, Beistelltisch 75 × 85 × 40 cm; Hersteller: Wandschappen für Studio Jens Praet. www.jenspraet.com

Signature Vases (Abb. 44); Design: Frank Tjepkema; Jahr: 2003; Material: Nylon; Abmessungen: verschiedene Größen, ca. 30 × 20 × 15 cm; Klient: Droog (Holland). www.tjep.com

Spineless Lamps (Abb. 24); Design: Frederik Roijé; Jahr: 2003; Material: Porzellan; Abmessungen: 28 × 33 × 18 cm; Klient: Droog Design (Holland). www.roije.com

Split Bamboo (Abb. 8); Design: Jinhong Lin; Jahr: Prototyp 2008; Material: Bambus; Klient: Tianjin Polytechnic University (China).

ST04 Backenzahn, Beistelltisch (Abb. 3); Design: Philipp Mainzer; Jahr 1996; Material: Eiche, geölt; Abmessungen: 27 × 27 × 47 cm; Hersteller: e15 (Deutschland). www.philippmainzer.com

Teekistenschrank (Abb. 10); Design: Lothar Müller (Des-In); Jahr: 1975–77; Material: Holz, gebrauchte Teekisten; Hersteller: Des-In (Eigenproduktion). www.jochen-gros.de

The Idea of a Tree, Bank (Abb. 25); Design: Katharina Mischer und Thomas Traxler; Jahr: 2008; Material: recycelte Baumwolle, Leim, Farbe, Kunstharz, Glasfaser; Abmessungen: 40 × 40 × 45–100 cm; Hersteller: mischer'traxler studio (Österreich). www.mischertraxler.com

The Idea of a Tree, Recorder One (Abb. 26); Design: Katharina Mischer und Thomas Traxler; Jahr: 2008; Material: Edelstahlkonstruktion, Holzwagen, Solarzellen, elektronische Komponenten und weitere Komponenten; Abmessungen: 145 × 185 × 65 cm. www.mischertraxler.com

Tree Trunk Bench (Abb. 1); Design: Studio Makkink & Bey; Jahr: 1998; Material: Baumstamm, Bronzeabgüsse von Stuhllehnen; Abmessungen: 400 × 70 × 85 cm; Klient: Droog Design (Holland). www.studiomakkinkbey.nl

two of a kind (Abb. 42); Design: Frederik Roijé; Jahr: 2006; Material: Porzellan; Abmessungen: 6 × 2,5 × 0,7 cm, Ringgröße 17 und 20; Hersteller: Frederik Roijé (Holland). www.roije.com

Underfull (Abb. 46); Design: Kristine Bjaadal; Jahr: 2009; Material: Textilfasern; Hersteller: Prototyp. www.kristinebjaadal.no

Underskog (Abb. 47); Design: Kristine Bjaadal; Jahr: 2009; Material: Samtfaser, Satinfaser; Hersteller: Prototyp. www.kristinebjaadal.no

Vegetal chair: Blooming (Abb. 4); Design: Ronan und Erwan Bouroullec; Jahr 2008; Material: Polyamide; Abmessungen: 60,6 × 55,2 × 81,3 cm; Hersteller: Vitra (Schweiz). www.bouroullec.com

Verso Diverso (Abb. 33); Design: Nicolas Le Moigne; Jahr: 2005; Material: Polypropylen; Hersteller: Viceversa (Italien). www.nicolaslemoigne.ch

Zeo TV (Abb. 15); Design: Philippe Starck; Jahr: 1994; Material: Kunststoff, Bildrohre, Elektronik; Hersteller: Thompson Consumer Electronics GmbH & Co, SABA (Frankreich); Sammlung: Die Neue Sammlung – The International Design Museum Munich. www.starck.com

BIRD

www.birkhauser.com

Wörterbuch Design
Begriffliche Perspektiven des Design

Dieses Wörterbuch bietet die interessante und kategoriale Grundlage für einen ernsthaften internationalen Diskurs über Design. Es ist das Handbuch für alle, die mit Design beruflich und in der Ausbildung zu tun haben, sich dafür interessieren, sich daran vergnügen und Design begreifen wollen.
Über 100 Autorinnen und Autoren u.a. aus Japan, Österreich, England, Deutschland, Australien, aus der Schweiz, den Niederlanden und aus den USA haben für dieses Design-Wörterbuch Originalbeiträge geschrieben und bieten so bei aller kulturellen Differenz mögliche Erörterungen an, sich über wesentliche Kategorien des Design und somit über Design grundlegend zu verständigen. Es umfasst sowohl die teilweise noch jungen Begriffe aktueller Diskussionen als auch Klassiker der Design-Diskurse. – Ein praktisches Buch, das sowohl Wissenschaftscharakter hat als auch ein Buch zum Blättern und Lesen ist.

Michael Erlhoff, Tim Marshall (Hg.)
In Zusammenarbeit mit dem Board of International Research in Design
472 Seiten
16,8 × 22,4 cm
Gebunden
ISBN: 978-3-7643-7738-0 Deutsch
ISBN: 978-3-7643-7739-7 Englisch

Gestaltung denken
Grundlagentexte zu Design und Architektur

«Gestaltung denken» macht 40 Grundlagentexte der Architektur- und Designtheorie zugänglich. Der erste Teil versammelt Texte von Praktikern: Architekten und Designer, der zweite Teil Texte von Theoretikern: Kulturwissenschaftler, Philosophen, Soziologen, Architektur- und Designhistoriker. Die Beiträge markieren Meilensteine in der Geschichte der Gestaltung und ihrer Reflexion und zeigen die Entwicklung von der frühen Moderne bis zu aktuellen Debatten auf.
Jeder dieser Primärtexte wird von einem renommierten Fachautor eingeführt und kommentiert. Die Kommentare informieren über Autor, Entstehungszeit und publizistischen Kontext.
Viele der ausgewählten Texte lagen nur verstreut vor oder waren längst vergriffen. Der Reader macht diese Texte zugänglich. Er ist bestens geeignet zur Vermittlung der Geschichte und Entwicklung der Gestaltungsdisziplinen an Architektur- und Designhochschulen, bietet aber auch praktisch arbeitenden Architekten und Designern eine Grundlage, die eigene Arbeit vor dem Hintergrund historischer Debatten zu reflektieren.

Klaus Thomas Edelmann, Gerrit Terstiege (Hg.)
In Zusammenarbeit mit dem Board of International Research in Design
336 Seiten
16,8 × 22,4 cm
Broschur
ISBN: 978-3-0346-0515-1 Deutsch

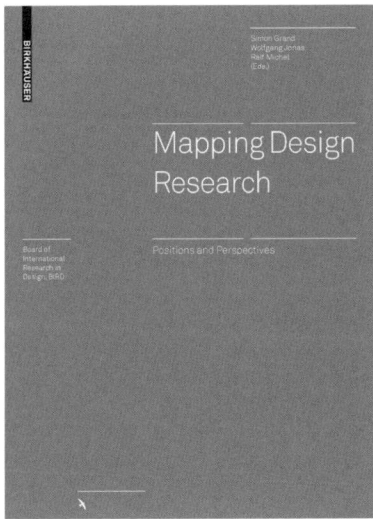

Mapping Design Research
Positions and Perspectives

«Mapping Design Research» versammelt eine autoritative und kommentierte Auswahl der Texte, welche für die Orientierung in der Designforschung grundlegend sind.
Gewisse charismatische Namen tauchen im Diskurs zwar immer wieder auf, der Community fehlte es aber an einem verbindlichen, wissenschaftlich abgesicherten und doch leserfreundlichen Arbeitsbuch. Simon Grand und Wolfgang Jonas haben diese Lücke mit dem vorliegenden Buch gefüllt. Die Sammlung von 18 internationalen Texten seit 1960 spiegelt die maßgebenden Etappen der Designforschung und der Wissenschaftsforschung wider. Umfangreiche Essays der Herausgeber verorten und erläutern die Texte und verhelfen zu ihrem adäquaten Verständnis.

Simon Grand, Wolfgang Jonas (Hg.)
In Zusammenarbeit mit dem Board of International Research in Design
256 Seiten
16,8 × 22,4 cm
Gebunden
ISBN: 978-3-0346-0716-2 Englisch

Designerly Ways of Knowing

Das Verstehen und Entwerfen im Design gehorcht ganz eigenen Regeln. Nigel Cross begann um 1980 mit anderen avantgardistischen Forschern diese spezifischen Gesetzmäßigkeiten herauszuarbeiten. Das Buch fasst seine fundamentalen Erkenntnisse der letzten 25 Jahre konzis zusammen. Es bietet einen faszinierenden und qualifizierten Einblick in die Welt der Design-Kreativität. Die sieben Kapitel behandeln Kernthemen wie: die Fähigkeit zum Design-Entwerfen, natürliche und künstliche Intelligenz im Design, der kreative Sprung, die kreativen Strategien, Problem-Formulierung, das Generieren von Losungen, Design als eine (wissenschaftliche) Disziplin. Die Einleitung des BIRD macht deutlich, warum «Designerly Ways of Knowing» den kongenialen Einstieg in diese rasch an Bedeutung gewinnende Disziplin darstellt.
Nigel Cross ist Professor of Design Studies an der Open University in Milton Keynes und Editor-in-Chief der internationalen Zeitschrift «Design Studies».

Nigel Cross
In Zusammenarbeit mit dem Board of International Research in Design
144 Seiten
16,8 × 22,4 cm
Gebunden
ISBN: 978-3-7643-8484-5 Englisch

BIRD

www.birkhauser.com

Design durch Gebrauch
Die alltägliche Metamorphose der Dinge

Diese Publikation erforscht und analysiert eine ganz besondere Form von Design: Das ebenso normale wie wunderbare Phänomen, dass Menschen ohne Designanspruch bereits gestaltete Dinge umnutzen, anders nutzen, im besten Sinne «missbrauchen». Nicht Intentionales Design (NID) findet täglich, in jeder Lebenssphäre, in allen Teilen der Welt statt. Diese Umgestaltung durch Umnutzung macht die Dinge multifunktional, kombiniert mit kluger Erfindung neue Funktionen. Sie ist häufig reversibel, ressourcenschonend, improvisierend, innovativ, preiswert. Für das Design kann es zu einer Quelle der Inspiration werden, wenn die professionellen Designer erst einmal wahrnehmen, was im praktischen Gebrauch mit all den gestalteten Dingen tatsächlich geschieht.

Uta Brandes, Sonja Stich, Miriam Wender
In Zusammenarbeit mit dem Board of International Research in Design
192 Seiten
16,8 × 22,4 cm
Gebunden
ISBN: 978-3-7643-8866-9 Deutsch
ISBN: 978-3-7643-8867-6 Englisch

Design als Rhetorik
Grundlagen, Positionen, Fallstudien

Auf welche Art wirkt und überzeugt Design? Was wissen Gestalterinnen und Gestalter von den Regeln, die sie, teilweise unbewusst, anwenden? Die zeitgenössische Designforschung entwickelt zunehmend ein Interesse an den rhetorischen Mechanismen der Design-Praxis.
Der vorliegende Sammelband stellt die klassische Kommunikationslehre der Rhetorik als eine neue und umfassende Metatheorie des Designs vor. Sie betrifft prinzipiell alle Bereiche heutigen Designs – vom Grafik-Design über die Architektur bis zur Interfacegestaltung.
«Design als Rhetorik» führt drei Bereiche zusammen: Das Buch stellt die historisch relevanten Texte vor und bildet als Positionsbestimmung die kontroverse zeitgenössische Diskussion ab. Zudem versammelt es in Fallstudien Beiträge zu den wichtigsten Forschungsfeldern wie etwa «Interaktive Rhetorik», «Rhetorik Design und Gender», «Rhetorik des World Wide Web».

Gesche Joost, Arne Scheuermann (Hg.)
In Zusammenarbeit mit dem Board of International Research in Design
280 Seiten
16,8 × 22,4 cm
Gebunden
ISBN: 978-3-7643-8345-9 Deutsch

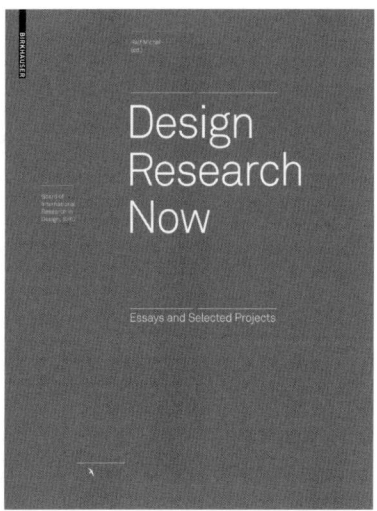

Design Research Now
Essays and Selected Projects

Design entwickelt sich zu einer anerkannten wissenschaftlichen Disziplin und die Designforschung ist der treibende Bodensatz dieser Transformation. «Design Research Now – Essays and Selected Projects» vermisst das Feld der Designforschung anhand grundlegender Essays und ausgewählter Forschungsprojekte. Die Autoren der Essays, allesamt international führende Designwissenschaftler, nehmen zu den wichtigsten Fragen der Designforschung Stellung. Sie verorten die Bedeutung der Designforschung an der Schnittstelle zur Technologieentwicklung, beschreiben ihre Notwendigkeit für die methodische Weiterentwicklung der Entwurfsdisziplinen und ordnen ihr für die relevanten Entwicklungen der Gesellschaft eine bedeutende Rolle zu.
Ergänzt werden die Essays durch die Darstellung aktueller, abgeschlossener Forschungsprojekte aus Hochschulen in den Niederlanden, Großbritannien und Italien.

Ralf Michel (Hg.)
In Zusammenarbeit mit dem Board of International Research in Design
254 Seiten
22,0 × 28,0 cm
Gebunden
ISBN: 978-3-7643-8471-5 Englisch

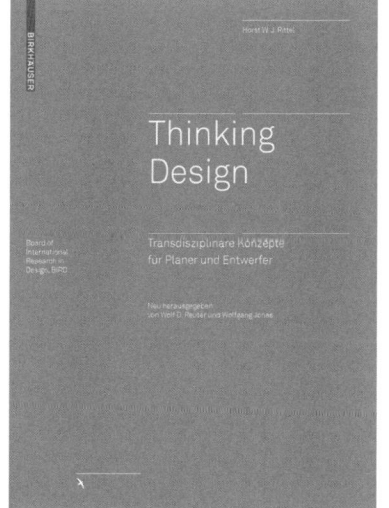

Thinking Design
Transdisziplinäre Konzepte für Planer und Entwerfer
Horst W. J. Rittel

Design als Entwurf von Zukunftsvisionen wird zunehmend als Kompetenzfeld wahrgenommen, welches den Prozess der Transformation unserer Lebensweisen im 21. Jahrhundert kritisch analysiert, visionär mitgestaltet und demokratisch vermittelt. Horst W. J. Rittel (1930–1990) hat die Probleme und das Lösungsverhalten von Planern, Architekten und Designern seit den 1960er-Jahren zum Gegenstand seiner Forschung gemacht. Seine Erkenntnisse haben ein theoretisches Fundament für das gelegt, was heute als «Design Thinking» firmiert.
Im Zentrum seiner Theorie steht die Erkenntnis, dass sich Planungs- und Entwurfsprobleme immer wieder auf «bösartige» Weise der Behandlungsmethodik entziehen, die von den Wissenschaften angeboten wird. Rittels Verdienst ist es, den sowohl transdisziplinären als auch politischen Charakter von Planungs- und Entwurfsproblemen erkannt und dafür theoretische Konzepte und ein methodisches Repertoire entwickelt zu haben. Er hat zu dem die zentralen Argumente für die Eigenständigkeit der «Wissenschaften des Künstlichen» erarbeitet.
Rittels Gedanken sind für die Praxis aller mit aktuellen und zukünftigen Veränderungsprozessen befassten Disziplinen relevant, in dieser Neuausgabe werden seine wichtigsten Schriften wieder zugänglich gemacht.

Wolf D. Reuter und Wolfgang Jonas (Hg.)
368 Seiten
22,0 × 28,0 cm
Gebunden
ISBN: 978-3-03821-450-2 Deutsch

Projektkoordination: Odine Oßwald
Lektorat: Dr. Sylvia Zirden
Layout und Satz: Sven Schrape
Design-Konzept BIRD: Christian Riis Ruggaber, Formal
Schriften: Akkurat, Arnhem

Library of Congress Cataloging-in-Publication data
A CIP catalog record for this book has been applied for at the Library of Congress.

Bibliografische Information der Deutschen Nationalbibliothek
Die Deutsche Nationalbibliothek verzeichnet diese Publikation in der Deutschen Nationalbibliografie; detaillierte bibliografische Daten sind im Internet über http://dnb.dnb.de abrufbar.

Dieses Werk ist urheberrechtlich geschützt. Die dadurch begründeten Rechte, insbesondere die der Übersetzung, des Nachdrucks, des Vortrags, der Entnahme von Abbildungen und Tabellen, der Funksendung, der Mikroverfilmung oder der Vervielfältigung auf anderen Wegen und der Speicherung in Datenverarbeitungsanlagen, bleiben, auch bei nur auszugsweiser Verwertung, vorbehalten. Eine Vervielfältigung dieses Werkes oder von Teilen dieses Werkes ist auch im Einzelfall nur in den Grenzen der gesetzlichen Bestimmungen des Urheberrechtsgesetzes in der jeweils geltenden Fassung zulässig. Sie ist grundsätzlich vergütungspflichtig. Zuwiderhandlungen unterliegen den Strafbestimmungen des Urheberrechts.

Dieses Buch ist auch als E-Book erschienen (ISBN PDF 978-3-0356-0311-8; ISBN EPUB 978-3-0356-0315-6).

© 2015 Birkhäuser Verlag GmbH, Basel
Postfach 44, 4009 Basel, Schweiz
Ein Unternehmen von Walter de Gruyter GmbH, Berlin/Boston

Gedruckt auf säurefreiem Papier, hergestellt aus chlorfrei gebleichtem Zellstoff. TCF ∞
Printed in Germany

ISBN 978-3-0356-0326-2

Dieses Buch wurde mit finanzieller Unterstützung der Deutschen Forschungsgemeinschaft und des Sonderforschungsbereichs 626 «Ästhetische Erfahrung im Zeichen der Entgrenzung der Künste» der Freien Universität Berlin gedruckt.

Deutsche Forschungsgemeinschaft
DFG

Sonderforschungsbereich 626
Ästhetische Erfahrung im Zeichen der Entgrenzung der Künste
Freie Universität Berlin

9 8 7 6 5 4 3 2 1

www.birkhauser.com